Desenvolvimento da afetividade na educação especial

SÉRIE PRESSUPOSTOS DA EDUCAÇÃO ESPECIAL

Desenvolvimento da afetividade na educação especial

Sílvia Cristina da Silva
Tania Maria Sanches Minsky

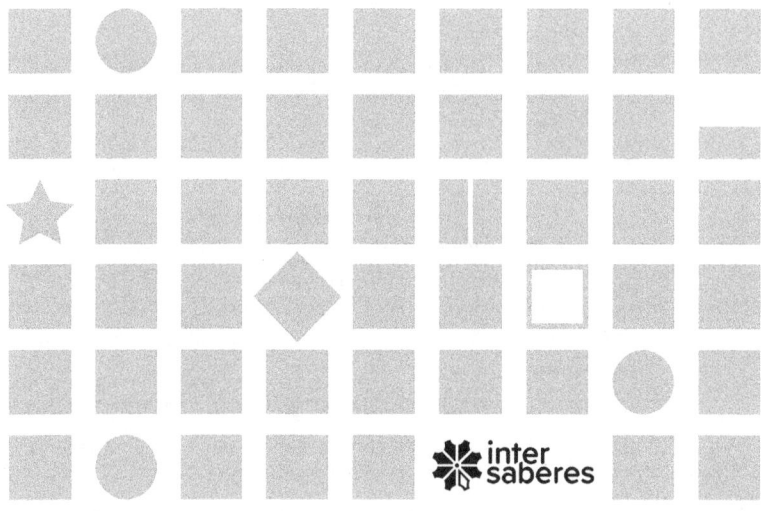

inter saberes

inter saberes

Rua Clara Vendramin, 58 . Mossunguê . CEP 81200-170 . Curitiba . PR . Brasil
Fone: (41) 2106-4170 . www.intersaberes.com . editora@intersaberes.com

Conselho editorial
Dr. Ivo Jose Both (presidente)
Dr. Alexandre Coutinho Pagliarini
Drª Elena Godoy
Dr. Neri dos Santos
Dr. Ulf Gregor Baranow

Editora-chefe
Lindsay Azambuja

Gerente editorial
Ariadne Nunes Wenger

Assistente editorial
Daniela Viroli Pereira Pinto

Preparação de originais
Floresval Nunes Moreira Junior

Edição de texto
Arte e texto

Capa e projeto gráfico
Bruno Palma e Silva (design)
Maglara/Shutterstock
(imagem de capa)

Diagramação
Renata Silveira

Equipe de design
Débora Gipiela
Charles L. da Silva

Iconografia
Maria Elisa Sonda
Regina Claudia Cruz Prestes

Dados Internacionais de Catalogação na Publicação (CIP)
(Câmara Brasileira do Livro, SP, Brasil)

Silva, Sílvia Cristina da
  Desenvolvimento da afetividade na educação especial/Sílvia Cristina da Silva, Tania Maria Sanches Minsky. Curitiba: InterSaberes, 2021. (Série Pressupostos da Educação Especial)

  Bibliografia.
  ISBN 978-85-227-0363-0

  1. Afetividade 2. Aprendizagem 3. Educação especial 4. Educação inclusiva 5. Emoções 6. Psicologia do desenvolvimento 7. Psicomotricidade 8. Sentimentos I. Minsky, Tania Maria Sanches. II. Título. III. Série.

21-73495   CDD-371.9

Índices para catálogo sistemático:
1. Educação especial inclusiva 371.9

Cibele Maria Dias – Bibliotecária – CRB-8/9427

1ª edição, 2021.

Foi feito o depósito legal.

Informamos que é de inteira responsabilidade das autoras a emissão de conceitos.

Nenhuma parte desta publicação poderá ser reproduzida por qualquer meio ou forma sem a prévia autorização da Editora InterSaberes.

A violação dos direitos autorais é crime estabelecido na Lei n. 9.610/1998 e punido pelo art. 184 do Código Penal.

Sumário

9   Apresentação
11 Como aproveitar ao máximo este livro

Capítulo 1
17 **A afetividade: considerações iniciais**
20 1.1 Definindo conceitos
35 1.2 Emoção versus razão: concepções dualistas e monistas
38 1.3 Desenvolvimento emocional
42 1.4 Afetividade e desenvolvimento motor

Capítulo 2
73 **Afetividade: perspectivas teóricas**
75 2.1 A afetividade em Piaget
86 2.2 A afetividade em Vygotsky
93 2.3 A afetividade em Wallon
103 2.4 Teorias de ensino-aprendizagem: um breve resumo
111 2.5 A afetividade no sistema teórico da afetividade ampliada

Capítulo 3
127 **Sistema teórico da afetividade ampliada**
130 3.1 Dimensões psíquicas do STAA
148 3.2 Constructos pessoais
153 3.3 A alteridade e o desenvolvimento socioemocional
157 3.4 O self e o desenvolvimento socioemocional
166 3.5 A identidade e o desenvolvimento socioemocional
174 3.6 A resiliência e o desenvolvimento socioemocional

Capítulo 4
- 181 A afetividade nas diferentes etapas do desenvolvimento do ser humano
- 184   4.1 A afetividade do bebê (de 0 a 2 anos)
- 197   4.2 A afetividade da criança pequena (de 2 a 6 anos)
- 206   4.3 A afetividade da criança de 6 a 11 anos
- 211   4.4 A afetividade do adolescente
- 216   4.5 A afetividade na idade adulta
- 222   4.6 A afetividade na vida dos idosos

Capítulo 5
- 229 O desenvolvimento socioemocional da criança com deficiência
- 232   5.1 A importância do desenvolvimento socioemocional para a construção de uma sociedade inclusiva
- 242   5.2 O desenvolvimento socioemocional e as síndromes
- 262   5.3 O desenvolvimento socioemocional da criança com surdez
- 269   5.4 O desenvolvimento socioemocional da criança com deficiência visual
- 274   5.5 O desenvolvimento socioemocional da criança com deficiência intelectual
- 278   5.6 O desenvolvimento socioemocional em crianças com deficiência motora/física

Capítulo 6
- 289 A escola e o desenvolvimento socioemocional da criança com necessidades educacionais especiais
- 291   6.1 O desenvolvimento socioemocional da criança com necessidades educacionais especiais

298   6.2 A afetividade do professor
305   6.3 A afetividade no processo de ensino-aprendizagem
318   6.4 *Bullying*
336   6.5 A afetividade e a arte

347   *Considerações finais*
349   *Referências*
377   *Bibliografia comentada*
381   *Sobre as autoras*

Apresentação

Para que se possa planejar e desenvolver um livro, é necessário um complexo processo de tomada de decisão. Por essa razão, tal empreendimento representa um posicionamento ideológico e filosófico diante dos temas abordados. A escolha de incluir determinada perspectiva implica a exclusão de outros assuntos igualmente importantes, em decorrência da impossibilidade de dar conta de todas as ramificações que um tópico possa apresentar.

Nessa direção, a difícil tarefa de organizar um conjunto de conhecimentos sobre determinado objeto de estudo – neste caso, o desenvolvimento da atividade na educação especial – requer a construção de relações entre conceitos, constructos e práxis, articulando saberes de base teórica e empírica. Em outros termos, trata-se de estabelecer uma rede de significados entre saberes, experiências e práticas, assumindo que tais conhecimentos se encontram em constante processo de transformação.

Ao organizarmos este material, vimo-nos diante de uma infinidade de informações que gostaríamos de apresentar. Fizemos escolhas, assumindo o compromisso de auxiliar o leitor na expansão dos conhecimentos sobre a educação especial.

Assim, esta obra foi dividida em 6 capítulos. No Capítulo 1, vamos expor as relações entre desenvolvimento humano e afetividade com base nos estudos de Piaget, Vygotsky e Wallon. Trataremos, então, sobre o desenvolvimento humano, a aprendizagem humana, a teoria do desenvolvimento, a teoria da afetividade e, por fim, os aspectos cognitivos e afetivos da aprendizagem na educação especial.

O Capítulo 2 teve como foco principal as definições de constructo, de alteridade, de self, de identidade e de resiliência no desenvolvimento socioemocional, analisando os conceitos importantes para o estudo da afetividade na educação especial.

No Capítulo 3, proporemos um estudo sobre o sistema teórico da afetividade ampliada, a célula psíquica e as dimensões psíquicas do ser humano, considerando as dimensões da célula psíquica e da moduladora e homeostática.

Nos Capítulos 4 e 5, trataremos sobre assuntos envolvendo o emocional do ser humano. O Capítulo 4 faz referência ao desenvolvimento socioemocional de crianças com necessidades educacionais especiais, enquanto o Capítulo 5 trata do desenvolvimento socioemocional de crianças com deficiências, ampliando esse conhecimento até a Base Nacional Comum Curricular (BNCC).

Por fim, no Capítulo 6, retrataremos o bullying relacionado ao processo de ensino-aprendizagem e à afetividade, estudando as teorias da aprendizagem e sobre a afetividade, tratando também das estratégias de ensino inclusivo.

Tendo elucidado alguns aspectos do ponto de vista epistemológico, enfatizamos que o estilo de escrita adotado está pautado pelas diretrizes da redação acadêmica.

A vocês, estudantes e pesquisadores, desejamos excelentes reflexões!

Como aproveitar ao máximo este livro

Empregamos nesta obra recursos que visam enriquecer seu aprendizado, facilitar a compreensão dos conteúdos e tornar a leitura mais dinâmica. Conheça a seguir cada uma dessas ferramentas e saiba como elas estão distribuídas no decorrer deste livro para bem aproveitá-las.

Conteúdos do capítulo:

Logo na abertura do capítulo, relacionamos os conteúdos que nele serão abordados.

Após o estudo deste capítulo, você será capaz de:

Antes de iniciarmos nossa abordagem, listamos as habilidades trabalhadas no capítulo e os conhecimentos que você assimilará no decorrer do texto.

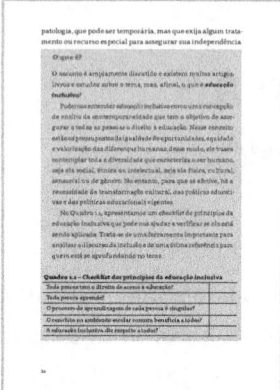

O que é

Nesta seção, destacamos definições e conceitos elementares para a compreensão dos tópicos do capítulo.

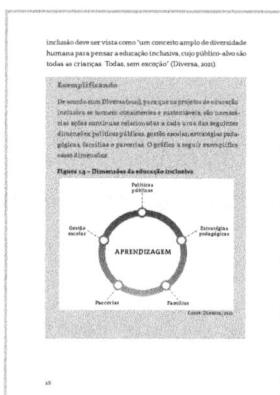

Exemplificando

Disponibilizamos, nesta seção, exemplos para ilustrar conceitos e operações descritos ao longo do capítulo a fim de demonstrar como as noções de análise podem ser aplicadas.

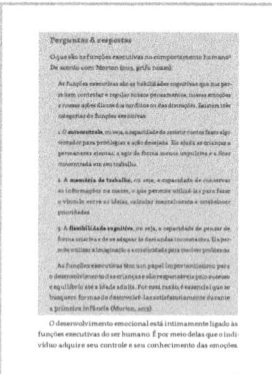

Perguntas & respostas

Nesta seção, respondemos a dúvidas frequentes relacionadas aos conteúdos do capítulo.

Exercícios resolvidos

Nesta seção, você acompanhará passo a passo a resolução de alguns problemas complexos que envolvem os assuntos trabalhados no capítulo.

Estudo de caso

Nesta seção, relatamos situações reais ou fictícias que articulam a perspectiva teórica e o contexto prático da área de conhecimento ou do campo profissional em foco com o propósito de levá-lo a analisar tais problemáticas e a buscar soluções.

Síntese

Ao final de cada capítulo, relacionamos as principais informações nele abordadas a fim de que você avalie as conclusões a que chegou, confirmando-as ou redefinindo-as.

Para saber mais

Sugerimos a leitura de diferentes conteúdos digitais e impressos para que você aprofunde sua aprendizagem e siga buscando conhecimento.

Bibliografia comentada

Nesta seção, comentamos algumas obras de referência para o estudo dos temas examinados ao longo do livro.

Capítulo 1
A afetividade: considerações iniciais

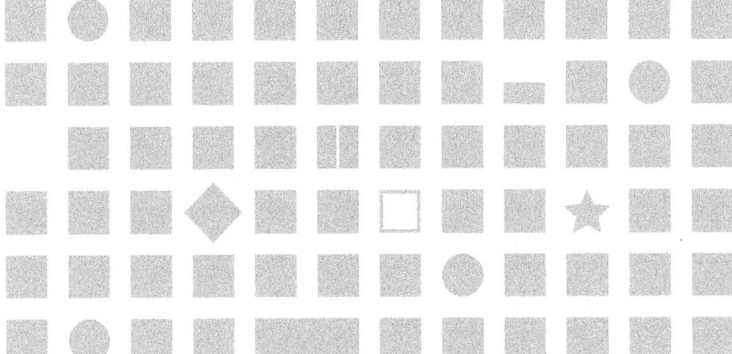

Conteúdos do capítulo:

- Conceitos relevantes para o estudo da afetividade na educação.
- Educação especial: inclusão, pessoa com deficiência (PcD).
- Conceito de afetividade.
- Emoção e razão: implicações para o estudo da afetividade.
- Desenvolvimento emocional do ser humano.
- A afetividade como elemento influenciador no desenvolvimento motor.
- Afetividade e interação social.

Após o estudo deste capítulo, você será capaz de:

1. reconhecer conceitos importantes para o entendimento do desenvolvimento da afetividade na educação especial;
2. conceituar afetividade, emoções e sentimentos;
3. apontar a perspectiva dualista histórica de primazia da razão sobre a emoção;
4. compreender a importância do desenvolvimento emocional;
5. indicar alguns fundamentos da psicomotricidade;
6. compreender a afetividade como base das interações.

A psicologia do desenvolvimento é uma área que se ocupa do estudo do desenvolvimento do ser humano e está focada em compreendê-lo em todos os seus aspectos: intelectual, social, físico-motor e afetivo-emocional.

O desenvolvimento humano refere-se ao desenvolvimento mental e ao crescimento orgânico. O desenvolvimento mental é uma construção contínua. Estas são as formas de organização da atividade mental que vão se aperfeiçoando e se solidificando. Algumas dessas estruturas mentais permanecem ao longo de toda a vida. (Brasil Escola, 2021)

É comprovado que existe uma relação essencial entre a aprendizagem significativa e a afetividade. A mente humana não se constrói apenas por uma dimensão cognitiva; ela se constitui, fundamentalmente, em uma dimensão afetiva, e essa dimensão é determinante em muitos aspectos do desenvolvimento do ser humano, razão por que é tão importante seu estudo e entendimento, de modo que esses conhecimentos possam contribuir para a elaboração de estratégias na condução dos educandos.

Neste capítulo, estudaremos tópicos fundamentais para o entendimento de como a afetividade influencia e constrói um modelo de educação especial que realmente conduz os educandos à "educação".

Ao longo do tempo, a educação para pessoas com deficiência – ou, ainda, pessoas com necessidades especiais – tem sido objeto de estudo e discussões. Pesquisadores educadores se empenham na busca por métodos, estratégias e novos conhecimentos que realmente incluam essas pessoas, efetivando o processo de aprendizagem.

Compreender a afetividade como dimensão psicológica, entender seus conceitos e princípios e fazer o exercício humano de percebê-la como elemento essencial na construção da personalidade dos indivíduos serão objetivos necessários ao percurso dessa jornada.

1.1 Definindo conceitos

Ao mergulhar no universo que busca entender a relevância da afetividade e da educação especial, percebemos a adoção de diversos termos e conceitos peculiares a esses estudos. Assim, começaremos por entender alguns desses principais termos e conceitos.

1.1.1 Educação especial

De acordo com a Organização de Estados Ibero-americanos para a Educação, a Ciência e a Cultura (OEI-Brasil, 2021), **educação especial** é a modalidade de ensino que se destina a estudantes com necessidades educativas especializadas no campo da aprendizagem. Essas necessidades podem ser originadas por deficiência física, sensorial, mental ou múltipla, bem como caracterizadas por altas habilidades, superdotação ou talentos (OEI..., 2021).

Outro conceito importante para nosso estudo é o de **inclusão**, que, de acordo com Camargo (2017), pode ser entendida como uma prática social que deve ser aplicada no trabalho, na arquitetura, na cultura, no lazer, na educação, porém, prioritariamente, nas atitudes e na percepção que desenvolvemos em relação às coisas, a nós mesmos e aos outros.

Na área educacional, o trabalho com identidade, diferença e diversidade é central para a construção de metodologias, materiais e processo de comunicação que deem conta de atender o que é comum e o que é específico entre os estudantes. (Camargo, 2017, p. 1)

Dessa forma, sabemos que as pessoas apresentam diferenças, que podem se acentuar e se modificar por diversas circunstâncias. Essas diferenças não tornam uma pessoa melhor ou pior, o que existe é a diversidade humana.

Ainda é comum encontrarmos estabelecimentos e pessoas que usam a expressão *portador de necessidades especiais* (PNE), porém ela não deve mais ser usada. Os termos *pessoa portadora de deficiência* e *portador de necessidades especiais* foram substituídos legalmente por **pessoa com deficiência** (Brasil, 2010). A alteração ocorreu com base na ideia de que a deficiência não é algo que se porta ou que se carrega consigo; a pessoa tem uma deficiência, e esta faz parte dela.

A sigla usada atualmente, então, é **PcD**, significando "pessoa com deficiência" ou "pessoas com deficiência". Para a expressão no plural não se deve acrescentar a letra s, e, na sigla, a letra c é sempre minúscula.

A sigla PNE ainda é usada, mas para significar "pessoas com necessidades especiais", e esse termo se aplica a uma quantidade muito maior de pessoas, pois inclui idosos, pessoas com distúrbios psicológicos ou qualquer outra condição ou patologia, que pode ser temporária, mas que exija algum tratamento ou recurso especial para assegurar sua independência.

> **O que é?**
>
> O assunto é amplamente discutido e existem muitos artigos, livros e estudos sobre o tema, mas, afinal, o que é *educação inclusiva*?
>
> Podemos entender *educação inclusiva* como uma concepção de ensino da contemporaneidade que tem o objetivo de assegurar a todas as pessoas o direito à educação. Nesse conceito estão os pressupostos da igualdade de oportunidades, equidade e valorização das diferenças humanas; desse modo, ele busca contemplar toda a diversidade que caracteriza o ser humano, seja ela social, étnica ou intelectual, seja ela física, cultural, sensorial ou de gênero. No entanto, para que se efetive, há a necessidade da transformação cultural, das práticas educativas e das políticas educacionais vigentes.
>
> No Quadro 1.1, apresentamos um *checklist* de princípios da educação inclusiva que pode nos ajudar a verificar se ela está sendo aplicada. Trata-se de uma ferramenta importante para analisar o discurso da inclusão e de uma ótima referência para quem está se aprofundando no tema.
>
> **Quadro 1.1 – *Checklist* dos princípios da educação inclusiva**
>
> | | |
> |---|---|
> | Toda pessoa tem o direito de acesso à educação? | |
> | Toda pessoa aprende? | |
> | O processo de aprendizagem de cada pessoa é singular? | |
> | O convívio no ambiente escolar comum beneficia a todos? | |
> | A educação inclusiva diz respeito a todos? | |

Assim, a expressão *pessoa com deficiência* (PcD) se refere a pessoas com um ou mais tipos de deficiência (física, auditiva, visual ou intelectual). Pode-se dizer que todo PcD é PNE, mas nem todo PNE é PcD.

A respeito da inclusão, a Lei n. 13.146, de 6 de julho de 2015, chamada *Lei Brasileira da Inclusão da Pessoa com Deficiência* (Estatuto da Pessoa com Deficiência), afirma que:

> Art. 2º Considera-se pessoa com deficiência aquela que tem impedimento de longo prazo de natureza física, mental, intelectual ou sensorial, o qual, em interação com uma ou mais barreiras, pode obstruir sua participação plena e efetiva na sociedade em igualdade de condições com as demais pessoas. (Brasil, 2015)

Podemos, assim, observar a necessidade de conhecimento e aperfeiçoamento sobre o tema, bem como cuidado que devemos ter para com o vocabulário utilizado nas mais diversas situações.

A seguir, apresentamos um infográfico com dicas bem importantes sobre o tema.

Figura 1.1 – Pontos importantes sobre deficiência

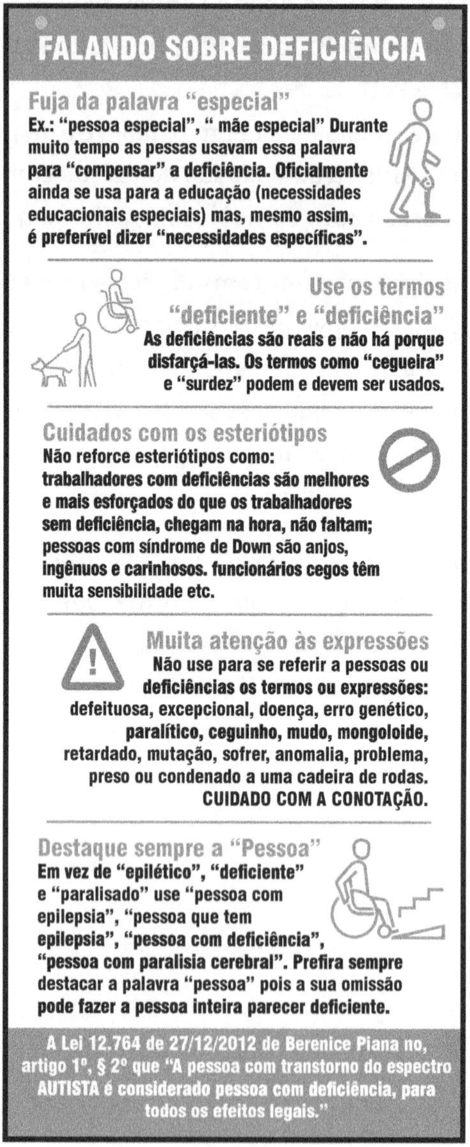

FALANDO SOBRE DEFICIÊNCIA

Fuja da palavra "especial"
Ex.: "pessoa especial", " mãe especial" Durante muito tempo as pessas usavam essa palavra para "compensar" a deficiência. Oficialmente ainda se usa para a educação (necessidades educacionais especiais) mas, mesmo assim, é preferível dizer "necessidades específicas".

Use os termos "deficiente" e "deficiência"
As deficiências são reais e não há porque disfarçá-las. Os termos como "cegueira" e "surdez" podem e devem ser usados.

Cuidados com os esteriótipos
Não reforce esteriótipos como: trabalhadores com deficiências são melhores e mais esforçados do que os trabalhadores sem deficiência, chegam na hora, não faltam; pessoas com síndrome de Down são anjos, ingênuos e carinhosos. funcionários cegos têm muita sensibilidade etc.

Muita atenção às expressões
Não use para se referir a pessoas ou deficiências os termos ou expressões: defeituosa, excepcional, doença, erro genético, paralítico, ceguinho, mudo, mongoloide, retardado, mutação, sofrer, anomalia, problema, preso ou condenado a uma cadeira de rodas.
CUIDADO COM A CONOTAÇÃO.

Destaque sempre a "Pessoa"
Em vez de "epilético", "deficiente" e "paralisado" use "pessoa com epilepsia", "pessoa que tem epilepsia", "pessoa com deficiência", "pessoa com paralisia cerebral". Prefira sempre destacar a palavra "pessoa" pois a sua omissão pode fazer a pessoa inteira parecer deficiente.

A Lei 12.764 de 27/12/2012 de Berenice Piana no, artigo 1º, § 2º que "A pessoa com transtorno do espectro AUTISTA é considerado pessoa com deficiência, para todos os efeitos legais."

Fonte: Elaborado com base em Ribeiro, 2021.

Observe que as pessoas com transtorno do espectro autista (TEA) têm os mesmos direitos que uma PcD. Qual seria, então, o termo mais adequado para se referir a pessoa autista? O termo tem sido bastante discutido. Autistas que lutam pela neurodiversidade preferem ser chamados de *pessoa autista*, enquanto outros preferem *pessoa com autismo*. Ambos estão adequados, e o mais importante é considerar as preferências da pessoa com a condição. Como na maioria das vezes se trata de uma questão pessoal, o melhor é perguntar como a pessoa gostaria de ser tratada.

A respeito de educação inclusiva, podemos dizer que:

> A Educação Inclusiva, adotada como política pública, é uma medida relativamente antiga e o Brasil assumiu esse compromisso em 1990 ao assinar o acordo de construção de um sistema educacional inclusivo durante a Declaração Mundial de Educação para Todos em conferência da UNESCO. E, posteriormente, em 1994, quando se tornou signatário da Declaração de Salamanca. A partir de então ocorreram mudanças, que refletiram na legislação do país frente a esta nova demanda educacional. (Andrade, 2018, p. 26)

Educação inclusiva, portanto, pode ser concebida como uma forma de contemplar as diferentes necessidades educacionais advindas de condições individuais, como as deficiências, dentro do contexto econômico ou sociocultural dos estudantes.

Figura 1.2 – Inclusão escolar

A iniciativa de estabelecer a educação inclusiva como pressuposto legal proporcionou que grupos antes colocados à margem da educação, em virtude de suas diferenças, pudessem ter acesso ao sistema de ensino, tendo, assim, seu potencial reconhecido e podendo atuar na sociedade e contribuir para sua formação como um todo.

De acordo com a Lei Brasileira de Inclusão da Pessoa com Deficiência (Estatuto da Pessoa com Deficiência), Lei n. 13.146/2015:

> Considera-se pessoa com deficiência aquela que tem impedimento de longo prazo de natureza física, mental, intelectual ou sensorial, o qual, em interação com uma ou mais barreiras, pode obstruir sua participação plena e efetiva na sociedade em igualdade de condições com as demais pessoas. (Brasil, 2015)

Para Andrade (2018), esse conceito leva à reflexão de que apenas ofertar oportunidades para PcD, com condições iguais, não proporcionará a inclusão, já que essas pessoas necessitam de condições especiais para exercer suas funções na sociedade de forma exitosa. É preciso, então, abordar o processo inclusivo sob uma outra visão, partindo da ideia de que "igualdade" não traduz o que realmente seria inclusão, e sim "equidade". Assim temos a concepção adequada, já que, com equidade de direitos, as pessoas com deficiência passam a ter condições necessárias e recursos específicos para conseguir obter resultados satisfatórios, semelhantes aos demais.

> **Equidade** é o substantivo feminino com origem no latim *aequitas*, que significa **igualdade, simetria, retidão, imparcialidade, conformidade**.
>
> Este conceito também revela o uso da imparcialidade para reconhecer o direito de cada um, usando a equivalência para se tornarem iguais. A equidade adapta a regra para um determinado caso específico, a fim de deixá-la mais justa. (Equidade, 2021)

Por essa razão, o documento da *Política Nacional de Educação Especial na Perspectiva da Educação Inclusiva Brasil* (Brasil, 2008) menciona *equidade* como a ideia que contextualiza as circunstâncias históricas em relação à exclusão para, assim, conduzir a sociedade à supressão dos efeitos causados ao longo do tempo.

A educação inclusiva deve, portanto, assegurar que o aluno com deficiência participe, preferencialmente, do ensino regular, que tem por obrigação legal orientar e promover respostas às necessidades de cada estudante para que ele alcance uma aprendizagem efetiva (Brasil, 2008).

Apesar de todas as orientações legais, em diversos momentos no ambiente escolar, há resistência, falta de preparo e de condições de acessibilidade, o que acaba gerando constrangimentos, prática de *bullying* e dificuldades na aprendizagem.

Por princípio, a educação inclusiva diz respeito a todos, deixando claro que "incluir" é responsabilidade da sociedade como um todo. São todos os cidadãos que devem buscar e fiscalizar se as escolas realmente têm projetos educacionais inclusivos, pois a inclusão deve ser vista como "um conceito amplo de diversidade humana para pensar a educação inclusiva, cujo público-alvo são todas as crianças. Todas, sem exceção" (Diversa, 2021).

Exemplificando

De acordo com Diversa (2021), para que os projetos de educação inclusiva se tornem consistentes e sustentáveis, são necessárias ações contínuas relacionadas a cada uma das seguintes dimensões: políticas públicas, gestão escolar, estratégias pedagógicas, famílias e parcerias. O gráfico a seguir exemplifica essas dimensões.

Figura 1.3 – Dimensões da educação inclusiva

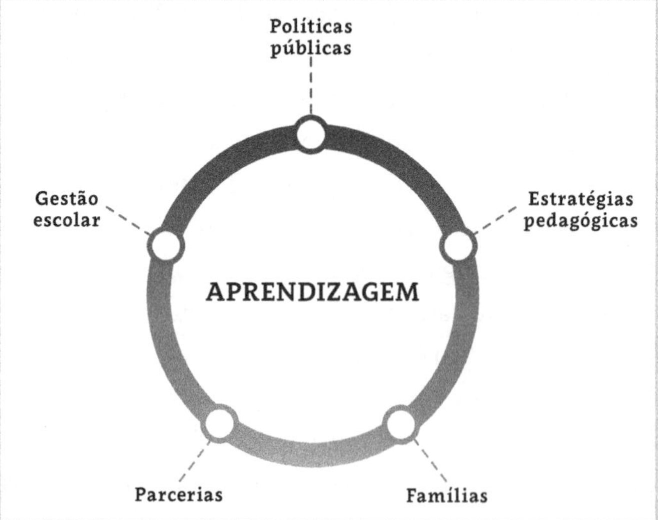

Fonte: Diversa, 2021.

> Ainda conforme o *site* Diversa (2021), a educação inclusiva demanda a ação direta "de diferentes atores e esferas sociais que se relacionam de modo interdependente, numa perspectiva de rede".

1.1.2 Afetividade

As implicações da afetividade com os processos de ensino-aprendizagem se tornaram temas de grande relevância para as esferas acadêmicas. Evidentemente, os afetos e as emoções têm sido matéria de estudo das mais diversas e conceituadas teorias psicológicas. Leite (2012) menciona que, nos anos 1970, Arno Engelman publicou um estudo no qual revisou amplamente as variações semânticas das palavras e dos conceitos associados a emoções, sentimentos, estados de ânimo, afetos e estados afetivos. Suas pesquisas evidenciaram que os estudiosos que se dedicavam ao tema, mesmo reconhecendo a necessidade de distinguir os diversos conceitos, na verdade, demonstravam enormes discordâncias sobre essas diferenças.

À medida que o tempo passou, as pesquisas foram sendo aprofundadas e o tema *afetividade* tornou-se pauta constante na agenda de pesquisadores da educação.

No decorrer de nossos estudos, veremos os conceitos e as teorias da afetividade, bem como suas implicações e manifestações, sob a ótica de vários pensadores.

Afetividade é um termo derivado dos vocábulos *afetivo* e *afeto* e caracteriza a qualidade que compreende todos os fenômenos afetivos. Assim, pode-se dizer que afetividade é a capacidade que o indivíduo desenvolve ao experimentar o conjunto de fenômenos afetivos (sentimentos, emoções e paixões). A afetividade se constitui na força que esses fenômenos exercem no caráter de um indivíduo, tendo, portanto, um papel fundamental no processo de aprendizagem do indivíduo, pois se faz presente em todas as áreas da vida, influenciando sobremaneira o crescimento cognitivo.

Por meio da afetividade, o ser humano revela seus sentimentos sobre outros seres e objetos. São as manifestações afetivas que permitem que as pessoas estabeleçam laços de amizade entre elas e com outros seres vivos, como os animais irracionais, já que, comprovadamente, os animais também têm capacidade de expressar afetividade entre si e com os seres humanos.

As relações e os laços criados pela afetividade não são baseados somente em sentimentos, mas também em atitudes. Isso significa que, em um relacionamento, existem várias atitudes que precisam ser cultivadas para que a relação prospere.

O Dicionário Online de Português define *afeto* como um sentimento que se manifesta com emoção, carinho, amizade. O termo vem do latim *affectur*, que significa "afetado". Para Abrão e Duarte (2017), essas definições nos levam à reflexão de quanto os sujeitos são impregnados por sentimentos que, dependendo da situação, contribuem positivamente ou negativamente para a constituição das relações humanas. No aspecto pedagógico, a afetividade é a capacidade que a pessoa desenvolve para "experimentar um conjunto de fenômenos afetivos (tendências, emoções, paixões, sentimentos)" (Abrão; Duarte, 2017, p. 5).

Figura 1.4 – Afetividade

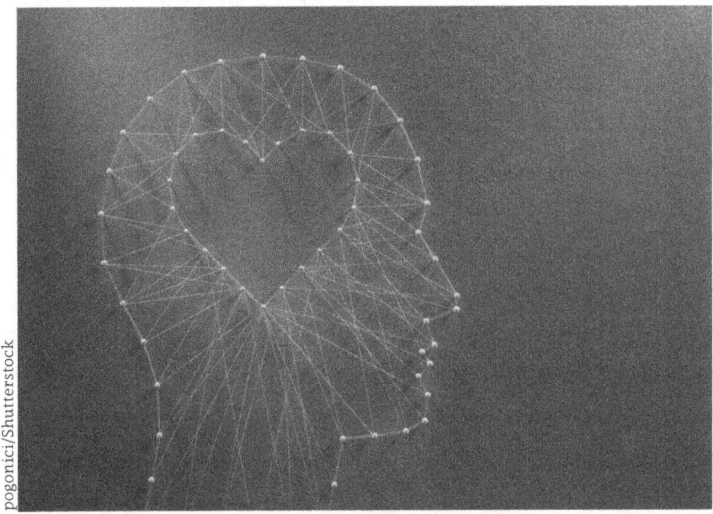

Na educação, Jean Piaget (1896-1980), Henri Wallon (1879-1962) e Lev Vygotsky (1896-1934) outorgaram à afetividade um lugar de destaque no processo pedagógico.

Vejamos algumas reflexões sobre *afetividade* de acordo com o conceito enciclopédico, que define o termo como:

> o conjunto de fenômenos psíquicos em que se manifestam sentimentos, paixões, acompanhados sempre da impressão de dor, insatisfação, agrado ou desagrado, alegria ou tristeza. O afeto é parte integrante da psique humana responsável pela atribuição de significado às vivências e experiências. Se o indivíduo vive ou experiencia algo agradável, prazeroso ou que lhe cause pânico ou medo, tais conceitos são atribuições advindos da afetividade do sujeito. (Abrão; Duarte, 2017, p. 5)

Para Wallon (citado por Gratiot-Alfandéry, 2010), a afetividade é a primeira fase do aprendizado e antecede a fase cognitiva. Seu conceito está relacionado ao domínio das emoções, da sensibilidade e suas experiências e, sobretudo, da capacidade de contatar, estabelecer contato com sensações que se referem às práticas dos sujeitos e aos traços das expressões mais complexas, que são características humanas.

Vygotsky, por sua vez, afirmava que a afetividade inerente à relação professor-aluno consiste em um elemento integrante do processo de elaboração do conhecimento, assim como uma interação pedagógica positiva constitui um sentido afetivo para o objeto do conhecimento, partindo das vivências de ambos. Essa teoria confere uma visão essencialmente social para o processo de aprendizagem. Assim, a criança nasce dentro de um ambiente social (a família) e é nela que são estabelecidas as primeiras relações com o outro, nas quais o afeto é essencial para uma construção positiva (Barbosa; Salgado, 2021).

> Para Vygotsky, "a história da sociedade e o desenvolvimento humano caminham juntos', sendo o conhecimento internalizado e transformado pela criança através da sua interação ou trocas sociais com as pessoas que a rodeiam. (Lakomy, 2003, p. 38, citada por Barbosa; Salgado, 2021)

Já para Piaget, que apresentou uma teoria construtivista, o desenvolvimento psicológico é único e composto por dimensões afetivas e cognitivas (Oliveira, 2021). O sujeito desenvolve um equilíbrio entre as construções afetivas e cognitivas. Existe, portanto, uma relação entre os aspectos psicológicos afetivos na infância e a formação da inteligência, entre as perspectivas afetivas e intelectuais da criança e a construção dos conceitos de julgamento moral, das reações rebeldes, da obediência e dos sentimentos de carinho e medo. Segundo Piaget, a afetividade não está restrita às emoções e aos sentimentos; ela abrange as vontades e as inclinações de um indivíduo. A afetividade é um comportamento que exige adaptação, uma energia impulsionadora das ações do sujeito:

> Para ele [Piaget] as noções de equilíbrio e desequilíbrio têm um significado essencial no ponto de vista afetivo e cognitivo, Piaget nos leva a refletir sobre os processos de assimilação e acomodação afetivas. Tendo a assimilação o interesse principal no "eu" e a compreensão do objeto como tal, e a acomodação é o interesse relativo e o ajuste dos esquemas do pensamento aos objetos.
>
> Ressalta também, que a afetividade e a inteligência são de naturezas distintas, ou seja, a energética da conduta vem da afetividade e as estruturas vêm das funções cognitivas, e assim o campo total junta ao mesmo tempo o sujeito, as relações e os objetos, todos sendo fundamentais para que ocorram as condutas e as interações entre sujeitos e objetos. (Oliveira, 2021)

Piaget e Vygotsky deram grande atenção à afetividade em suas teorias de desenvolvimento humano, mas foi Wallon quem aprofundou a questão, dando destaque à afetividade e afirmando que a vida psíquica se constitui com base em três dimensões: a motora, a afetiva e a psíquica. Essas dimensões atuam e são desenvolvidas de forma concomitante e integrada, e, embora em algumas situações pareça que uma dimensão é dominante, a predominância se alterna de forma que as conquistas de uma são absorvidas pelas outras e assim sucessivamente.

Desse modo, os três teóricos, afirmam que a afetividade é um aspecto intrínseco ao processo de desenvolvimento do ser humano, especialmente na aprendizagem, que ocorre em todos os espaços: família, escola, na rua e em qualquer lugar de convívio social.

O ser humano, por se caracterizar como "ser social", precisa das interações para se desenvolver; necessita estabelecer constantemente trocas enriquecedoras, dar e receber, e essa necessidade surge desde o início da vida, na família, na escola, na sociedade, no trabalho etc. Vivenciar, experenciar a afetividade é, então, elemento vital no desenvolvimento integral do indivíduo.

> Assim, a afetividade é um conceito mais amplo, constituindo-se mais tarde no processo de desenvolvimento humano, envolvendo vivências e formas de expressão mais complexas, desenvolvendo-se com a apropriação, pelo indivíduo, dos processos simbólicos da cultura, que vão possibilitar sua representação. É um conceito que "além de envolver um componente orgânico, corporal, motor e plástico, que é a emoção, apresenta também um componente cognitivo, representacional, que são os sentimentos e a paixão" (Dér, 2004, p. 61). Deve-se, no entanto, relembrar que a complexificação das formas de manifestação afetivas – que alguns autores caracterizam como cognitivização do processo de desenvolvimento afetivo – só pode ser atingida através da mediação cultural, a partir, portanto, de um ambiente social (Dantas, 1992). (Leite, 2012, p. 360)

No decorrer desta obra, veremos abordagens de diversos teóricos, como a de Sigmund Freud, por exemplo, que em alguns tópicos de sua teoria discorreu sobre a afetividade:

> sobre a palavra "afeto", na obra de Freud: "afeto é um estado afetivo penoso ou agradável, vago ou qualificado... Toda pulsão (equivalente de impulso) se exprime nos dois registros: o do afeto e o da representação... o afeto é a expressão qualitativa da quantidade de energia pulsional e de suas variações".
> (Laplanche; Pontalis, citados por Souza, 2011, p. 252)

1.2 Emoção *versus* razão: concepções dualistas e monistas

Ao estudar a dimensão afetiva, é necessário compreender as razões que mantiveram esse conceito de forma periférica nas relações de ensino-aprendizagem, mesmo que sua relevância tenha sido admitida nas teorias psicológicas. Esse fato parece estar ligado ao predomínio secular da chamada *concepção dualista*, para a qual o ser humano é um ser dividido entre razão e emoção. Essa concepção remonta à Antiguidade e foi fortalecida pela dualidade cartesiana entre corpo e alma. Na Modernidade, os afetos foram vistos como parte da dimensão anímica, sendo excluídos, portanto, dos processos científicos.

Um típico problema de todo o pensamento dualista: a suposição de que existe no homem uma dimensão que não admite abordagens científicas; assim, pressupõe-se que a ciência jamais explicará o fenômeno humano por completo.

Essa concepção de dualidade, razão × emoção, foi, por séculos, o pensamento dominante. Foi assim que o dualismo colocou a razão como dimensão superior, que melhor caracteriza o homem; a emoção, por sua vez, assumiu um caráter sombrio e indecifrável da natureza humana, sendo considerada a responsável pelas mazelas da humanidade. Dessa forma, a função da razão era proporcionar o controle, o domínio sobre a emoção, pois assim o homem não arriscaria perder a razão.

Na visão de Leite (2012, p. 356): "Entender que o homem é um ser cindido entre razão e emoção é assumir que o homem é um ser que ora pensa, ora sente, não havendo vínculos ou relações determinantes entre essas duas dimensões".

Durante muito tempo, a concepção dualista norteou as práticas educacionais, relegando como herança a concepção de que o trabalho educacional deve estar direcionado para o desenvolvimento da cognição, tendo como centro a razão e excluindo a afetividade do processo.

A ciência e a pesquisa foram evoluindo em todas as áreas do conhecimento e, a partir do século XVIII, surgiram possibilidades para a construção de um outro modelo teórico, mais inovador e mais coerente, uma vez que trouxe o entendimento de que a razão e a emoção são indissociáveis, "*dois lados de uma mesma moeda*, mantendo entre si íntimas relações. Tais questões criaram as condições para o surgimento da chamada *concepção monista* sobre a constituição humana" (Leite, 2012, p. 357, grifo do original).

Dessa forma, admitiu-se que o pensamento humano deve ser estudado partindo-se da concepção monista, de modo que a afetividade e a cognição sejam interpretadas como dimensões indissociáveis e elementos do mesmo processo, sem que se possa analisá-los separadamente.

Assim, temos a afetividade como uma "dimensão psicológica", que engloba de maneira complexa e dinâmica o conjunto formado pelas emoções e pelos sentimentos. Com base nisso, dizemos que o indivíduo sente a alteração no corpo em virtude das modificações emocionais (ou seja, biofisiológicas), e há ainda um sentido subjetivo, que atribui valor às experiências emocionais vivenciadas.

> Como uma dimensão do psiquismo, a afetividade faz com que seja conferido um sentido especial às vivências e às lembranças. A **afetividade afeta sensivelmente** os nossos pensamentos, dando-lhes forma, matiz e conteúdo. Na nossa maneira de entender, **cognição e afetividade** se completam entre si, formando um todo **não divisível**. Assim, **pensamos a partir daquilo que nós sentimos** e sentimos a partir daquilo que nós pensamos. (Pinto, 2015, grifo do original)

O ser humano experimenta uma infinidade de manifestações afetivas em sua vida. O autoconhecimento da dimensão afetiva – reconhecer o que nos emociona e sentimos – auxilia nas tomadas de decisão diárias e, da mesma forma, na resolução de conflitos pessoais e interpessoais. Entender o sentimento em uma determinada situação, auxilia tanto no reconhecimento das qualidades pessoais, ou seja, na autoestima, quanto na qualidade dos relacionamentos, sejam eles familiares, sejam escolares ou profissionais.

É por meio desse reconhecimento que o ser humano desenvolve psicologicamente condutas proativas, como: resiliência, paciência, tolerância, bondade nas palavras, gentileza nas atitudes e amor, que proporcionam melhora na qualidade da vida psicossocial (Pinto, 2015).

1.3 Desenvolvimento emocional

O desenvolvimento emocional está relacionado ao aumento da capacidade de entender, diferenciar e sentir emoções que, à medida que o indivíduo cresce, vão se tornando cada vez mais complexas. Além disso, o indivíduo precisa desenvolver outra capacidade: a de autorregular tais emoções para conseguir adaptar-se ao meio social ou para alcançar objetivos e metas tanto no presente quanto no futuro. Ainda na infância os sujeitos enfrentam situações em que precisam escolher entre opções conflitantes – por exemplo, concluir os deveres antes de brincar ou comer uma gulodice em vez de esperar o momento da refeição completa e saudável.

No momento dessas escolhas, a criança está conciliando o conflito entre as opções disponíveis que se contrapõem, em um contexto apresentado por um conjunto específico de expectativas e regras. Ela necessita demonstrar controle sobre seus impulsos de escolher uma opção com gratificação imediata, reconhecendo o benefício da escolha que é menos imediata, porém mais adequada.

Para Rueda e Paz-Alonso (2013, p. 1): "Esse tipo de controle comportamental e cognitivo está relacionado ao conceito das funções executivas. As funções executivas são processos multidimensionais de controle cognitivo que se caracterizam por serem voluntários e exigir um alto esforço".

Perguntas & respostas

O que são as funções executivas no comportamento humano? De acordo com Morton (2013, grifo nosso):

> As funções executivas são as habilidades cognitivas que nos permitem controlar e regular nossos pensamentos, nossas emoções e nossas ações diante dos conflitos ou das distrações. Existem três categorias de funções executivas:
>
> 1. O **autocontrole**, ou seja, a capacidade de resistir contra fazer algo tentador para privilegiar a ação desejada. Ele ajuda as crianças a permanecer atentas, a agir de forma menos impulsiva e a ficar concentrada em seu trabalho.
>
> 2. A **memória de trabalho**, ou seja, a capacidade de conservar as informações na mente, o que permite utilizá-las para fazer o vínculo entre as ideias, calcular mentalmente e estabelecer prioridades.
>
> 3. A **flexibilidade cognitiva**, ou seja, a capacidade de pensar de forma criativa e de se adaptar às demandas inconstantes. Ela permite utilizar a imaginação e a criatividade para resolver problemas.
>
> As funções executivas têm um papel importantíssimo para o desenvolvimento das crianças e são responsáveis pelo sucesso e equilíbrio até a idade adulta. Por essa razão, é essencial que se busquem formas de desenvolvê-las satisfatoriamente durante a primeira infância (Morton, 2013).

O desenvolvimento emocional está intimamente ligado às funções executivas do ser humano. É por meio delas que o indivíduo adquire seu controle e seu conhecimento das emoções.

São processos mutidimensionais cognitivos que exigem muito esforço, pois são voluntários. Falamos do desenvolvimento que forma a capacidade de avaliar, organizar e alcançar metas e adaptar os comportamentos, sendo flexível nos confrontos com novas situações e problemas.

Desenvolver-se para adaptar as emoções às situações está vinculado ao bem-estar do indivíduo, e isso começa na infância, quando as dificuldades com a regulação emocional se evidenciam nas perturbações de humor e problemas comportamentais.

> O desenvolvimento emocional é formado a partir de uma diversidade de habilidades cognitivas, incluindo a capacidade de regular o comportamento com flexibilidade, de forma voluntária, exigindo esforço (função executiva), dependendo fortemente do amadurecimento dos lobos frontais. A regulação cognitiva e emocional parecem [sic] se desenvolver em conjunto, exibindo um forte desenvolvimento durante o período pré-escolar e um curso de desenvolvimento mais demorado durante a infância posterior e adolescência. (Rueda; Paz-Alonso, 2013, p. 4)

É evidente que existe uma relação entre a emoção e os processos cognitivos, sociais, de percepção e de autorregulação, e a psicologia do desenvolvimento se dedica a estudar as formas como as crianças compreendem e regulam suas emoções.

Panksepp (2004, citado por Faria, 2011) menciona um grupo de emoções que merece atenção para que possamos entender o desenvolvimento emocional: o **grupo das emoções básicas**, composto por sete sistemas emocionais básicos que se originam nas regiões subcorticais e são responsáveis pelas respostas comportamentais, fisiológicas, afetivas e cognitivas aos problemas de adaptação. Os sistemas emocionais básicos são: a procura, a raiva, o medo, o desejo sexual, o cuidado, o pânico e a diversão. Subordinados a estes, temos, respectivamente, os sistemas motivacionais de: expectativa, ira, ansiedade, sexualidade, proteção, separação e alegria.

Pesquisas apontam que o desenvolvimento emocional é afetado por diversos fatores, como o fator ambiental (educação na família e na escola) e as intervenções cognitivas (que melhoram a eficiência dos sistemas cerebrais). São fatores que servem de base para desenvolver habilidades de regulação comportamental e emocional nos indivíduos, sejam crianças, sejam adultos.

Nosso estudo se baseia no recorte da "afetividade na educação especial", tema no qual diversas pesquisas têm sido dedicadas à relação entre o desenvolvimento emocional e o desenvolvimento cognitivo de crianças com necessidades educacionais especiais.

Assim, temos de considerar que as emoções são fontes primárias de conhecimento e exercem um fator determinante na adaptação dos sujeitos ao meio e são elas (as emoções) que iniciam o processo de aprendizagem. Pensando assim, concluímos que, por maiores que se apresentem as dificuldades cognitivas no sujeito, ele conseguirá interagir com o meio, expressando suas emoções básicas. Em alguns casos, elas se tornam um canal para a manifestação de habilidades cognitivas, conforme aponta Damásio (2001, citado por Faria, 2011, p. 45), que afirma: "crianças com Síndroma de Down compreendem mais do que conseguem expressar, pois sentem emoções de modo espontâneo, podendo transformá-las em conhecimento, nem sempre expresso oralmente".

1.4 Afetividade e desenvolvimento motor

São características inerentes ao ser humano a alternância e a mudança constante de comportamentos, sentimentos, fatores físicos e intelectuais. Nesses processos, a afetividade influencia sobremaneira o desenvolvimento cognitivo dos sujeitos em formação.

Existem estudos que apontam que a afetividade tem capacidade de modificar, inclusive, processos biológicos. Isso prova que ela influencia diretamente o funcionamento do corpo. Lück e Carneiro (1983, p. 20) afirmam que:

> Mesmo tratando-se de comportamento predominantemente psicomotor, como é o caso dos exercícios físicos e da realização de trabalhos manuais, nem por isso deixam de estar menos presentes os componentes afetivo e cognitivo. As emoções fazem com que as glândulas suprarrenais sejam estimuladas e lancem na corrente sanguínea maior quantidade de adrenalina, o que estimula o ritmo da respiração e das batidas do coração que, por sua vez, levam o fígado a liberar maior quantidade de glicose para o sangue de maneira a alterar o metabolismo e a possibilitar ao homem maior dispêndio de energia.

São inúmeros os processos de crescimento nos seres humanos. Um deles, e fundamental, é o desenvolvimento motor. Observe que, no decorrer da vida, cada momento é a continuação do momento anterior, porém modificado, aperfeiçoado ou ressignificado. Eis porque é necessário criar boas condições para a vida dos recém-nascidos, sabendo que o hoje é a continuação do ontem e que o amanhã depende das condições do hoje.

Nos próximos capítulos, analisaremos as fases do desenvolvimento humano desde o nascimento até a fase adulta. Nesse sentido, Vieira (2009, p. 23) define que "desenvolvimento motor é o conhecimento das capacidades físicas da criança e sua aplicação na performance de várias habilidades motoras, de acordo com a idade, sexo e classe social".

Desenvolver-se motoramente tem conexão direta com as atividades socioafetivas. Se pensarmos em interesses, solidariedade, cooperação, motivação, respeito e socialização, reportaremo-nos às atividades executadas pelas crianças na escola durante as aulas de Educação Física, por exemplo, ou nas atividades lúdicas em brincadeiras como pular corda, amarelinha e outras.

O fator afetivo inclui os relacionamentos intra e interpessoais; ao brincar a criança irá passar por diversas situações positivas (quando vence alguma brincadeira e alcança seu objetivo ou quando se dá bem com os colegas) e negativos (quando perde alguma atividade ou não consegue realizar o esperado e assim entra em conflito com os mesmos). É através dessas situações que a criança irá se socializar. "A influência dos fatores psicológicos do tipo socializador é inegável, seja em quem exerce a atividade esportiva, seja naquele que acompanha como espectador" (Boer, 2010). (Alves; Rodrigues; Vieira, 2013)

A criança começa a se desenvolver partindo de sua própria corporeidade. É por meio da organização corporal que os indivíduos criam relações com objetos, pessoas, animais e demais elementos que fazem parte de seu convívio diário. A medida em avança em suas fases de desenvolvimento, diversas manifestações evidenciam a maturação das habilidades motoras, isso deverá ser observado tanto pelas famílias quanto pelos profissionais que atuam na escola. A criança, com o passar do tempo, vai encontrando soluções para seus problemas cotidianos sem que necessite de ajuda – isso é a maturidade dos sistemas. Sendo assim, para Rodrigues (2003): "Grande parte do comportamento da criança na escola depende de sua interação com outras pessoas no seu dia a dia e da influência do meio ambiente".

1.4.1 Conceitos e fundamentos da psicomotricidade

Conhecer o próprio corpo é o princípio de qualquer ser humano. Buscamos conhecer nosso corpo para, assim, interagir com o mundo que nos rodeia. O corpo é a base para o desenvolvimento das peculiaridades humanas sociais, cognitivas, afetivo-emocionais e físico-motoras. De acordo com Moi e Mattos (2019), "podemos definir o termo psicomotricidade como oriundo do grego *psyqué* = alma/mente e do verbo latino moto = mover frequentemente, agitar fortemente. A terminologia está ligada ao movimento corporal e sua intencionalidade".

A história humana e a motricidade se confundem em suas origens, pois se trata da história social do homem, em que atividades laborais básicas de sobrevivência dependiam da motricidade, como: caça, pesca, agricultura, comunicação etc., ou seja, a perpetuação da espécie.

A psicomotricidade foi reconhecida como ciência apenas no século XX, embora as práticas dessa ciência datassem de muito antes, com cientistas diagnosticando e medindo transtornos psicomotores.

Moi e Mattos (2019) argumentam que a psicomotricidade se apoia em três conhecimentos essenciais: "o movimento, o intelecto e o afeto" e é "estruturada por três pilares: o querer fazer (emocional) – sistema límbico, o poder fazer (motor) – sistema reticular e o saber fazer (cognitivo) – córtex cerebral". Tais pilares precisam estar equilibrados, sob pena de uma desestruturação no processo de aprendizagem do indivíduo.

A motricidade conduz as experiências vividas até o cérebro, que decodifica os estímulos recebidos para, depois, armazenar as informações sensoriais, perceptivas e afetivas que o sujeito presenciou.

A Associação Brasileira de Psicomotricidade define essa ciência como

> a ciência que tem como objetivo de estudo o homem por meio do seu corpo em movimento e em relação ao seu mundo interno e externo, bem como suas possibilidades de perceber, atuar e agir com o outro, com os objetos, e consigo mesmo. Está relacionada ao processo de maturação, onde o corpo é a origem das aquisições cognitivas, afetivas, e orgânicas. (Moi; Mattos, 2019)

São inúmeros os estudos que comprovam a relação entre movimento e aprendizagem. Para Wallon (1995), existe uma relação entre as emoções e o comportamento tônico, o que evidencia a importância dos movimentos no desenvolvimento psicológico da criança. Seu enfoque psicobiológico influenciou os psicomotricistas pesquisadores do desenvolvimento mental da criança, esclarecendo as dúvidas sobre a aquisição do conhecimento da criança em seus aspectos intelectual, motor e afetivo.

O movimento não é puramente um deslocamento no espaço, nem uma simples contração muscular, e sim, um significado de relação afetiva com o mundo, assim, para o autor, o movimento é a única expressão e o primeiro instrumento do psiquismo. Neste contexto, pode-se dizer que o desenvolvimento motor é precursor de todas as demais áreas. (Wallon, 1995, p. 1)

Psicomotricidade é a ciência da educação que se ocupa em educar o movimento ao mesmo tempo em que coloca em jogo as funções da inteligência. Diz-se que *movimentar* é deslocar objetos; *movimento* é, portanto, a ação corporal em si, é a mesma unidade biopsicomotora em ação. A psicomotricidade relaciona-se à afetividade e à personalidade, isso porque o ser humano utiliza seu corpo para demonstrar seus sentimentos e sensações. Assim, um indivíduo com problemas motores acaba apresentando problemas para se expressar.

> A reeducação psicomotora lida com a pessoa como um todo, porém, com um enfoque maior na motricidade. A reeducação psicomotora deverá ser efetuada por um psicólogo com especialização em psicomotricidade (psicomotrista), pois não será apenas uma mera aplicação de exercícios, mas será desenvolvida uma adaptação de toda a personalidade da criança. (Fetac, 2021, p. 4)

A reeducação psicomotora pode auxiliar o indivíduo a perceber-se de forma diferente, podendo, dessa forma, solucionar uma série de problemas gerados pelas falhas psicomotoras que se instalaram, sejam quais forem os motivos. Essa reeducação exige uma série de procedimentos que devem ser realizados por um profissional especializado.

Assim, a ciência da psicomotricidade está direcionada em trabalhar no indivíduo (Fetac, 2021):

- o desenvolvimento do seu "eu" corporal;
- sua localização e orientação no espaço;
- sua orientação temporal.

Esses procedimentos, estão fundamentados em atividades específicas, que são assim definidas:

Motoras – São as atividades globais de todo o corpo.

Sensório-motoras – É a percepção de diversas lições através da manipulação dos objetos.

Percepto-motoras – É uma análise profunda das funções intelectuais, motoras, tais como a análise perceptiva, a precessão de representação mental, determinação de pontos de referência. Destaca-se: percepção visual. (Fetac, 2021)

A aprendizagem se dá por meio de experiências concretas e sentidas pelo corpo inteiro. Para o desenvolvimento da psicomotricidade, devem ser trabalhados os seguintes aspectos:

- Percepção e controle do corpo.
- Equilíbrio.
- Lateralidade.
- Independência dos membros em relação ao tronco e entre si.
- Controle muscular.
- Controle de respiração (Fetac, 2021, p. 6)

De uma forma didática, a psicomotricidade se subdivide em áreas para facilitar o trabalho cotidiano do professor e a compreensão das atividades a serem realizadas em sala de aula, o que proporciona mais eficiência no processo de ensino-aprendizagem. Tais atividades estimulam as várias áreas desse processo, são elas (Fetac, 2021):

- Comunicação e expressão.
- Percepção.
- Coordenação motora – coordenação dinâmica global ou geral, viso-manual ou fina e visual.
- Orientação (estruturação espacial/temporal).
- Conhecimento corporal e lateralidade.
- Habilidades conceituais.
- Habilidades psicomotoras e processo de alfabetização.

1.4.2 Afetividade e interação social

A interação social é elemento fundamental da vida humana. As relações começam pela família e evoluem ao longo da vida nos mais diversos espaços.

Quando as escolas se preocupam em desenvolver estratégias que valorizam as emoções e os sentimentos, a aprendizagem acontece de forma prazerosa e unificada, o desempenho é superior e os resultados são evidenciados em todos os níveis – motor, cognitivo e afetivo.

Para Wallon (1995), a afetividade é de extrema relevância para o desenvolvimento da criança e exerce um papel essencial para a constituição da personalidade. Para o autor, o desenvolvimento está condicionado à ação de dois fatores: o orgânico e o social. Esses fatores representam o domínio funcional, que é a afetividade.

Dessa forma, entende-se que, "no processo de desenvolvimento humano, esses fatores alteram tanto as fontes de onde iniciam as manifestações afetivas, quanto as suas formas de expressão. A afetividade passa, então, a ser influenciada pela ação do meio social" (Costa, 2011, p. 16).

Após as considerações feitas sobre a afetividade, é possível concluir que é preciso separar o conceito de suas manifestações que são a paixão, o sentimento e a emoção, pois *afetividade* é um vocábulo que identifica um domínio funcional amplo. Nesse domínio, estão inclusas diferentes manifestações: as primeiras basicamente orgânicas e, após, outras bem distintas, como emoções, paixões e sentimentos, entre outras.

Para estudarmos as interações sociais, é necessário o entendimento do fenômeno da **sociogênese**. "A sociogênese estuda as interações sociais como sendo as raízes das funções mentais superiores, que só passam a existir no indivíduo na relação mediada com o mundo externo" (Moura et al., 2016, p. 106).

Vygotsky é o responsável pela teoria do sociointeracionismo, segundo a qual, a formação do sujeito se dá pelas influências internas e pelos efeitos causados pelo ambiente em que ele está inserido. Esse pensador se refere aos denominados *planos genéticos do desenvolvimento*, representados por quatro etapas do funcionamento do desenvolvimento psicológico do ser humano, que são:

a) filogênese – diz respeito à história da espécie humana, que define limites e possibilidades de funcionamento psicológico, que define o que o ser humano pode fazer (andar) e o que não pode fazer (voar). Uma das características da espécie humana é a plasticidade do cérebro, que se adapta a muitas circunstâncias diferentes.

b) ontogênese – diz respeito à história do indivíduo da espécie, do desenvolvimento do ser, de uma determinada espécie. Por fazer parte de uma determinada espécie, todo membro desta espécie passa por certo percurso de desenvolvimento que é definido e não outro. Nesse sentido, várias coisas são determinadas pela passagem daquele indivíduo da espécie por uma sequência de desenvolvimento natural daquela espécie.

c) sociogênese – diz respeito à história do meio cultural onde o sujeito está inserido e as formas de funcionamento cultural que interferem no funcionamento psicológico, que de certa forma ainda o definem, o que ocorre de acordo como cada cultura organiza o desenvolvimento. Por exemplo, as fases da adolescência e da velhice são desenvolvidas de formas diferentes, dependendo da cultura do local que se analisa.

d) microgênese – diz respeito ao aspecto mais microscópico do desenvolvimento, onde cada fenômeno psicológico é analisado separadamente, com foco bem definido. Por meio dessa entrada pode-se refutar a ideia do determinismo. (Novaes, 2011)

É possível observar os aspectos subjetivos do desenvolvimento de pessoas com necessidades educacionais especiais, bem como a influência do meio cultural e as experiências pelas quais esses indivíduos passam em suas interações sociais.

Para a psicologia, as concepções sociogenéticas são responsáveis pelos modelos teóricos que buscam explicar os processos do desenvolvimento humano. Nosso enfoque está nos sistemas teóricos que dão ênfase à gênese social dos processos psicológicos em todos os níveis.

A teoria que considera que a base da subjetividade vem das interações sociais está presente em James Mark Baldwin, que se referia ao homem como um produto social, e Lev Vygotsky, que afirmava que o pensamento sociogenético ultrapassa as barreiras da psicologia, contribuindo, nas interações sociais, para o processo de ensino-aprendizagem (Menezes, 2011).

Quando se considera a interação social como princípio do estudo para o desenvolvimento humano, é de extrema relevância levar em conta o contexto histórico-cultural em que acontecem as interações, em seu sentido amplo, social e institucional, bem como no sentido de significados, valores, desejos e das regras que se encontram em constante negociação nos grupos. Por várias vezes, percebe-se que atitudes semelhantes se configuram com outro significado, dependendo do contexto em que acontecem (Menezes, 2011). Em outras situações, é como se acontecesse uma "canalização" dos significados, dos valores e das crenças, oportunizando que determinadas ações tenham um significado compartilhado por vários sujeitos (Menezes, 2011).

O que é?

O que é canalização cultural?
É um processo que introduz o indivíduo no universo dos valores e significados particularmente contextualizados na cultura em que ele vive. O principal meio de canalização cultural é o processo de internalização, o qual é determinado pelas regras de participação e/ou pela interdependência social da atividade e da atuação direta do educador, que dispõe do poder de estimular ou reprimir as inter-relações dos estudantes de maneira coerente e plausível com tais regras.

Para Menezes (2011), a canalização cultural atua de forma inerente à construção dos processos de significação de si. De acordo com essa visão de desenvolvimento humano, e buscando entender o papel das relações interpessoais no processo de desenvolvimento subjetivo em ambientes escolares, a pesquisadora Sandra Freire (citada por Menezes, 2011), desenvolveu um construto teórico-metodológico que ela nomeou de *concepções dinâmicas de si* (CDS). "Esse construto oferece uma alternativa de integração dos diversos conceitos tradicionalmente definidos como identidade, autoestima, autoconceito, autoconsciência, autopercepção, entre outros" (Menezes, 2011, p. 41)

Tal construto trata de um fenômeno sócio-psíquico que diz respeito aos modos de qualificação de si que integram o sistema semiótico do sujeito. Trata-se de um processo dialógico peculiar que se constitui e reconstitui por toda a vida de maneira dinâmica, partindo das interações em contextos socioculturais individuais, como, por exemplo, ao longo da escolarização (Menezes, 2011).

Mesmo que alguns estudos se preocupem mais com as justificativas individualistas para as representações de si, a justificativa de que essas representações se dão pelo convívio com o outro e suas interações merecem toda a nossa atenção. Trata-se da sociogênese do desenvolvimento que está na base das CDS.

Um entendimento claro sobre os conceitos que integram os processos de concepção de si é fundamental para se constatar a complexidade desses processos. Vejamos, resumidamente, cada um deles.

Autoestima
É o juízo de valor que o indivíduo tem de si próprio e se baseia nas crenças individuais sobre suas habilidades, suas capacidades, seus relacionamentos sociais e o que poderá vir a acontecer.

É relevante ressaltar que a autoestima segue por dois caminhos distintos, por um lado está ligado a parte cognitiva do indivíduo quando está relacionada às crenças que a pessoa traz de si mesma e por outro lado segue o caminho inverso quando está ligada a resposta emocional obtida através da experiência e avaliação que faz das diferentes visões sobre si próprio. (Menezes, 2011, p. 43)

A autoestima é essencial para que o indivíduo seja inserido no meio social. Sujeitos com baixa autoestima desenvolvem mecanismos que obstaculizam a integração no grupo social. Há uma tendência em indivíduos com baixa autoestima em apresentarem comportamentos agressivos e delinquentes, como uma resposta à sociedade que não acredita em seu potencial.

Autoconsciência/autoconceito

É preciso consciência social e interação com o outro para que se forme a consciência individual. O autoconceito estrutura-se por meio da relação do indivíduo consigo mesmo, com seu corpo e com seu meio social. É um conceito dinâmico que evolui com as experiências do indivíduo e é apenas compreendido mediante a avaliação das diversas variáveis que o afetam (Menezes, 2011).

Dessa forma, entende-se que o autoconceito é dinâmico e flexível, e se forma com base nas interações sociais, modificando-se em função das experiências do indivíduo e influenciando-as.

Identidade social e socialização na escola

Chamamos de *identidade* aquilo que nos identifica como pessoa na convivência com o outro e na compreensão da diversidade existente entre as pessoas. Ou seja, a identidade se forma nas relações estabelecidas com o outro.

> Adriana Delgado Santelli, Margarete Edul Prado de Souza Lopes, Simone de Souza Lima (2009) afirmam que a identidade é constituída a partir de nossa **memória, de nossas práticas cotidianas, das imagens que nos marcam profundamente o ser, a partir da relação que estabelecemos com nosso semelhante, em sociedade**. Isso quer dizer que refletir sobre a identidade é buscar no imaginário as relações que foram estabelecidas com os outros e qual nos constroem enquanto pessoas. (Menezes, 2011, p. 45, grifo do original)

Na visão de Menezes (2011), a escola é elemento fundamental no processo que reproduz as relações sociais, valorizando o individualismo e a competição. As escolas tradicionais, organizadas em disciplinas, tendem a valorizar as mais abstratas e intelectualizadas, e estas são deliberativas para a aprovação. Essa estrutura gera uma oposição entre o intelectual e o manual, o que acaba por determinar a forma como se constituem as relações sociais dentro do espaço escolar. Dentro da família, as relações são influenciadas pela ideologia e, em certas circunstâncias, o que acontece assume um caráter de naturalidade (Menezes, 2011).

O tema *interação social* tem uma intrínseca relação com o fenômeno do *bullying*, que estudaremos mais adiante.

Assim, os processos de significação de si se formam por meio de um fenômeno sócio-psíquico extenso e dinâmico, que se transforma em um complexo conjunto de autoconcepções que são remodeladas conforme as experiências socioafetivas vão acontecendo na vida dos sujeitos. No ambiente escolar, tais experiências se manifestam no desenvolvimento da socialização, no conflito com as deficiências, na participação e no convívio com a violência escolar (Menezes, 2011).

Nos referimos a elementos que devem ser observados e trabalhados para que se consiga estabelecer um clima de respeito, harmonia e muita diversidade dentro do ambiente familiar, escolar e profissional, pois comportamentos que se iniciam na família, a primeira célula social, se estendem para a escola e se perpetuam na vida adulta em vários espaços, como o profissional. Portanto, observar as diversas manifestações de interação social é de fundamental importância para o entendimento do desenvolvimento humano.

Exercício resolvido

O desenvolvimento do indivíduo é um processo construído *nas* e *pelas* interações que o indivíduo estabelece no contexto histórico e cultural em que está inserido. A construção do conhecimento ocorre por meio de um intenso processo de interação social, e é a partir da inserção na cultura que a criança vai se desenvolvendo, uma vez que as interações sociais são responsáveis pela aquisição do conhecimento construído ao longo da história (Tassoni, 2000).

Considerando essa afirmação, é correto dizer que se trata de uma teoria:

a) freudiana, para a qual os afetos estão sempre ligados aos impulsos, sem a denominação *afetividade, sentimento* (apenas para sentimento de culpa e de vergonha) ou, ainda, *emoção*.
b) vygotskyana, cuja abordagem é pautada em como os aspectos histórico culturais são apropriados pelos sujeitos nos processos de aprendizagem, quando o indivíduo adquire conhecimentos oriundos do meio.
c) walloniana, que diz que a personalidade se constitui de duas funções básicas: a afetividade e a inteligência. A primeira diz respeito às sensibilidades internas, enquanto a segunda se relaciona às sensibilidades externas.
d) piagetiana, que defende que a afetividade possui um papel fundamental no funcionamento da inteligência. A relação entre afetividade e cognição é de complementaridade.

Gabarito: b.

Feedback do exercício em geral: Para Vygotsky, a aprendizagem se dá pela interação do sujeito com o meio histórico cultural; assim, o indivíduo aprende por meio das diversas interações que são estabelecidas em seu contexto social, histórico e cultural.

1.4.3 Interação social, inclusão e afetividade

Ao estudarmos as teorias de Piaget, Vygotsky e Wallon sobre afetividade, aprofundaremos os conhecimentos que visam a estratégias e argumentos para uma intervenção eficaz, com vistas a uma educação inclusiva.

Esses três pensadores admitem a influência positiva da afetividade no processo de aprendizagem e formação dos indivíduos. Sendo assim, para pensar uma educação inclusiva e especializada, é fundamental que o quesito afetividade esteja presente no planejamento, nos espaços e nos educadores.

Não existe um processo de inclusão eficaz que não esteja ligado às relações afetivas, portanto, é necessário que o afeto esteja presente nas atitudes que rodeiam um aluno. Entretanto, não podemos confundir afetividade com atenção, o estudante precisa ser acolhido, apoiado, e não apenas acarinhado e entretido.

Figura 1.5 – Afetividade e inclusão

Lightspring/Shutterstock

É preciso estabelecer vínculos de amor, carinho, respeito e consideração, pois sabemos que o estudante é um ser dotado de emoções, e, como tal, tem a necessidade de experimentar esses sentimentos. O ambiente escolar precisa reproduzir o caráter afetivo da família e apresentar alternativas para que o aluno se integre ao mundo.

É necessário implementar uma discussão a respeito da inclusão partindo da perspectiva afetiva, como um processo dialógico entre educando e educador. A inclusão escolar não está restrita ao processo de aceitação da deficiência; torna-se também imprescindível a necessidade de discutir as diferenças como peculiaridades de cada sujeito. A afetividade é elemento essencial à aprendizagem, como fator fundamental no relacionamento entre educando e educador. É por meio desse relacionamento afetivo que a inteligência se desenvolve, portanto, a afetividade é fator para a inclusão ou exclusão da PcD na escola, mas não só do estudante com deficiência, pois todo e qualquer sujeito pode experimentar a exclusão.

A célula familiar representa uma unidade social de grande significado na vida do ser humano, já que corresponde ao primeiro núcleo social em que o sujeito irá conviver a partir do nascimento. É na família que acontecem as primeiras relações interpessoais, o que a caracteriza como célula independente que gerará influências – que podem ocorrer de forma individual ou em grupo – de acordo com os relacionamentos estabelecidos entre os componentes.

Tais influências são absorvidas tanto positivamente como negativamente, mas é inegável que a família é uma poderosa representação de uma instituição que exerce papéis relevantes, sejam eles comportamentais, psicológicos ou morais, sejam culturais, sociais ou relacionados à personalidade de cada sujeito.

Figura 1.6 – Inclusão na família

Billion Photos/Shutterstock

Podemos perceber claramente a influência das relações familiares em famílias que possuem integrantes que apresentam alguma deficiência, "visto que receber um filho com alguma deficiência se torna uma experiência inesperada, que demandará mudanças de planos e expectativas dos pais e demais familiares" (Andrade, 2018, p. 24).

Sabemos que o natural em uma gestação é o desejo e a expectativa de um bebê saudável e com plenitude de seus sentidos e atividades, que não apresente nenhuma deficiência, seja física, seja mental. No entanto, quando a realidade se apresenta de forma diferente, muitos pais sentem aflorar em si um turbilhão de sentimentos. "As respostas a essa realidade, tanto sociais como familiares, podem ser desde a proteção excessiva até a rejeição" (Lopes; Kato; Corrêa, 2002, p. 70).

Diante disso, torna-se necessário um estudo que analise o contexto socioemocional onde essas famílias estão inseridas, bem como as relações interpessoais que são construídas. Para tanto, é preciso entender como funcionam as relações familiares de acordo com uma ampla conjuntura social em que estão inseridas.

Exercício resolvido

Sobre a relação entre os profissionais da educação especial e educação infantil e as famílias, os documentos oficiais nacionais definem que o atendimento aos direitos da criança em sua integralidade depende, entre outros aspectos, do respeito e da valorização das diferentes formas em que as famílias se organizam. A legislação determina que possíveis preocupações dos professores sobre a forma como algumas crianças parecem ser tratadas em casa (descuido, violência, discriminação, superproteção e outras) devem ser:

a) comunicados imediatamente pelos professores aos familiares, com o objetivo de tratar a situação sob sigilo, de forma discreta e respeitosa.

b) discutidas diretamente com a criança, buscando resolver a situação de forma didática e pedagógica, dentro de um contexto estritamente escolar.

c) devidamente registradas e documentadas em diário de classe, para serem encaminhadas ao conselho tutelar em forma de denúncia, solicitando a intervenção daquele órgão na família em questão.

d) discutidas com a equipe da direção e pedagógica para que sejam elaboradas estratégias de intervenção, que devem ser produtivas, esclarecedoras e possibilitar encaminhamentos de acordo com a situação.
Gabarito: d.
Feedback do exercício em geral: A legislação estabelece princípios éticos que devem seguir um ritual legal, obedecendo às instâncias escolares. Portanto, toda intervenção precisa, primeiramente, ser discutida com a equipe diretiva e pedagógica da escola e, só depois, definida a estratégia necessária de acordo com o caso.

Uma família que recebe um membro com alguma deficiência vê-se compelida a desafios que são estabelecidos de acordo com a natureza da deficiência. Assim, essa família poderá desempenhar um papel positivo, como mediadora entre a sociedade onde vive e a construção de um ambiente receptivo e consciente a respeito da inclusão. Para que isso seja efetivado, é preciso que cada elemento da família tenha seus próprios sentimentos ressignificados em relação à deficiência e à PcD. Toda a família deve entender o processo de inclusão e participar dele para que haja um crescimento da PcD e das relações entre ela, a família e a sociedade. Só assim teremos o tão almejado desenvolvimento das habilidades socioemocionais tanto da família quanto da PcD e dos grupos sociais a que todos estão ligados.

Fiamenghi e Messa (2007) trazem um contraponto ao considerar que os pais podem ter dificuldades em educar seus filhos com deficiência, e salientam que essa dificuldade pode emergir da ideia equivocada de que seu filho é uma pessoa limitada e restrita em muitos aspectos, o que pode gerar uma educação e cuidados diferenciados entre estes filhos e os demais que não possuem deficiência. Os autores destacam também que essas crianças e adolescentes necessitam, assim como qualquer outra, de conceitos e limites essenciais para a vida em família e na sociedade. Dessa forma a família que possui filho com deficiência pode atuar como incentivadora de suas potencialidades ou como inibidora das mesmas. (Andrade, 2018, p. 25)

Diante dessas discussões, precisamos reafirmar a importância do conhecimento e da orientação sobre a deficiência partindo do aspecto social e clínico. É necessário também um conhecimento complexo sobre o funcionamento dessas famílias, pois, dessa forma, encontraremos um caminho para compreender e desenvolver essas crianças e ponderar como o meio e elas podem ser adaptados para que a aprendizagem aconteça efetivamente.

Exercício resolvido

Considere a seguinte citação:

> Segundo Assumpção (1993), por ocasião da chegada de uma criança com problemas na família, esta já terá sentido o impacto de um acontecimento estranho e misterioso: um de seus membros é deficiente. Continuando, afirma que, sendo a família um sistema, qualquer mudança em um de seus integrantes afeta todos os outros. A família de uma criança com deficiência tem seus problemas intensificados pelos muitos pré-requisitos, necessidades e atitudes que lhe são impostos devido à deficiência. (Lopes; Kato; Corrêa, 2002, p. 68)

Com base nesse fragmento, e levando em consideração seus estudos sobre o desenvolvimento socioemocional das pessoas com deficiência, é correto afirmar:

a) Para que uma criança com deficiência consiga se desenvolver e se tornar um adulto produtivo e inserido em sua comunidade, é preciso que a família delegue à escola a função desse desenvolvimento.

b) As competências socioemocionais da criança com deficiência terão diversas limitações, pois não é possível um pleno desenvolvimento socioemocional em pessoas com deficiência.

c) A família precisa estar consciente de que o desenvolvimento da criança com deficiência começa na célula familiar e que será complementada pela escola, desde que a família também cultive suas habilidades socioemocionais.

d) Habilidades socioemocionais só podem ser desenvolvidas em crianças deficientes se forem trabalhadas por terapeutas especializados, sendo a escola um mero coadjuvante no processo.

Gabarito: c.

***Feedback* do exercício em geral**: O desenvolvimento socioemocional de uma criança, com ou sem deficiência, deve partir da família, já que é nela que a criança começa sua estrutura. A escola complementa e aprimora as habilidades e terapeutas podem auxiliar, porém é preciso que todos os atores estejam conscientes de seu papel e contribuam para o pleno desenvolvimento da criança.

Tendo isso em vista, podemos concluir que a família é um relevante elo na vida do sujeito e que, com as devidas orientações sobre os procedimentos acerca do filho com deficiência, poderá auxiliar no processo de inclusão, não apenas daquele membro da família, mas também numa mudança de comportamento de toda uma sociedade, que pode ser mais solidária e inclusiva.

Estudo de caso

Texto introdutório

A educação das pessoas com deficiências, ou alunos com necessidades educacionais especiais, ao longo da história, veio se modificando e sendo atualizada, já que, em um passado recente, caracterizava-se pelo assistencialismo e pela segregação, em virtude de interpretações que diferenciavam o ensino como uma forma de atendimento com terminologias e modalidades específicas, que integravam escolas e instituições separadas das demais. Assim, as pessoas ditas "diferentes" estudavam em estabelecimentos distintos, sem a possibilidade de interagir e conviver com as demais crianças. Evoluímos e, assim, organismos internacionais, legislações e diversas entidades comprovaram que a PcD necessita da convivência com a sociedade para seu desenvolvimento integral, bem como a sociedade também precisa dessa convivência para desenvolver-se com equidade e igualdade, reconhecendo o direito de todos à educação e ao compartilhamento de experiências.

Texto do caso

Luz é uma garota com 12 anos de idade, aluna do 3º ano do ensino fundamental em uma escola pública. Começou sua vida escolar aos 5 anos nessa mesma escola e frequentou a educação infantil por 2 anos, sendo promovida do 1º ao 2º ano nesse mesmo período.

Vejamos o histórico de Luz:

Ainda bebê, a mãe conta que a menina teve uma crise que a deixou inchada, os olhos quase não abriam, teve queda de pressão com perda da consciência e foi internada. O diagnóstico, após diversos exames, foi o de epilepsia. A partir daí, a menina começou a usar medicação controlada e faz uso dela até os dias atuais.

Luz apresenta deficiência intelectual, com atraso no desenvolvimento neuropsicomotor. Assim, sua aprendizagem é lenta e precisa obedecer a um ritmo próprio. É uma menina tímida, introvertida e tem muita dificuldade para socializar. Chora sem motivo aparente, não consegue se concentrar e, às vezes, é agressiva e tende ao isolamento.

Embora esteja matriculada no 3º ano, Luz não consegue realizar todas as atividades, do que se deduz que foi promovida sem ter realmente desenvolvido as competências para a série. Luz demonstra gostar da escola e não falta às aulas.

No entanto, nega-se a participar das atividades propostas em sala de aula: na maioria das vezes diz que "não sabe", chora e cria desculpas para não realizar a atividade proposta. Segundo a professora da sala comum, em sala de aula apresenta déficits na questão de socialização, aprendizagem e comunicação; consegue desenhar, pintar e fazer cópia; escreve seu primeiro nome de memória; identifica letras de numerais e diferencia texto ou palavra de imagem; tem um ótimo relacionamento com a professora de sala e com a professora de Educação Física; não costuma pedir ajuda para executar tarefas – quando não sabe, simplesmente diz que não fará porque não sabe. Luz expressa seus desejos por meio do choro e ou de frases curtas como: "quero ir ao banheiro", "não sei", "quero água", entre outras.

Analisando essas manifestações, podemos inferir que a menina demonstra alguns distúrbios no desenvolvimento cognitivo, emocional, social, afetivo e de linguagem que podem ser consequência do contexto familiar, escolar e social em que convive. Os problemas de aprendizagem e o fracasso escolar podem ser decorrentes de diferentes fatores, como: problemas de saúde; suas relações familiares; a sala de aula comum, isto é, a metodologia que a professora utiliza; a escola como um todo; a falta de vínculo afetivo; os bloqueios de comunicação e de socialização. Todos esses fatores afetam seu comportamento em sala de aula e também em casa, o que interfere negativamente em seu desenvolvimento cognitivo.

Resolução

A intervenção começou pela realização de formações pedagógicas com os professores e a equipe da escola, estudando teorias de aprendizagem, princípios da educação inclusiva e estratégias de ensino para inclusão.

A escola realizou também ciclos de palestras para a comunidade sobre o tema, trazendo profissionais especializados para, em uma linguagem acessível, sensibilizar famílias e comunidade escolar sobre o tema de educação inclusiva para todos. Ética, cidadania, *bullying*, empatia e afetividade foram temas abordados.

Os professores foram preparados para realizar atividades interativas com a turma e os demais estudantes (em momentos como intervalo, entrada etc.), e todos demonstraram atitudes colaborativas e cooperativas no sentido de socializar, como lanches coletivos e brincadeiras que estimulam a cooperação.

Atividades e atitudes que demonstram afeto e empatia começaram a ser muito valorizadas dentro da escola, como expor os desenhos dos alunos em ambientes coletivos e elogiá-los (os desenhos de Luz foram expostos).

Criou-se um grupo de pais e filhos que apresentam dificuldades de aprendizagem para que troquem experiências e busquem soluções com base nessas experiências.

Para a família de Luz, especificamente, buscou-se um atendimento especializado a fim de que consigam entender as diferenças, sem discriminar ou perder a paciência na lida com a menina, demonstrando que, embora haja um problema orgânico, o afeto, a compreensão e a afetividade podem ser elementos de cura.

Paralelo a isso, a equipe docente que trabalha com Luz se reuniu periodicamente para planejar atividades que proporcionem o desenvolvimento da menina. Com base em estudos já realizados, os professores sistematizaram as atividades. As atividades propostas foram:

- **Em relação às dificuldades cognitivas na leitura e na escrita**: Realizar atividades com texto e imagens, trabalhar o alfabeto móvel, fazer construção de frases e texto com base na sequência de fatos, montar quebra-cabeça com palavras-chave trabalhadas no texto, trabalhar com vários gêneros textuais e diferentes jogos pedagógicos, como palavras cruzadas e formação de palavras com o auxílio de figuras.
- **Para o desenvolvimento socioafetivo**: Trabalhar com jogo simbólico e de cooperação, realizar atividades em grupo, utilizar diferentes recursos artísticos, como pintura coletiva, fantoches, modelagem com diferentes materiais.
- **Para o desenvolvimento da linguagem**: Trabalhar com dramatizações, teatro, músicas, leitura de imagens; diferentes jogos, que abarquem a expressão verbal e não verbal;

músicas e contação de história; artes (pintura, modelagem, colagem etc.); *softwares* e outros recursos tecnológicos; criação de personagens, como o próprio boneco (avatar). Organizar situações em que Luz seja estimulada, motivada e provocada a se expressar oralmente por meio de descrições de imagens, fotos, recontos orais e relatos de experiências. Realizar relatos orais, registro oral de passeios, visitas, atividades de dramatização e brincadeiras livres que permitam à aluna exercitar sua capacidade criativa e de expressão verbal (Souza, 2011).

Resultados esperados
Com todas essas iniciativas, espera-se que Luz supere suas dificuldades cognitivas de acordo com as suas capacidades, desenvolvendo a linguagem, as habilidades socioemocionais e afetivas; que ela se reconheça como uma pessoa com capacidade para aprender, crescer, ter autonomia, se expressar e interagir com outros; que descubra os melhores caminhos para se comunicar, com recursos verbais ou não verbais, sabendo que é um indivíduo e que suas características devem ser respeitadas e aceitas.

Espera-se, ainda, que o movimento surgido na escola sirva para o crescimento das equipes docente e discente, bem como para a interação com a comunidade, mostrando que a inclusão é um processo contínuo que se faz a todo instante e lugar.

Dica 1
Maria Teresa Égler Mantoan é uma das grandes defensoras da educação inclusiva, cujas ideias são pautadas na necessidade de convivência, respeito e interação. Para ela a

aprendizagem acontece na troca e, consequentemente, no exercício da afetividade.

Para a educadora, na escola inclusiva, professores e alunos aprendem uma lição que a vida dificilmente ensina: respeitar as diferenças. Esse é o primeiro passo para a construção de uma sociedade mais justa.

Leia a entrevista dessa educadora concedida a Meire Cavalcante, no *site* Nova Escola:

MANTOAN, M. T. É. Inclusão promove justiça. Entrevista concedida a Meire Cavalcante. **Nova Escola**, 1º maio 2005. Disponível em: <https://novaescola.org.br/conteudo/902/inclusao-pro move-a-justica?query=inclusao%20pro%20move%20a%20 justica>. Acesso em: 2 jul. 2021.

Dica 2

Existem diversos filmes que tratam do tema da inclusão e da afetividade e que podem tanto auxiliar o educador para desenvolver um olhar diferenciado para o tema quanto ser exibidos nas salas de aula e, depois, discutidos com os estudantes, sensibilizando-os para aceitar, conviver e amar a diferença.

Sugestão:

Filme: *Extraordinário*

Auggie Pullman tem apenas 10 anos, mas, por ter nascido com uma deformação facial, já passou por 27 cirurgias plásticas. Agora, pela primeira vez, ele está frequentando uma escola regular, como as demais crianças de sua idade. No ambiente escolar, Auggie tem a sensação constante de ser avaliado e observado e precisará lidar com isso. Ele está no quinto ano e precisará se esforçar para conseguir se encaixar em sua nova realidade.

Dica 3

Com a propagação dos princípios da educação inclusiva, a discussão proposta nas escolas, as determinações legais sobre a inclusão e as exigências de que toda a escola precisa acolher os alunos com deficiência, cada vez mais vemos instituições que se preparam para atender de forma equitativa as crianças com deficiência.

O *Diversa* é uma iniciativa do Instituto Rodrigo Mendes em parceria com o Ministério da Educação (MEC) e diferentes organizações comprometidas com o tema da equidade cujo objetivo é apoiar redes de ensino no atendimento de estudantes com deficiência em escolas comuns. Acesse o *site* e explore os recursos e as ideias que ele oferece. São textos, estratégias, atividades, vídeos e muito mais, para orientar a todos sobre como efetivar a inclusão.

DIVERSA – Educação inclusiva na prática. Disponível em: <https://diversa.org.br/educacao-inclusiva/>. Acesso em: 2 jul. 2021.

Síntese

Ao final de nossos estudos, chegamos às seguintes conclusões:

- É fundamental conhecer conceitos de educação especial, como inclusão, pessoa com deficiência e pessoa com necessidades especiais, e preocupar-se em utilizar corretamente os termos que se referem às deficiências.
- Afetividade é a capacidade desenvolvida pelo ser humano quando ele experimenta todo o conjunto de fenômenos afetivos. Vygotsky, Piaget e Wallon admitem o processo de afetividade humana como fundamental no desenvolvimento.

- Para estudar a dimensão afetiva, é preciso entender as concepções dualistas e monistas que a estudam.
- O desenvolvimento emocional se relaciona à capacidade de entender, diferenciar e sentir as emoções.
- A função executiva do comportamento humano tem papel fundamental no desenvolvimento dos indivíduos: é responsável pelo equilíbrio e está diretamente ligada ao desenvolvimento emocional.
- Para o desenvolvimento motor, é necessário considerar a afetividade como fator influenciador e transformador do comportamento.
- A psicomotricidade é a ciência que estuda o homem por meio do movimento de seu corpo e de como ele se relaciona com o mundo que o rodeia, detectando necessidades de intervenções para melhorar os processos de desenvolvimento.
- A reeducação psicomotora auxilia os indivíduos a perceberem seu corpo de forma diferenciada para, assim, solucionar problemas diversos.
- A interação social é elemento característico da vida humana. Para seu estudo, é preciso conhecer o fenômeno da sociogênese.
- Os conceitos integrantes da "concepção de si" relevantes para o estudo das interações sociais são: autoestima, autoconceito e identidade social.
- Para que haja inclusão, é necessário desenvolver a afetividade.
- A família é uma importante célula para o desenvolvimento das interações sociais ao longo da vida.

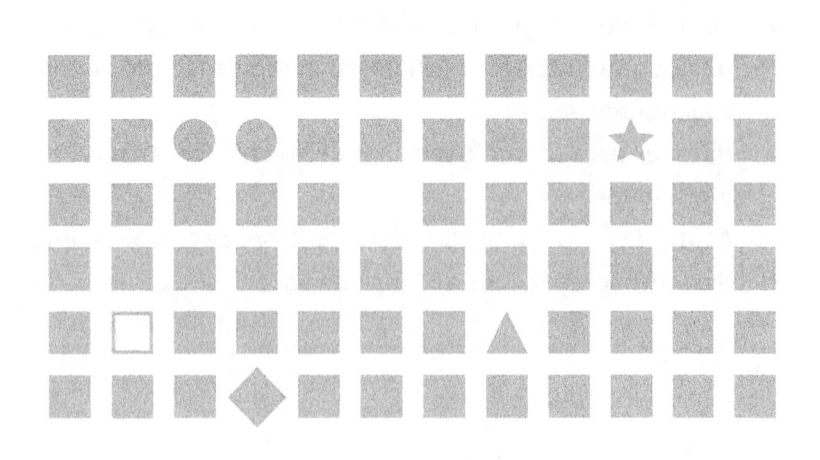

Capítulo 2
Afetividade: perspectivas teóricas

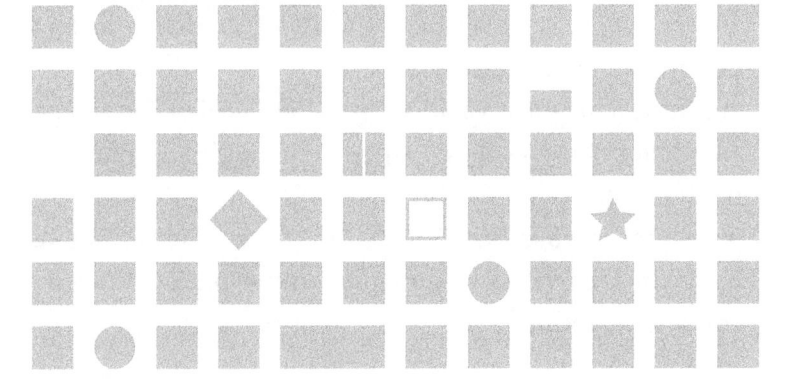

Conteúdos do capítulo:

- Piaget: desenvolvimento humano e afetividade.
- A aprendizagem humana segundo Piaget.
- A teoria do desenvolvimento humano de Vygotsky.
- Aprendizagem, desenvolvimento e afetividade segundo Vygotsky.
- Wallon: a teoria do desenvolvimento pela afetividade.
- O Sistema Teórico da Afetividade Ampliada (STAA): uma contribuição para a busca pela identidade do ser humano e o entendimento da psique.
- A Interação – pressuposto básico do STAA.

Após o estudo deste capítulo, você será capaz de:

1. relacionar as diferenças fundamentais entre as teorias discutidas no capítulo;
2. entender a perspectiva de Piaget sobre a afetividade e o desenvolvimento da criança;
3. entender a perspectiva de Vygotsky sobre a afetividade e sua relação com o desenvolvimento da personalidade;
4. entender a perspectiva de Wallon sobre a afetividade no desenvolvimento da pessoa;
5. analisar a perspectiva do Sistema Teórico da Afetividade Ampliada sobre a relação entre afetividade e desenvolvimento humano;
6. reconhecer o Sistema Teórico da Afetividade Ampliada como uma teoria psicológica que busca evolução do desenvolvimento humano.

A afetividade é o processo mais intrincado e intenso vivenciado pelo ser humano. Dentro dela, misturam-se emoções complexas que traduzem amor, motivação, ciúme, tristeza, alegria, raiva, frustração, confiança, paixão e muitas outras. Entender esses sentimentos, ou seja, aprender a cuidar e a identificar suas razões e os gatilhos, é o que vai promover no indivíduo uma vida emocional plena e equilibrada. Considerando que todo desenvolvimento educativo expressa igualmente a formação integral de um sujeito, percebemos que estruturação da realidade se dá por meio de referências e desafios sobre os acontecimentos do mundo – porém, as circunstâncias afetivas nessa estruturação são fundamentais.

Para fundamentar esse assunto, diversos pesquisadores elaboraram teorias de extrema relevância. Para nosso estudo, serão importantes as teorias de Piaget, Vygotsky e Wallon, considerando que suas visões a respeito do crescimento e do desenvolvimento físico e mental levam em conta a totalidade do ser humano. Isso nos permitirá conceituar a afetividade e constatar sua importância para o indivíduo por meio das concepções desses estudiosos.

2.1 A afetividade em Piaget

O estudo do desenvolvimento humano se concentra na compreensão do homem em toda a sua totalidade, isto é, desde o nascimento até o momento em que atinge seu maior grau de estabilidade e maturidade. É nesse contexto que Jean Piaget

(1896-1980) formulou sua teoria construtivista de desenvolvimento humano, com contribuições relevantes para a educação, principalmente.

Jean Piaget (1896-1980) foi o nome mais influente no campo da educação durante a segunda metade do século 20, a ponto de quase se tornar sinônimo de pedagogia. Não existe, entretanto, um método Piaget, como ele próprio gostava de frisar. Ele nunca atuou como pedagogo. Antes de mais nada, Piaget foi biólogo e dedicou a vida a submeter à observação científica rigorosa o processo de aquisição de conhecimento pelo ser humano, particularmente a criança. (Ferrari, 2008)

De acordo com Costa (2011), Piaget buscou compreender de que maneira o homem se constitui como sujeito cognitivo sob o enfoque de uma linha interacionista. Seguindo essa linha, ele criou o conceito de *epigênese*, segundo o qual, o conhecimento não se forma pela experiência única dos objetos nem por uma elaboração inata no sujeito; ele surge pelas construções sucessivas e elaborações constantes de estruturas novas, o que significa que existe uma interdependência entre quem vai conhecer e o objeto a ser conhecido. Dessa forma, existe um mecanismo de equilíbrio progressivo do organismo do sujeito com o meio em que ele está inserido.

Observe, no quadro a seguir, um resumo da teoria piagetiana.

Quadro 2.1 – Piaget e o desenvolvimento humano

	Aprendizagem humana	
Inteligência	Ajuda na adaptação e na ambientação dos indivíduos ao meio em que vivem: um conjunto de estruturas vivas e atuantes.	Os indivíduos entendem o universo e se adaptam a ele. À medida que o tempo passa, utilizando o conhecimento adquirido e a maturidade, o indivíduo apresenta "manifestações diferenciadas".
Adaptação	Surge de atitudes inerentes ao ser humano (hábitos e reflexos).	
Desenvolvimento cognitivo	É o modo como adquirimos o conhecimento durante a vida.	
	O crescimento intelectual acontece em partes que evoluem pela **equilibração**. É a busca da criança pelo equilíbrio entre o que ela descobre em seu habitat e a sua própria capacidade cognitiva.	
	Principais conceitos	
Assimilação	É o processo no qual uma criança adquire nova informação.	São as principais responsáveis pelas alterações do desenvolvimento cognitivo.
Acomodação	Surge a partir do momento em que a criança não consegue registrar uma nova informação, pois não existe uma estrutura cognitiva que se pareça com a novidade descoberta.	

Fonte: Elaborado com base em Moreira, 2011.

Piaget dividiu o desenvolvimento da aprendizagem da vida de uma criança em quatro estágios. A maioria dos indivíduos vivencia essas quatro fases na mesma sequência, o que pode variar é o início e o término de cada uma delas, em virtude da estrutura biológica de cada sujeito e dos estímulos que o meio pode proporcionar.

Figura 2.1 – Desenvolvimento da aprendizagem na criança

Assim, segundo Piaget, as fases ou períodos são:
- Sensório-motor (0 aos 2 anos).
- Pré-operacional (pré-operatório) (2 aos 7 anos).
- Operações concretas (7 aos 12 anos).
- Operações formais (12 anos em diante).

O desenvolvimento da aprendizagem acontece de acordo com o meio em que se está inserido. O contato com novos estímulos gera a necessidade de adaptação, oportunizando um equilíbrio sobre o que supostamente se tem contato, absorvendo o novo conhecimento e gerando readaptação do aprendizado.

> Qualquer conduta (conduite), tratando-se seja de um ato executado exteriormente, ou interiorizado no pensamento, apresenta-se como uma adaptação ou, melhor dizendo, como uma readaptação. O indivíduo age apenas ao experimentar uma necessidade, ou seja, se o equilíbrio entre o meio e o organismo é rompido momentaneamente; neste caso, a ação

tende a restabelecer o equilíbrio, isto é, precisamente a rea-daptar o organismo. (Piaget, 2013, p. 18)

Piaget (2013) afirma que o aprendizado possui ligação entre adaptação, acomodação e assimilação por meio de informações adquiridas no meio em que se está inserido. Esses são processos de internalização de informações externas, transitando por etapas para que se concretize a possibilidade de uma compreensão.

O equilíbrio entre assimilação e acomodação é o que rege a passagem de um estágio para o outro, pois ocorre uma progressão no conhecimento que gera a adaptação de determinados conceitos (Piaget, 1964).

O que é?

O que é psicogenética?

É a disciplina que estuda o desenvolvimento das funções da mente, buscando entender os processos da psique infantil como instrumento para encontrar respostas para problemas psicológicos gerais. A psicogenética surgiu de um estudo experimental do psicólogo, filósofo e biólogo Jean Piaget. Trata-se de uma teoria relacionada ao conhecimento e à aprendizagem, por isso está inserida no campo da psicologia. Dessa forma, ela contribui tanto para a psicologia quanto para a educação (Psicogenética, 2012)

Essas teorias psicogenéticas foram apresentadas por outros teóricos além de Piaget, dentre os quais Alexander Luria, Alexei Leontiev, Lev Vygotsky e Henri Wallon. Eles justificam a gênese do comportamento humano sob um aspecto interacionista, isto é, defendem que o sujeito interage com o objeto com o objetivo de se construir ou reconstruir estruturas cognitivas.

Quando estudamos Piaget, relacionamos seu pensamento diretamente ao desenvolvimento da inteligência, pensando nos aspectos lógico-matemáticos que ela apresenta, conforme vimos na teoria exposta anteriormente. Entretanto, o autor apresentou também concepções a respeito de afetividade e sentimentos, expressando as relações com os períodos de evolução cognitiva, de operações formais, dos esquemas motores e, ainda, das relações com as etapas pré-operatórias e de operações concretas. Piaget (citado por Souza, 2011, p. 252) se manifesta a respeito de afetividade dizendo:

> É indiscutível que o afeto tem um papel essencial no funcionamento da inteligência. Sem o afeto não haveria nem interesses, nem necessidades, nem motivação; em consequência, as interrogações ou problemas não poderiam ser formulados e não haveria inteligência. O afeto é uma condição necessária para a constituição da inteligência. No entanto, em minha opinião, não é uma condição suficiente.

Diante disso, podemos inferir que as ideias de Piaget são bem mais do que meras opiniões ou conceitos desarticulados; pelo contrário, apresentam uma concepção de que as relações entre inteligência e afetividade estão muito além de enxergar o ser humano como uma dicotomia, pois propõe uma visão de correspondência entre o cognitivo e o afetivo estabelecidos em uma relação de complementaridade de diversas abordagens.

Ao falarmos em ação educativa, é natural que a associemos a um professor e um aluno, interagindo afetivamente em situações diversas, em que os dois são afetados mutuamente. Nesse relacionamento pedagógico, podem se manifestar sentimentos de aceitação ou rejeição entre educando e educador, e isso, com toda certeza, será determinante na metodologia, no processo de ensino e aprendizagem e na relação estabelecida entre ambos.

Para Pessoa (2000), a maneira como um educador conduz uma aula está impregnada de uma conotação afetiva especial que caracteriza originalmente o professor, afetando de forma singular cada aluno e influenciando diretamente na aprendizagem. Podemos perceber que, em muitas situações, os professores dão ênfase ao desenvolvimento dos conteúdos programáticos, à aplicação de metodologias modernas e à utilização de recursos e estratégias inovadores, esquecendo-se de que a afetividade precisa permear todas as etapas do processo educacional. Nesse sentido, "a qualidade do diálogo afetivo que se estabelece entre educador e educando [...] cria lagos profundos ou antipatias eternas. Esta delicada relação pode definir o sucesso ou fracasso escolar de uma criança" (Pessoa, 2000, p. 98).

Para Piaget (2000), o afeto é fator determinante para o funcionamento da inteligência. Na visão do educador,

> vida afetiva e vida cognitiva são inseparáveis, embora distintas. E são inseparáveis porque todo intercambio com o meio pressupõe ao mesmo tempo estruturação e valorização [...] Assim é que não se poderia raciocinar, inclusive em matemática, sem vivenciar certos sentimentos, e que, por outro lado, não existem afeições sem um mínimo de compreensão [...] O ato de inteligência pressupõe, pois, uma regulação energética interna (interesse, esforço, facilidade). (Piaget, citado por Pessoa, 2000, p. 102)

Dessa forma, entende-se que, onde não há afetividade, não há interesse, não há motivação nem necessidade de aprender.

Sem afeto não há confiança para questionamentos e, portanto, não há desenvolvimento mental. Afetividade e cognição são complementares entre si, e uma auxilia no desenvolvimento da outra reciprocamente.

Da mesma forma que o aspecto cognitivo da criança se desenvolve a partir de um período inicial centrado na própria ação, passando para a construção de um universo determinado e descentrado, a afetividade é desenvolvida partindo da não distinção entre si mesma e os que a rodeiam, para, progressivamente, elaborar e construir um sentimento peculiar e interindividual.

Para Piaget, tanto a cognição quanto a afetividade evoluem por meio de um processo inicial centrado no sujeito e em suas necessidades primárias para, depois, serem conduzidas ao outro e às relações estabelecidas entre esse sujeito e outro (ou outros) sujeito(s), e assim sucessivamente.

As relações afetivas, segundo Piaget, podem acelerar ou retardar o desenvolvimento cognitivo, atuando diretamente na formação das estruturas cognitivas, mas ainda assim não é a única condição para sua formação.

Quando se trata de interesse e necessidade, o afeto acelera a formação dessas estruturas e pode retardar quando uma situação afetiva se torna uma barreira para o desenvolvimento intelectual. Piaget considera que desregulações afetivas são obstáculos para o desempenho da atividade cognitiva, porém, mesmo que haja um retorno à normalidade afetiva, as sequelas cognitivas são irreversíveis. Segundo Pessoa (2000, p. 103): "A afetividade não explica a construção da inteligência, mas as construções mentais são permeadas pelo aspecto afetivo.

Toda conduta tem um aspecto cognitivo e um afetivo, e um não funciona sem o outro".

A dificuldade de entendimento de um conteúdo pode gerar desinteresse, apatia, tristeza, desprazer em relação à aprendizagem – se a criança com dificuldade manifestar interesse por animais, por exemplo, poderá desenvolver uma estrutura cognitiva relacionada a essa compreensão.

Ao demonstrar interesse por algo, a criança ativa certas estruturas que permitem a assimilação daquilo que o professor propõe. Assim, ao preocupar-se apenas com a transmissão de conhecimentos, deixando de lado o interesse do estudante, o professor está produzindo uma situação de aprendizagem sem significado e, consequentemente, sem interesse; dessa forma, a criança aprende muito pouco e nada constrói.

De acordo com Pessoa (2000, p. 103), para Piaget, "a afetividade constitui a energética das condutas, cujas estruturas correspondem as funções cognitivas, ou seja, as condutas humanas têm como mola propulsora o afeto, e a estrutura de como elas são e funcionam constitui o elemento intelectual".

As etapas de desenvolvimento humano estabelecidas por Piaget em sua obra *Seis estudos de psicologia* (1986), que já analisamos anteriormente, enfatizam essa relação entre a vida afetiva e intelectual do indivíduo para sua formação cognitiva.

Com base nisso, os educadores precisam ter a consciência da importância da afetividade no convívio com seu aluno e na elaboração do conhecimento. Essa interação entre afeto e cognição poderá favorecer a evolução integral da criança, gerando mais equilíbrio e estabilidade na sua trajetória de vida social, afetiva, intelectual e moral.

Pessoa (2000, p. 105-106) destaca pontos importantes na teoria piagetiana que são relevantes para os professores:

1 – Os professores devem ter uma relação de respeito mútuo com as crianças, encorajando-as a desenvolverem sua autonomia;

2 – Os professores podem promover a interação social na sala de aula, encorajando o questionamento intelectual e ensinando a criança a lidar com questões morais;

3 – O professor deve permitir a discussão em sala de aula, para que a criança ouça os argumentos dos colegas, entre em desequilíbrio cognitivo para reestruturar seu raciocínio;

4 – A responsabilidade, a cooperação e a autodisciplina não deveriam ser impostas, mas construídas pela criança a partir de suas próprias experiências.

Piaget dedicou grande parte de seus estudos à afirmação de que a afetividade tem papel importante na construção dos aspectos cognitivos da criança, com impactos severos na vida adulta. É indispensável ao educador o conhecimento dessas teorias e o empenho em conduzir a aprendizagem com base em relações afetivas.

Exercício resolvido

Para Jean Piaget, em sua teoria do desenvolvimento cognitivo, as crianças passam por quatro estágios diferentes de desenvolvimento mental. Sua teoria está centrada não apenas na compreensão de como as crianças adquirem o conhecimento, mas também na própria natureza da inteligência.

Assinale a assertiva que nomeia corretamente os estágios definidos por Piaget:

a) Fase sensório-motora: do nascimento até cerca de 2 anos; fase pré-operacional: de 2 a 7 anos; fase operacional concreta: de 7 a 11 anos; fase operacional formal: de 12 anos em diante.

b) Fase operacional: dos 10 aos 12 anos; fase sensório-motora: do nascimento até 2 anos; fase concreta: dos 12 anos até 16 anos; fase sensorial: dos 2 anos até os 7 anos.

c) Período sensório-motor: dos 6 meses até 2 anos; período pré-operatório: dos 2 aos 7 anos; período operacional concreto: dos 7 aos 12 anos; período operacional formal: dos 12 anos em diante.

d) Sensório-motor: do nascimento até 1 ano; pré-operacional: dos 2 aos 7 anos; operações concretas: dos 7 aos 15 anos; operações formais: dos 15 anos em diante.

Gabarito: a.

Feedback **do exercício em geral**: O biólogo e pesquisador da infância Jean Piaget elencou 4 fases do desenvolvimento infantil: sensório motor (do nascimento aos 2 anos); pré-operatório (dos 2 aos 7 anos); operacional concreto (dos 7 aos 12 anos); e operacional formal (dos 12 anos até a idade adulta). De acordo com o pesquisador, praticamente todos os sujeitos vivenciam essas faixas, que são aproximadas, o que pode variar é o início e o término de cada etapa.

Na sequência, trataremos da influência das relações afetivas nos processos de aprendizagem na educação especial, mas fica desde já a provocação para refletir: Alguns problemas relacionados a deficiências intelectuais não seriam consequência da ausência de afeto em alguma fase do desenvolvimento?

2.2 A afetividade em Vygotsky

O psicólogo Lev Semenovitch Vygotsky (1896-1934) salientava que a linguagem e o processo histórico social têm papel fundamental no desenvolvimento do ser humano. Para ele, o conhecimento se consolida por meio da interação do sujeito com o meio. Dessa forma, o indivíduo não é apenas ativo, mas interativo e adquire conhecimentos partindo das relações interpessoais e intrapessoais. Vygotsky nomeia esse processo de **mediação**. Nesse sentido, o homem é um ser que faz parte da sociedade, portanto, o desenvolvimento humano sempre ocorre dentro de uma dimensão sócio-histórica.

Figura 2.2 – Lev Vygotsky

Partindo de uma abordagem sociointeracionista, Vygotsky elaborou hipóteses a respeito da formação das características humanas, concluindo que até as características individuais mais peculiares estão impregnadas pela influência do meio e das relações coletivas, isto é, a personalidade se forma partindo das relações estabelecidas pelo indivíduo em sua vida.

Diferentemente de Piaget, para Vygotsky, o desenvolvimento humano depende da aprendizagem, uma vez que acontece por meio de processos de internalização de concepções produzidas pelo aprendizado em sociedade, especialmente pelo que acontece no ambiente escolar. Sendo assim, para Vygotsky, é necessário que o indivíduo aprenda por meio de práticas planejadas e em ambientes de aprendizagem específicos. Nesse sentido, as condições biológicas, por mais adequadas que sejam, não são suficientes para a realização de determinadas tarefas.

Vygotsky formulou o conceito de *zona proximal*, que é "a distância entre o nível de desenvolvimento real, determinado pela capacidade de resolver problemas independentemente, e o nível de desenvolvimento proximal, demarcado pela capacidade de solucionar problemas com a ajuda de uma pessoa mais experiente" (Costa, 2011, p. 13).

Esse conceito estabelece que a aprendizagem se dá por meio do estímulo da criança para aprender algo que ainda não domina completamente, buscando nela um novo conhecimento. Segundo o conceito, ensinar para a criança o que ela já sabe gera desmotivação. As novas aprendizagens são muito mais do que simplesmente adquirir novas habilidades; elas desenvolvem nos educandos estruturas cognitivas que formam o próprio funcionamento psicológico. Assim, a função desempenhada pelo professor está ligada diretamente à afetividade, atuando como "mediador afetivo". Vygotsky apresenta um sistema dinâmico de significados, em que o afetivo e o intelectual se fundem conforme se apresentam as necessidades e os impulsos de uma pessoa, bem como a realidade a qual se referem. A afetividade, na teoria de Vygotsky, tem uma dimensão pessoal e subjetiva, pois está ligada à individualidade dos sujeitos.

2.2.1 A relação entre afetividade, aprendizagem e desenvolvimento segundo Vygotsky

Já vimos que, de acordo com Vygotsky, o desenvolvimento do indivíduo se dá pelas interações estabelecidas no contexto histórico social e cultural onde ele está inserido.

A teoria de aprendizagem de Vygotsky afirma que o desenvolvimento da criança está diretamente ligado a sua socialização, processo categorizado em três níveis:

1. Zona de desenvolvimento real: refere-se às etapas já alcançadas pela criança e que permitem que ela solucione problemas de forma independente.

2. Zona de desenvolvimento potencial: é a capacidade que a criança tem de desempenhar tarefas desde que seja ajudada por adultos ou companheiros mais capazes.

3. Zona de desenvolvimento proximal: é a distância entre as zonas de desenvolvimento real e potencial. Ou seja, é o caminho a ser percorrido até o amadurecimento e a consolidação de funções. (Aix Sistemas, 2018)

Assim, o conhecimento é construído pelas relações e inter-relações sociais, sendo, portanto, com base em sua inserção em uma cultura que a criança se desenvolve. Dessa forma, as interações sociais são responsáveis pela construção do conhecimento no decorrer da história. De acordo com Emiliano e Tomás (2015, p. 61), Vygotsky

> divide o desenvolvimento em dois níveis. O primeiro é o nível de desenvolvimento real, é tudo aquilo que a criança consegue fazer sozinha. O segundo seria o nível de desenvolvimento potencial, ou seja, o que a criança não realiza sozinha, porém com a ajuda de um adulto ou um parceiro mais capaz ela consegue realizar.

O professor precisa conhecer seu aluno, para atuar entre estes dois níveis de desenvolvimento, que é chamado zona de desenvolvimento proximal.

Para os educadores, o conhecimento da zona de desenvolvimento proximal é um importante aliado na construção do conhecimento, já que, por meio dela, é possível identificar aquilo que a criança já aprendeu e também aquilo que ela é capaz de realizar com ajuda. Nesse sentido, ao diagnosticar o que a criança consegue realizar sozinha, o professor pode atuar na outra situação. Para Vygotsky (1998, citado por Emiliano; Tomás, 2015, p. 62), "a noção de zona de desenvolvimento proximal capacita-nos a propor uma nova fórmula, a que o 'bom aprendizado' é somente aquele que se adianta ao desenvolvimento".

Assim que nasce, a criança precisa do adulto para poder sobreviver e relacionar-se com o meio. Segundo Vygotsky, a linguagem/fala é o elemento fundamental na mediação da construção das funções psicológicas superiores, visto que a linguagem tem duas características essenciais, quais sejam: a comunicação e a construção do pensamento.

Sobre a linguagem, Vygotsky estabelece uma diferença entre significado e sentido. Desse modo, conforme Costas e Ferreira (2011):

- **Significado** diz respeito ao sistema de relações objetivas formadas pelo processo de desenvolvimento da palavra.
- **Sentido** se refere ao valor afetivo impresso na palavra de cada pessoa, isto é, relaciona-se às experiências individuais e às sensações afetivas, revelando a concepção de que cognição e afetividades são elementos inseparáveis na constituição do ser humano.

Um processo importante para o desenvolvimento da criança é o processo de internalização, que envolve diversas transformações relacionadas ao social e ao individual.

Para Vygotsky (1998, p. 75), "todas as funções no desenvolvimento da criança aparecem duas vezes: primeiro, no nível social, e, depois no nível individual; primeiro entre pessoas (interpsicológica), e, depois, no interior da criança (intrapsicológica)".

Perguntas & respostas

O que é o processo de internalização para Vygotsky?

É a transformação de processos externos em processos internos. Vygotsky (1991, p. 41) exemplifica:

> Um bom exemplo desse processo pode ser encontrado no desenvolvimento do gesto de apontar. Inicialmente, este gesto não é nada mais do que uma tentativa sem sucesso de pegar alguma coisa, um movimento dirigido para um certo objeto, que desencadeia a atividade de aproximação. A criança tenta pegar um objeto colocado além de seu alcance; suas mãos, esticadas em direção àquele objeto, permanecem paradas no ar. Seus dedos fazem movimentos que lembram o pegar. Nesse estágio inicial, o apontar é representado pelo movimento da criança, movimento este que faz parecer que a criança está apontando um objeto–nada mais que isso. Quando a mãe vem em ajuda da criança, e nota que o seu movimento indica alguma coisa, a situação muda fundamentalmente. O apontar torna-se um gesto para os outros. A tentativa malsucedida da criança engendra uma reação, não do objeto que ela procura, mas de uma outra pessoa.

Assim, a interação social dos sujeitos, tanto com outras pessoas quanto com os elementos culturais, são veículos para o desenvolvimento das funções psicológicas superiores, que, para Vygotsky, ocorre pela modificação da atividade psicológica que parte da mediação por meio de signos e instrumentos. A internalização das atividades sociais e históricas, que representa o aspecto que caracteriza a condição humana, é a base que diferencia a psicologia animal da psicologia humana.

A afetividade está muito presente na teoria de Vygotsky. Ele afirma que a emoção é fruto da reação a estímulos mediados pelo meio sociocultural, influenciando e modificando comportamentos. Nesse sentido, as palavras produzem resultados diferentes nas pessoas: se ditas com sentimento, geram reação; caso sejam pronunciadas sem sentimento, não produzem reação nenhuma.

Existem dois grupos de emoções: os sentimentos positivos-força (satisfação, prazer, alegria, gratidão, esperança etc.) e os sentimentos negativos (depressão, sofrimento, dor, ciúme, raiva etc.).

Se fazemos alguma coisa com alegria, as reações emocionais de alegria não significam nada senão que vamos continuar tentando fazer a mesma coisa. Se fazemos algo com repulsa, isso significa que no futuro procuraremos por todos os meios interromper essas ocupações. Por outras palavras, o novo momento que as emoções inserem no comportamento consiste inteiramente na regulagem das reações pelo organismo. (Vygotsky, 1991, p. 139)

Esse ensinamento de Vygotsky é fundamental para o educador, que precisa estar sempre atento para relacionar seu comportamento com emoções positivas, podendo assim obter sucesso no processo de ensino-aprendizagem. Dessa forma, conclui-se que é por meio das relações com o outro que os objetos adquirem sentido afetivo e são internalizados. O processo de ensino-aprendizagem adquire um significado maior por meio das relações afetivas que se efetivam pela linguagem oral, pelo contato físico e pela proximidade, elementos que não são dissociáveis.

As relações no contexto escolar, de acordo com sua qualidade e intensidade, podem afastar ou aproximar o estudante do objeto do conhecimento. As relações estabelecidas entre professor, aluno e o próprio objeto também afetam os processos cognitivos e as relações afetivas que os envolvem.

Vygotsky se opunha à filosofia cartesiana que dividia o corpo da mente; para ele, só conseguimos compreender o pensamento humano partindo de uma base afetivo-volitiva, já que as dimensões do afeto e da cognição relacionam-se intimamente e dialeticamente desde muito cedo no ser humano. Assim, a vida emocional está ligada aos processos psicológicos e ao desenvolvimento da consciência de maneira geral.

Para Vygotsky, só se consegue examinar o papel da afetividade na consciência por meio de uma relação dialética que se estabelece com as demais funções. Essa relação é representada pelas diversas experiências e interações com outras pessoas e pelo repertório cultural vivenciado pelo indivíduo. Essas representações são indispensáveis para a compreensão de todos os processos envolvidos no desenvolvimento do sujeito. "Por esse prisma, o sujeito (de acordo com a psicologia histórico-cultural) é produto do desenvolvimento de processos físicos e mentais, cognitivos e afetivos, internos (história anterior do indivíduo) e externos (situações sociais)" (Silva, 2008, p. 136).

Vygotsky afirmava que, à medida que acontece o desenvolvimento, as emoções se transformam, se afastam de sua origem biológica e vão se consolidando como um fenômeno histórico-cultural. Elas estão ligadas ao crescimento do controle que o homem adquire sobre suas emoções e sobre si mesmo. A razão e o intelecto têm capacidade para controlar os impulsos e as emoções mais primitivas.

Há, em Vygotsky, uma abordagem unificadora das dimensões cognitiva e afetiva do funcionamento psicológico.

2.3 A afetividade em Wallon

Para o educador francês Henri Wallon (1879-1962), a vida psíquica do indivíduo é formada por três dimensões: motora, afetiva e cognitiva, as quais coexistem e se manifestam de forma integrada. Para Wallon, a afetividade tem papel estruturante logo no início da vida da criança. Souza (2011) relata que, de acordo com Wallon, a vida psíquica inicial é organizada pela emoção e vem antes das primeiras estruturações cognitivas. Sua teoria propõe a concepção de que o cerne da cognição está nas primeiras emoções, e estas estão ligadas diretamente ao aspecto orgânico, o tônus.

Para saber mais

Henri Wallon foi médico, filósofo e psicólogo. Nasceu na França em 1879 e faleceu em 1962. Seus estudos foram dedicados ao desenvolvimento humano baseando-se nas crianças. Para ele, essa era a melhor forma para se compreender a origem dos processos psicológicos humanos.

Assista aos dois vídeos a seguir que explicam a teoria psicogenética de Wallon e a relação entre afetividade e inteligência: Henri Wallon (1): afetividade e inteligência – teoria psicogené tica. Disponível em: <https://www.youtube.com/watch?v=-6vuFpW9dFs>. Acesso em: 29 jun. 2021.

Henri Wallon (2): desenvolvimento infantil – teoria psicoge nética. Disponível em: <https://www.youtube.com/watch?v=GKDDkn52UEo>. Acesso em: 29 jun. 2021.

A teoria de Wallon afirma que o desenvolvimento humano se inicia quando o organismo do bebê recém-nascido se conecta com o ambiente humano por meio de reflexos e movimentos impulsivos. Durante essa fase, existe apenas a manifestação dos estados de conforto e desconforto. Assim, a mãe interpreta os gestos do bebê, que demonstram as emoções básicas. Esses gestos não são casuais, e sim um recurso biológico da espécie para garantir a sobrevivência; portanto, a dimensão motora proporciona a condição inicial para que o organismo desenvolva a dimensão afetiva.

Costa (2011) destaca que as funções psicológicas superiores, de acordo com Wallon, formam-se por meio do desenvolvimento das dimensões motora e afetiva. O acesso ao mundo adulto se dá pela comunicação emocional ao universo das representações coletivas.

Isso quer dizer que a afetividade é a primeira fase do desenvolvimento, uma vez que foi ela que conduziu o ser humano à vida racional. Dessa forma, no início da vida, inteligência e afetividade estão misturadas, sendo que a afetividade é predominante.

2.3.1 A teoria psicogênica para Wallon

Costa (2017) menciona que, para Wallon, existem estágios distintos e descontínuos na evolução humana, os quais são pontuados por rupturas e reorganizações. Por essa razão, a transição de um estágio para outro não é tranquila, mas sempre marcada por conflitos e crises que representam um ponto crítico nas transformações psíquicas do sujeito. Embora se considere que o desenvolvimento psíquico se estenda até a adolescência, Wallon afirma que ele não cessa aí, porquanto o "eu" se constrói e reconstrói de forma infinita.

Wallon apresenta cinco estágios de desenvolvimento humano, nos quais se alternam os aspectos afetivos e cognitivos. Neles, "cada nova fase inverte a orientação da atividade e do interesse da criança: do eu para o mundo, das pessoas para as coisas. Trata-se do princípio da alternância funcional" (Galvão, 1995, p. 45).

Cada estágio, na teoria de Wallon, é reputado como um sistema completo em si, ou seja, sua estrutura e desempenho descortinam a presença de todos os elementos que constituem o indivíduo. Para o estudo desses estágios, Wallon destaca que é preciso observar os seguintes pontos:
- a idade não é o indicador principal do estágio;
- cada estágio é um sistema completo em si;

- as características propostas para cada estágio se expressam através de conteúdos determinados culturalmente;
- o desenvolvimento pressupõe um processo constante de transformações, durante toda a vida. (Mahoney; Almeida, 2005, p. 26)

Mahoney e Almeida (2005) traduzem e comentam a obra integral de Wallon. A seguir, apresentamos um resumo dos estágios de desenvolvimento humano segundo Wallon (citado por Mahoney; Almeida, 2005):

1. Impulsivo emocional (de 0 a 1 ano).
2. Sensório-motor e projetivo (de 1 a 3 anos).
3. Personalismo (de 3 a 6 anos).
4. Categorial (de 6 a 11 anos).
5. Puberdade e adolescência (de 11 anos em diante).

Para Wallon, esses estágios definem a predominância funcional, ou seja, momentos afetivos predominantes, subjetivos, com acúmulo de energia, que se alternam a outros predominantemente cognitivos, objetivos, que dispendem muita energia.

2.3.2 A afetividade na aprendizagem segundo Wallon

Dos três pensadores que estudamos, o mais enfático na questão da afetividade é Henri Wallon, já que para ele duas funções são responsáveis pela construção da personalidade humana: a afetividade e a inteligência. A afetividade se relaciona com as sensibilidades internas do indivíduo e está direcionada ao mundo social, construindo a pessoa; já a inteligência está vinculada às sensibilidades externas e se volta para o mundo físico, para a construção do objeto.

As relações sujeito e objeto do conhecimento e a afetividade se fazem presentes na mediação sutil que incentiva a empatia, a curiosidade, capaz de fazer a criança avançar em suas hipóteses no processo de desenvolvimento e aprendizagem. Nesse sentido razão e emoção não se dissociam, visto que uma não acontece sem a outra. (Costa, 2017, p. 1)

Os estudos sobre a afetividade e o desenvolvimento humano, principalmente quando voltados para a educação, tem um enfoque fundamental: a crença de que se pode conduzir uma criança a um aprendizado que a torne uma pessoa autônoma, com capacidade para solucionar problemas de qualquer natureza, evidenciando participação social e a interação com o meio. A afetividade contribui para o crescimento da criança, na medida em que um professor intervém nas situações de conflito conduzindo-a a um processo de negociação com o outro. Quando se estabelece uma convivência respeitosa baseada no afeto, no respeito mútuo entre educador e educando, o processo de ensino-aprendizagem se faz de forma muito mais efetiva e eficaz. Num processo como esse, não há transmissão de conhecimento, e sim construção, em que o professor é um mediador da aprendizagem e o afeto é um instrumento que facilita o processo.

Eis o porquê da relevância de Wallon para o estudo do processo de formação do estudante: para ele, a afetividade permeia a vida humana e é fundamental para o desenvolvimento e a construção de boas relações sociais.

Segundo Wallon, quatro elementos são a base da aprendizagem e do desenvolvimento humano: afetividade, movimento, inteligência e formação, e eles estão em comunicação o tempo inteiro.

Wallon foi pioneiro em considerar não somente o corpo como manifestação da necessidade da criança, mas também as emoções desta.

Para ele, é por meio da sua inclusão na cultura que o indivíduo se desenvolve como ser humano, aperfeiçoando efeitos biológicos, fundindo afetividade e inteligência. Pais e professores são mediadores da aprendizagem, e essas mediações precisam ser afetivas para determinarem relações eficazes entre sujeitos e objetos. Assim, o desenvolvimento da inteligência tem a função de observar o mundo exterior com o objetivo de descobrir, explicar e transformar os seres e as coisas. Trata-se da transformação do real em mental, ou seja, é a capacidade que temos de representar o mundo concreto.

Figura 2.3 – Aprender com afeto e alegria

Mahoney e Almeida (2005) fazem um apanhado reflexivo sobre a teoria de Wallon a respeito da afetividade e do processo de ensino-aprendizagem: o processo de desenvolvimento é contínuo e aberto, os fundamentos de regulação dos recursos de aprendizagem são os mesmos, tanto na criança como no adulto, apenas existem tempos e aberturas diferentes. Vejamos esses fundamentos na sequência.

Do sincretismo para a diferenciação

Quando uma aprendizagem nova se inicia, ela está caracterizada pelo sincretismo e passa de forma gradual para a diferenciação.

Imperícia é a característica do sincretismo, que será substituída paulatinamente pela competência, que acompanha o processo de diferenciação.

> **O que é?**
>
> **O que é sincretismo?**
> Existem diversos significados para o termo. No dicionário, podemos encontrar os seguintes conceitos:
>
> > [Religião] Junção ou mistura de cultos ou de doutrinas religiosas distintas, atribuindo um novo sentido aos seus elementos: sincretismo religioso.
> >
> > Fusão de filosofias, de ideologias, de sistemas sociais ou de elementos culturais diversos: sincretismo social.
> >
> > [Filosofia] Síntese de elementos diferentes que possuem sua origem em pontos de vista, teorias filosóficas ou visões de mundo distintas.
> >
> > [Linguística] Semelhança morfológica entre duas unidades linguísticas de funções diferentes. (Sincretismo, 2021)

Wallon, porém, deu ao termo mais um conceito, referindo-se a ele como a

> principal característica do pensamento da criança: a ausência de diferenciação entre os elementos – as informações que ela recebe do meio, as experiências pessoais e as fantasias se misturam. O sincretismo corresponde a um momento da evolução do pensamento humano e possui uma lógica própria, diferente daquela observada na fase adulta, que é marcada pela categorização. (Salla, 2011a)

Imitação

A imitação é uma ferramenta significativa de aprendizagem para a criança (os modelos são os adultos, colegas, amigos e professores) e para o adulto – para estes, agora em episódios novos (os modelos agora são professores antigos e colegas). Existe uma relação dialética entre o processo de imitação e o de oposição, começando com jogos de alternância, passando para a fase do personalismo e se estendendo por toda a vida.

Acolhimento

O acolhimento é fundamental em qualquer idade: a criança e o jovem necessitam de acolhimento pelos grupos de convivência (familiares, amigos, colegas, professores); um professor precisa sentir-se acolhido pela direção, por seus pares, pela comunidade escolar, por seus alunos. Os espaços escolares, principalmente a sala de aula, são oficinas de relações – podem ou não serem espaços de acolhimento.

Desenvolvimento dos conjuntos funcionais
Existem ritmos diferentes para o desenvolvimento afetivo-cognitivo-motor de acordo com a relação orgânico-social expressa em cada sujeito, portanto, as atividades necessitam atender a esses ritmos. De acordo com Mahoney e Almeida (2005, p. 25), "O ritmo deve ser respeitado e não avaliado. Em cada estágio temos uma pessoa completa, com possibilidades e limitações próprias".

Situações conflitivas
O comportamento do estudante afeta a dinâmica da classe e o professor. As emoções são contagiosas; assim, cabe ao professor, por ser o adulto, preparado e experiente, mediar os conflitos, proporcionando equilíbrio ao grupo, trabalhando as emoções e canalizando-as para a aprendizagem significativa. Conforme os conflitos são resolvidos, as relações se consolidam.

Ensino-aprendizagem: faces de uma mesma moeda
Um problema de ensino pode surgir de uma dificuldade de aprendizagem. Sendo assim, o foco de sua análise deve ser a relação ensino-aprendizagem como uma unidade, sem que se estabeleçam culpas para um ou outro.
  Necessidades afetivas frustradas se tornam obstáculos para a realização do processo de ensino-aprendizagem e, consequentemente, para o desenvolvimento tanto do educando como do educador.

Processo de ensino-aprendizagem
Assim como o desenvolvimento, é um processo em aberto, constituindo-se de certezas e dúvidas, de fluxos e refluxos, estando constantemente em elaboração e reformulação.

O papel do professor na relação professor/aluno é o de mediador do conhecimento. O relacionamento do professor com seu aluno se reflete nas relações estabelecidas pelo estudante com o conhecimento e com seus colegas. Mesmo que involuntariamente, o professor é um modelo: como se relaciona, expressa seus valores, resolve seus conflitos, como fala e ouve servem de parâmetros para seus alunos.

Uma teoria é um recurso para o professor
Ao formular uma teoria de aprendizagem, o pesquisador pretende fornecer auxílio e subsídio para os educadores. Portanto, uma teoria é suporte para o planejamento do ensino e considera as características individuais (referentes ao aluno e ao professor), o contexto e as atividades propostas.

A teoria também é aberta. Ao planejar, o professor deve incluir os dados da sua experiência por meio de uma observação sensível, decorrente de seu contato com os estudantes.

Ao analisarmos os aspectos fundamentais da aprendizagem e a relação existente entre a afetividade e o ato de aprender, percebemos que o afeto faz parte do compromisso pessoal e profissional do educador, que extrapola a amizade e o carinho. Ele se traduz no respeito pelo estudante e no zelo em fazer educação. Assim, a docência é um processo de mediação em que o mediador, que é o professor, emprega toda a afetividade que o conduziu ao exercício dessa função social, buscando meios para atender a todos os alunos com igual dedicação e competência.

> **Perguntas & respostas**
>
> Após estudarmos as três teorias de desenvolvimento humano, podemos perceber que, para efetivar uma aprendizagem, acabamos por mesclar diversas teorias. Desse modo, quais são as principais teorias de desenvolvimento que aplicamos na aprendizagem?
>
> Dentro de um contexto socioeducativo, vários pensadores elaboraram suas teorias de ensino-aprendizagem para explicar e melhorar a construção do conhecimento. Dentre estas, podemos destacar: o **racionalismo**, estudado pela psicologia Gestalt; o **comportamentalismo**, que tem Skinner como seu principal representante; a **epistemologia genética**, de Piaget; a teoria **sociointeracionista**, de Vygotsky; e a **aprendizagem significativa**, de Ausubel.

O ser humano, por se caracterizar como "ser social", precisa das interações para se desenvolver, ou seja, necessita estabelecer constantemente trocas enriquecedoras, dar e receber, e, essa necessidade surge desde o início da vida, na família, na escola, na sociedade, no trabalho. Vivenciar, experienciar a afetividade é elemento vital no desenvolvimento integral do indivíduo.

2.4 Teorias de ensino-aprendizagem: um breve resumo

A sociedade se organiza sempre em busca do desenvolvimento. Ao longo da história, observamos a evolução do ser humano na busca de melhores condições de vida, desde a criação dos instrumentos primitivos, que serviram para construir e preparar alimentos, passando pelas grandes invenções, pelas descobertas científicas, até, mais recentemente, o surgimento da tecnologia da informação e todas as suas implicações e seus aperfeiçoamentos, como o livre acesso à informação.

> Conhecimento e cultura, por gerações, foram transmitidos de pai para filho utilizando, como recurso, a oralidade – tome, por exemplo, os chefes de tribo das mais diversas culturas e, também, seus curandeiros. Na idade antiga surge a figura do professor, cuja importância, na formação cidadã do indivíduo, foi defendida por Platão em sua obra "A República". Na idade contemporânea, dentre as profissões existentes, torna-se do educador a responsabilidade principal de perpetuar o conhecimento humano por meio de seus aprendizes, que, por sua vez, tornam-se educadores, movimentando, assim, um ciclo virtuoso. (Gomes et al., 2010, p. 696)

As teorias de ensino-aprendizagem entregam aos professores uma diversidade de ferramentas que auxiliam nos processos de construção do conhecimento. À medida que os estudos avançam, podemos perceber que é possível extrair orientações e ensinamentos para aperfeiçoar a aprendizagem de todas as teorias, pois, ao planejar, o educador leva em conta diversas características, tanto de alunos como do conhecimento a ser trabalhado e das condições que os aprendizes apresentam.

Veremos, a seguir, um breve resumo dessas teorias, para que, à luz delas, seja possível distinguir as melhores situações em que os estudantes podem construir seu aprendizado.

Quadro 2.2 – Resumo das teorias de aprendizagem

Teorias de Aprendizagem	Características
Epistemologia Genética de Piaget	Ponto central: estrutura cognitiva do sujeito. As estruturas cognitivas se transformam por meio de processos de adaptação: assimilação e acomodação. A assimilação envolve a interpretação de eventos em termos de estruturas cognitivas existentes, a acomodação se refere à mudança da estrutura cognitiva para compreender o meio. Níveis diferentes de desenvolvimento cognitivo.
Teoria Construtivista de Bruner	O aprendizado é um processo ativo, baseado em seus conhecimentos prévios e os que estão sendo estudados. O aprendiz filtra e transforma a nova informação, infere hipóteses e toma decisões. Aprendiz é participante ativo no processo de aquisição de conhecimento. Instrução relacionada a contextos e experiências pessoais.
Teoria Sociocultural de Vygotsky	Desenvolvimento cognitivo é limitado a um determinado potencial para cada intervalo de idade; o indivíduo deve estar inserido em um grupo social e aprende o que seu grupo produz; o conhecimento surge primeiro no grupo, para só depois ser interiorizado. A aprendizagem ocorre no relacionamento do aluno com o professor e com outros alunos.
Aprendizagem baseada em Problemas/ Instrução ancorada (John Bransford & the CTGV)	Aprendizagem se inicia com um problema a ser resolvido. Aprendizado baseado em tecnologia. As atividades de aprendizado e ensino devem ser criadas em torno de uma "âncora", que deve ser algum tipo de estudo de um caso ou uma situação envolvendo um problema.
Teoria da Flexibilidade Cognitiva (R. Spiro, P. Feltovitch & R. Coulson)	Trata da transferência do conhecimento e das habilidades. É especialmente formulada para dar suporte ao uso da tecnologia interativa. As atividades de aprendizado precisam fornecer diferentes representações de conteúdo.

(continua)

Quadro 2.2 – (conclusão)

Teorias de Aprendizagem	Características
Aprendizado Situado (J. Lave)	Aprendizagem ocorre em função da atividade, contexto e cultura e ambiente social na qual está inserida. O aprendizado é fortemente relacionado com a prática e não pode ser dissociado dela.
Gestaltismo	Enfatiza a percepção ao invés da resposta. A resposta é considerada como o sinal de que a aprendizagem ocorreu e não como parte integral do processo. Não enfatiza a sequência estímulo-resposta, mas o contexto ou campo no qual o estímulo ocorre e o insight tem origem, quando a relação entre estímulo e o campo é percebida pelo aprendiz.
Teoria da Inclusão (D. Ausubel)	O fator mais importante de aprendizagem é o que o aluno já sabe. Para ocorrer a aprendizagem, conceitos relevantes e inclusivos devem estar claros e disponíveis na estrutura cognitiva do indivíduo. A aprendizagem ocorre quando uma nova informação se ancora em conceitos ou proposições relevantes preexistentes.
Aprendizado Experimental (C. Rogers)	Deve-se buscar sempre o aprendizado experimental, pois as pessoas aprendem melhor aquilo que é necessário. O interesse e a motivação são essenciais para o aprendizado bem-sucedido. Enfatiza a importância do aspecto interacional do aprendizado. O professor e o aluno aparecem como os corresponsáveis pela aprendizagem.
Inteligências múltiplas (Gardner)	No processo de ensino, deve-se procurar identificar as inteligências mais marcantes em cada aprendiz e tentar explorá-las para atingir o objetivo final, que é o aprendizado de determinado conteúdo.

Fonte: NCE-UFRJ, 2002.

Gomes et al. (2010) selecionaram 4 das teorias mais conhecidas, discutidas e aplicadas – comportamentalista, construtivista, sociointeracionista e significativa –, as quais veremos na sequência.

Comportamentalista

Skinner (1904-1990) é um dos principais autores dessa teoria. Seu objeto de estudo não é a metodologia de estudo sobre o comportamento, e sim os aspectos que têm importância para explicar o comportamento humano. Skinner (1982) destaca que é imprescindível avaliar o controle do ambiente acerca do autoconhecimento, ou seja, "a maneira como reagimos e como explicamos nossos comportamentos encobertos não está livre de influência do ambiente em que somos criados" (Gomes et al., 2010, p. 697).

A ordenação racional do processo de ensino-aprendizagem é a característica do paradigma comportamentalista. Nessa orientação, o conhecimento surge pela experiência, ou seja, aprender a fazer fazendo. A aprendizagem é programada por etapas, levando em conta o comportamento final esperado do estudante. Há muita valorização do processo de aprendizagem individual.

O comportamentalismo se refere ao processo de aprendizagem que se baseia na reflexão do comportamento do indivíduo relacionado a estímulos negativos ou positivos. O comportamento muda de acordo com os resultados das respostas individuais a estímulos provocados pelo no meio; assim, é preciso reforçar os estímulos positivos para que haja mudanças de comportamento.

Partindo do comportamentalismo, o relacionamento do homem com o ambiente assume um caráter interativo. Sobre a relação do homem com o ambiente, Skinner (1957, p. 1) afirma que "Os homens agem sobre o mundo e o modificam e, por sua vez, são modificados pelas consequências de sua ação".

Segundo Skinner (1982), o homem produz o ambiente e também é o produto deste. Para definir isso, ele usa a **R – S**, sendo R, a resposta, e S, o estímulo. O novo estímulo é resultante do comportamento do organismo.

Construtivista

De acordo com Seber (1997), para Piaget, o construtivismo é o processo de aprendizagem do indivíduo de acordo com interações e conflitos relacionados ao conhecimento em seu ambiente social, levando em consideração a idade do indivíduo relacionada ao contexto. Ainda para Piaget, os ambientes social e físico criam oportunidades para que o indivíduo interaja com o objeto, o que gera os conflitos, que, por sua vez, exigem que o sujeito reestruture suas construções mentais já existentes. O equilíbrio/a equilibração acontece quando o sujeito organiza seu conhecimento.

Gomes et al. (2010, p. 698) afirmam que, conforme Piaget, "a aprendizagem construtivista necessita que o aluno passe pelo processo de: perturbação do equilíbrio dos seus conceitos; conservação, que é a compensação da modificação simultânea do objeto; e assimilação × acomodação do mesmo conceito".

O processo evolutivo da aprendizagem conduz o indivíduo à autonomia, a fim de que se torne um ser humano questionador, adaptativo e interativo no seu meio. Para entender a teoria construtivista de Piaget, devemos ter como base a perspectiva de humanidade que ele defende.

Sociointeracionista

Vygotsky é o principal expoente do sociointeracionismo, teoria que defende que a interação entre um grupo de indivíduos proporciona a troca de informações, experiências e objetivos, a partir da qual forma-se o processo de aprendizagem. Para Vygotsky, não é necessário que o indivíduo tenha bases psicológicas desenvolvidas para que o aprendizado aconteça, pois ele se desenvolve em interação contínua. Assim, aprender um determinado assunto influencia o desenvolvimento do indivíduo para bem além daquele tema.

Importante salientar que Vygotsky afirmava que, para cada situação de aprendizagem, existe uma história, um contexto; então, quando o aluno entra na escola, ele já tem uma bagagem de conhecimentos que devem ser considerados.

Vygotsky desenvolveu as concepções de *zona de desenvolvimento real* e *zona de desenvolvimento proximal*. "O primeiro compreende os conhecimentos já dominados pelo indivíduo, e, o segundo, o conjunto de potencialidades ao qual este pode ter acesso se apoiado por pessoa mais experiente" (Gomes et al., 2010, p. 699).

Significativa
Ausubel, Novak e Hanesian são os propositores da aprendizagem significativa, que veremos detalhadamente mais adiante. Essa aprendizagem tem como base a interação dos novos conhecimentos com as informações pré-existentes no aprendiz, sendo estes os organizadores prévios que se tornam uma "ponte cognitiva" para o novo conhecimento. Portanto, a aprendizagem significativa se refere ao processo que integra novos conhecimentos com conhecimentos prévios, porém, encontrar significado nessa nova aprendizagem depende da predisposição do aprendiz.

Exercício resolvido

Diversas teorias da educação dão ênfase ao valor das interações estabelecidas entre os estudantes em sala de aula, o que não traduz a ideia de um ambiente de sala de aula extremamente ordenado, com alunos calados e passivos e um professor que transmite informações e conceitos que devem ser memorizados pelos alunos para que os reproduzam ao longo da vida. Qual pesquisador da educação criou a teoria pedagógica sociointeracionista da aprendizagem e o que ela defende?

a) Skinner: a aprendizagem acontece por meio da ênfase na organização racional do processo de ensino–aprendizagem. De acordo com sua orientação, o conhecimento resulta da experiência, isto é, fazendo é que se aprende.

b) Piaget: a aprendizagem consiste em um processo de aprendizagem do indivíduo de acordo com interações e perturbações do conhecimento em seu meio, considerando, como critério, a idade do indivíduo relacionada ao contexto.

c) Vygotsky: compreende uma interação entre um grupo de indivíduos, em que se trocam informações, experiências e objetivos, e, dessa troca, forma-se o processo de aprendizagem.

d) Ausubel: o processo de aprendizagem se baseia na interação do novo conhecimento com as informações já existentes, os chamados *organizadores prévios*, elementos estes que podem funcionar como uma "ponte cognitiva" entre o novo conhecimento e o que o aluno já conhece.

Gabarito: c.

> **Feedback do exercício em geral**: A teoria de Skinner é a teoria comportamentalista; a teoria de Piaget é a teoria construtivista; Vygotsky defende a teoria sociointeracionista; e Ausubel apresentou a teoria da aprendizagem significativa.

Neste tópico, revisamos as teorias da aprendizagem para que elas sirvam de suporte ao nosso estudo sobre a afetividade na aprendizagem, principalmente às diversas aplicações para a aprendizagem de pessoas com necessidades educacionais especiais.

2.5 A afetividade no sistema teórico da afetividade ampliada

Dois pesquisadores brasileiros serão de grande importância para o entendimento desse tema: René Simonato Sant'Ana-Loos e Helga Loos-Sant'Ana, ambos doutores em educação e com uma extensa pesquisa na área. Eles têm coordenado diversos trabalhos sobre o sistema teórico da afetividade ampliada (STAA). Neste tópico e no próximo capítulo, teremos suas pesquisas como base para nosso estudo.

Ao desenvolverem estudos sobre a afetividade ampliada, René e Helga discorrem acerca da dificuldade para estabelecer um consenso sobre o que nos faz humanos (a identidade fundamental do ser humano). Segundo eles, há uma desarticulação interna na psicologia sobre o objeto fundamental de seu estudo: a psique (Sant'Ana-Loos; Loos-Sant'Ana, 2013a).

Como a psique apresenta uma complexidade extrema, acaba por parecer não ter fronteiras bem definidas que a estabeleçam, em virtude do que surgem muitas possibilidades de teorias. Essas teorias, por vezes, digladiam-se, buscando uma supremacia de seus paradigmas, tentando delimitar o objeto científico da ciência psicológica.

Todas essas disputas geram uma infinidade de linhas teóricas que, inclusive, questionam a denominação do objeto da psicologia, a **psique**. São muitas as teorias que apresentam diversos vieses científicos que nomeiam o objeto de estudo da psicologia, como:

- Energia primitiva: princípio ligado à pulsão enquanto meta de supressão de um estado de tensão ou excitação corpórea em um processo dinâmico e retroalimentador;
- Mente: base de pesquisas direcionadas, sobretudo, para o sentido de "faculdade intelectiva", ou seja, da mente enquanto conjunto de manifestações intelectuais ou pensamento;
- Cérebro: obliquidade derivada às questões orgânicas, amparando-se, sobretudo, nas neurociências;
- Comportamento: inclinação que busca compreender basicamente como se condicionam os princípios da funcionalidade humana;
- Cognição ou cognitivismo: viés com inclinação principal para o sentido do raciocínio (lógico-matemático) como base da tentativa de explicação dos fenômenos intelectivos;
- Humanismo: corrente ligada à ideia da busca da compreensão do homem enquanto agente singular e especial da natureza, como ser de transformação da realidade natural e social por meio de seu livre-arbítrio;

- Materialismo sócio-histórico: ligado à ideia de que o homem é formado (ou se realiza) quase que exclusivamente pela busca da existência/sobrevivência em sociedade e que isso se dá historicamente;
- Emoções e sentimentos: visão que busca sustentar que o ser humano é necessariamente movido por emoções, sentimentos e paixões, e que seu entendimento permite compreender, igualmente, os indivíduos;
- Desenvolvimento: ponto de vista que defende o princípio da mente humana como um devir de contínua adaptação e evolução, sempre em busca da homeostasia.

(Sant'Ana-Loos; Loos-Sant'Ana, 2013a, p. 10-11)

O que se pode observar é que acontece uma grande fragmentação sobre a condição humana enquanto ser psicológico, além de encontrarmos uma divisão bem mais ampla que se refere à ciência como um todo: o dualismo, que se baseia na dicotomia da realidade – materialismo/idealismo e funcionalismo/estruturalismo. Dessa forma, percebemos que, além das diferenças conceituais sobre o objeto de estudo, existe uma diferença que divide o fundamento teórico para quem busca entender o fenômeno psicológico.

Essa reflexão é apenas uma parte daquilo que busca o discernimento da ciência psicológica, uma vez que existem diversas discussões dentro do tema.

Sabendo da dificuldade interna para articular todos os vieses, teorias e pontos de vista acerca da psicologia e seu estudo do ser humano, Sant'Ana-Loos e Loos-Sant'Ana (2013a) apresentaram a proposta de unificação de todos esses caminhos teóricos por meio de uma metateoria: a afetividade ampliada. De acordo com

Paludo (2013, p. 95)," o STAA pode ser usado como um método que 'orientaria' os outros métodos a se inter-relacionarem, superando os problemas metodológicos oriundos da dicotomia dualista".

O que é?

O que é uma metateoria?
A metateoria pode ser definida como uma área do conhecimento que teoriza sobre a própria teoria de uma dada ciência. Pode ser considerada como equivalente à epistemologia.

Em seus estudos, os autores defendem a importância de revisar "como" se observa a ciência que investiga a "lógica da alma" que revela a identidade humana, ou seja, a psique. Afirmam, ainda, que a afetividade ampliada não busca, de maneira alguma, desconsiderar os postulados construídos ao longo da história da psicologia, mas que é uma possibilidade de integralizar a diversidade de conhecimentos existentes sobre a realidade, mesmo que se trate de um tema complexo e inesgotável, pois diz respeito ao mais controverso dos estudos: o autoconhecimento humano.

> O Sistema Teórico da Afetividade Ampliada (STAA) ou simplesmente *Afetividade Ampliada* se caracteriza, principalmente, por, como o próprio nome diz, buscar ampliar, amplificar, ir além e também aquém, e nos entremeios dos horizontes e verticalidades onde se formam e se caracterizam a construção dos conceitos científicos: as coisas, os fenômenos, e suas identidades e possibilidade de variações contingenciais (históricas e contextuais). (Sant'Ana-Loos e Loos-Sant'Ana, 2017)

Com o objetivo de lançar um novo olhar ao estudo da psique, os autores defendem a necessidade de um resgate do papel da afetividade na construção do ser humano, destacando que emoções, sensibilidade e sentimentos são fundamentais para as análises científicas feitas pela psicologia acerca do indivíduo, pois a sensibilidade humana pode configurar aquilo que nos torna diferentes das outras espécies e nos faz humanos.

2.5.1 O STAA e a interação

Para o sistema teórico da afetividade ampliada (STAA), a interação é a base da realidade exatamente da forma como a percebemos (Sant'Ana-Loos; Loos-Sant'Ana, 2013c). Os autores defendem uma visão ampla da realidade, para a qual é necessária uma exploração refinada sobre o sentido real das interações, em virtude da forma como a ciência insiste em priorizar o entendimento das coisas, deixando em desvantagem os estudos sobre os diversos labirintos de interação que permitem entendermos que as coisas podem existir e serem estabelecidas em função de outras coisas. Ou seja,

> a ciência – desde a elaboração de uma "solene" lógica que não engloba toda a lógica da realidade, com a afirmação de uma lógica linear (sequência-consequência) em detrimento de uma "lógica do preferível", uma lógica acerca do encaminhamento da "melhor" interação [...] – privilegiou, em grande medida, a análise da ação e negligenciou o exame perspicaz das interações. (Sant'Ana-Loos; Loos-Sant'Ana, 2013c, p. 28)

Por isso, o STAA defende a posição de que a realidade só pode ser examinada sob a ótica das interações e seu sentido, isso em todos os seus possíveis níveis. Essa é a maneira de compreender as ações que definem a identidade das coisas e dos fatos, bem como entender o porquê dessas ações estabelecerem níveis de relações em que não só as realizam, mas também as ajustam.

Tradicionalmente, a busca pelo sentido do mundo se divide em duas frentes:

1. material: porque certamente existem fenômenos, eventos, coisas e objetos;
2. ideal: pois concebemos ideias a respeito da constituição e do estado das coisas, criando, dessa forma, conceitos e suas identidades.

Essas frentes não se comunicam entre esses estilos do nosso intelecto, e essa incomunicabilidade recebe também o nome *dualismo*: de um lado, o materialismo, e, de outro, o idealismo, que são ideias antagônicas. O STAA busca mudar essa perspectiva separatista de entendimento da realidade, pois é preciso aprender a explorar o real sentido das interações.

Para a afetividade ampliada, o encadeamento das interações remonta à lógica da função das relações encontradas na realidade: de cada objeto, ou acontecimento em algum momento formado por um fenômeno ocasional, determinado entre aqueles envolvidos em uma relação interacional. Em consequência disso, surge a verdadeira identidade (ou definição) das coisas. Essa é a lógica do "afetar e ser afetado" que defende a teoria do STAA. Tal lógica se manifesta em diversas proporções e perspectivas, isto é, em uma ampla sucessão de interações ou, precisamente, em uma afetividade ampliada – no sentido lato da expressão:

na capacidade/habilidade de agir afetivamente; isto é, considerando as perspectivas e os motivos do que (ou de quem) interage em consonância aos de outrem. Ainda, a Afetividade Ampliada pretende afirmar que, para o resultado se configurar o mais equilibrado possível para as partes envolvidas (homeostático, harmônico, gerando um estado até de felicidade), é preciso, igualmente, haver uma contrabalanceada dialética interacional. (Sant'Ana-Loos; Loos-Sant'Ana, 2013c, p. 28)

De acordo com Sant'Ana-Loos e Loos-Sant'Ana (2013c), a busca pelo equilíbrio da existência das coisas de acordo com as suas relações, considerando uma lógica baseada na vontade (devir existencial), foi nomeada dentro do STAA de *dialética do afetar e ser afetado* ou *dialética da afetividade ampliada*. Assim, segundo os mesmos autores: "Na Afetividade Ampliada, a interação é a base da realidade tal como a concebemos" (Sant'Ana-Loos; Loos-Sant'Ana, 2013c, p. 29).

Na visão de Paludo (2013, p. 97): "O STAA busca demonstrar o impacto das diversas forças que influenciam o desenvolvimento do humano, tendo como foco primeiro a análise da qualidade das interações: como elas se afetam mutuamente".

Conforme Sant'Ana-Loos e Loos-Sant'Ana (2013c), é a interação que vincula as coisas à realidade, porém a realidade também é constituída de coisas; e as coisas são feitas por outras coisas (partes), e isso faz parte de outra coisa ou, certamente, de outras coisas ainda, e assim sucessivamente. Diante de uma realidade com várias partes, "algo" é um de cada vez e, em outros momentos, pode ser muitos simultaneamente, de acordo com as escalas, os aspectos, os pontos de vista, os motivos e os contextos em que essa "coisa ou algo" se encontrem envolvidos ou participem (Sant'Ana-Loos; Loos-Sant'Ana, 2013c).

> *toda e qualquer coisa funciona, logo existe, a partir da conflagração da* **interação**: "interage, logo existe" ou "existe porque está interagindo". Sendo que tal paródia ao *cogito* cartesiano ("penso, logo existo") não é exatamente aleatória, mas sim uma ampliação da compreensão deste princípio; afinal pensar é fazer relações (interações congruentes), ou seja, é estar *interagindo* com os dados da realidade, buscando articulá-los coerentemente. (Sant'Ana-Loos, 2013, p. 96, grifo do original)

Portanto, é preciso interação para que se componham: coisas, conexões entre as partes, realidades internas e externas.

A partir disso, surgem questionamentos que remontam antigas discussões existenciais a respeito dessas composições e interações. Qual a origem das coisas? Ou, ainda, de onde vêm, como se transformam ou se formam para se tornarem o que são (coisas ou fenômenos)? Se levarmos em conta o que dissemos, que uma coisa é feita de partes que precisam interagir para que haja a sua existência, que precisa das partes internas para se compor e novamente interagir para se colocar no mundo, então devemos refletir: Onde está o início, o material que as constituiu? (não nos limitemos a remeter essa pergunta à resposta mais fácil, colocando-a no plano das ideias, pois, materialmente, existe um mundo que deu início a tudo).

No século XVII, o matemático, filósofo, escritor e inventor, Blaise Pascal (1623-1662) já buscava obter respostas, ou pelo menos analisar, dizendo que o homem é o resultado mais fascinante da natureza, pois é difícil, inclusive, conceituar o que é corpo, mais difícil ainda conceituar espírito. Pascal reflete ainda sobre a dificuldade de entender como um corpo pode unir-se a um espírito, pois, para ele, essa dificuldade é a própria essência humana (Pascal, 2021).

Figura 2.4 – Homem e universo

Benjavisa Ruangvaree Art/Shutterstock

Sant'Ana-Loos e Loos-Sant'Ana (2013c) analisam essas proposições, dizendo que se trata de um conflito da identidade humana e, portanto, um estado de autoconceito que foi mal desenvolvido. Para os autores, a humanidade ainda se encontra num estágio onde não existe um (re)conhecimento integral de si, uma etapa evolutiva de transitoriedade, instável, que deve ser semelhante à questão da não concretização integral do conhecimento.

São inúmeras as considerações a respeito dos questionamentos sobre o ser, sua existência e seus sentidos. Essa busca desesperada pelo sentido daquilo que interage, que, em muitas situações, direciona-se para um sentimento de inexistência de harmonia, de instabilidade, de que vivemos um eterno conflito, inclusive conflitos internos, faz os indivíduos esquecerem pontos óbvios – por exemplo, todos somos parte do universo, somos o universo –, sem que se perceba o real significado do termo *consciência* – "com (a) ciência". Então, cada ser humano é uma consciência e, também, uma referência de como o universo se consolida.

E como esse movimento é duplo, não só o universo nos referencia, mas também nós somos referência para ele. Assim, o ser humano é uma infinita possibilidade de infinitas possibilidades que compõem o universo.

O STAA é um método que permite compreender de forma ampliada e integralizada os processos de autorregulação psíquica. Analisando as diversas facetas do desenvolvimento humano, partindo de uma visão sistêmica, ele propõe compreender a psique por meio do conceito de célula psíquica, o que concebe a existência de uma unidade psicológica básica, que não admite separação da estrutura multidimensional da função psíquica.

Exercício resolvido

O STAA busca a unificação da realidade e do método científico, evidenciando a importância do conceito de interação, que tem um efetivo potencial para sustentar uma visão unificada da realidade. Nessa perspectiva, podemos afirmar que interação é:

a) a busca humana pela felicidade, por meio da convergência da sociedade e de uma interpretação monista da realidade e das coisas.

b) a metateoria da afetividade ampliada, na qual os indivíduos têm uma estrutura psíquica dividida em cinco dimensões.

c) a base da manifestação existencial que se traduz em realidade; a dialética do afetar e ser afetado, que harmoniza cada indivíduo com a realidade em que ele participa.
d) método científico unificado pelo qual estudamos a psique, as relações humanas e a busca de um estado de homeostase, de equilíbrio psicológico.

Gabarito: c.

***Feedback* do exercício em geral**: A interação é o princípio fundamental da afetividade ampliada e se baseia na lógica do afetar e ser afetado, buscando a harmonia. A felicidade está relacionada à homeostase, à busca do indivíduo pelo equilíbrio, e faz parte da quinta dimensão psíquica. O STAA é uma metateoria psicológica, pois busca teorizar sobre a teoria psicológica, sem se contrapor aos preceitos existentes. Estabelecer um método científico unificado é o objetivo do STAA.

Nesse sentido, é possível afirmar que, se conseguirmos integralizar em um sentido conceitual o fenômeno da interação, há a possibilidade de concebermos uma realidade unificada – isso levando em conta que o princípio constitutivo das diversas ciências se baseia nos modelos de interações características do foco dessas ciências. Portanto, segundo o STAA, é possível compreender a realidade de forma integral, unificada, em todas as suas concepções e pontos de vista sobre o mundo e à luz de disciplinas científicas, métodos e metodologias.

Sendo assim, unificar a compreensão da realidade e do método científico conecta-se intimamente à possibilidade da amplificação do conceito de interação.

Sant'Ana-Loos e Loos-Sant'Ana (2013c) defendem também que é possível haver métodos que pensem e executem a ciência de forma integralizada, como um único bloco que estabeleça como meta superior ver e traduzir os conhecimentos. Para eles, o STAA é um argumento científico, cujo conceito principal é o da interação, que é, consequentemente, o guia de transformação do paradigma científico.

A interação se torna, portanto, a base da manifestação existencial que transforma em realidade. Com esse olhar se forma a "dialética do afetar e ser afetado", que, ao se desenvolver no intelecto humano, pode gerar contribuições para harmonizar cada pessoa e toda a realidade em que ela participa (Sant'Ana Loos; Loos-Sant'Ana, 2013c).

> Tal dialética, que consiste em um método de interação, deve ser regida não apenas por uma "lógica do preferível", com a qual poderíamos discernir "caminhos da vontade" de um conjunto interacional; mas, mais precisamente, por uma lógica ampliada, que convergiria a lógica linear (sequência-consequência) com a dita lógica do preferível em uma Afetividade Ampliada. (Sant'Ana Loos; Loos-Sant'Ana, 2013c, p. 39)

Para que a afetividade ampliada realmente funcione, é preciso fazer uma análise das coisas e dos fenômenos da realidade por meio de uma visão que vá além da observação "quantitativa da ação". A pretensão é unificar a ciência e sua metodologia aplicando uma afetividade ampliada, que demonstrum princípio único que reafirme as interações que compõem a realidade. Em outras palavras, é realizar um estudo da afetividade mediante uma visão que está muito além do que comumente se entende por este vocábulo. Dentro dessa teoria, a afetividade se torna um conceito muito mais amplo, universal em meio às interações.

No entanto, para que se consiga uma unificação da ciência, é necessário superar preconceitos gerados por condutas que separam as ações do intelecto e que suscitam a desconfiança sobre as interações, seja para viver o dia a dia, seja para assumir a postura de pesquisador. É preciso acabar com o abismo entre o humano e o mundo.

> **Para saber mais**
>
> Ao longo deste capítulo, vimos diversas referências à obra de René Simonato Sant'Ana-Loos e Helga Loos-Sant'Ana. Eles têm sido ferrenhos defensores da afetividade nas interações.
>
> Conheça um pouco da teoria da afetividade ampliada em um TEDx realizado em 2019 na Universidade Federal do Paraná (UFPR).
>
> SANT'ANA-LOSS, H. O que é vida sem afetividade? **TED Ideas Worth Spreading**, out. 2019. Disponível em: <https://www.ted.com/talks/helga_loos_sant_ana_o_que_e_vida_sem_afetividade?utm_campaign=tedspread&utm_medium=referral&utm_source=tedcomshare>. Acesso em: 2 jul. 2021.

Assim, a proposta de René Simonato Sant'Ana-Loos e Helga Loos-Sant'Ana é um conceito de interação que crie uma teoria unificadora da realidade que, de forma recíproca, interdependente e multidirecional, refaça o nexo das relações existentes. O STAA defende a lógica do afetar e ser afetado e a busca do equilíbrio, bem como a perspectiva de pensar e executar a ciência e seus métodos dentro de um sistema em que matéria e energia são um só (monismo). Para Sant'Ana Loos e Loos-Sant'Ana (2013c), o ser humano tem a fantástica capacidade e habilidade de ampliar (aumentar, potencializar) o sentido e o significado de tudo quanto ele afeta ou que é afetado por ele (coisas e pessoas); isso é uma realidade de afetividade ampliada.

Síntese

Ao final de nossos estudos, chegamos às seguintes conclusões:

- Piaget desenvolveu a teoria construtivista do desenvolvimento humano para compreender como se constitui o sujeito cognitivo. Para ele, esse desenvolvimento se constitui de quatro estágios: sensório-motor, pré-operacional, operações concretas e operações formais. A psicogenética e a epigênese também são conceitos criados por Piaget.
- Jean Piaget afirmou que o afeto é essencial no funcionamento da inteligência. Vida afetiva e vida cognitiva são inseparáveis segundo ele, mas apenas a afetividade não é suficiente.
- A abordagem de Lev Vygotsky é interacionista. Ele afirmou que o indivíduo se desenvolve a partir das interações histórico-sociais. Para ele, o desenvolvimento depende da aprendizagem.
- De acordo com Vygotsky, o desenvolvimento humano se dá em dois níveis: o real e o potencial, entre os quais está a zona de desenvolvimento proximal. Para ele, a afetividade é fruto da reação aos estímulos mediados pelo meio sociocultural e as dimensões cognitivas e afetivas são unificadas.

- Henri Wallon é um dos pensadores que mais enfatiza a afetividade como fundamental para o desenvolvimento do processo cognitivo do ser humano. De acordo com sua teoria psicogênica, a vida psíquica é formada por 3 dimensões: motora, afetiva e cognitiva. Essa teoria divide o processo de desenvolvimento em cinco estágios: impulsivo emocional, sensório-motor e projetivo, personalismo, categorial e puberdade e adolescência.
- O sistema teórico da afetividade ampliada (STAA) estuda a psique humana e busca uma unificação do método científico, procurando delimitar o objeto de seu estudo. Apresenta-se como uma metateoria que não se opõe às outras teorias já desenvolvidas.
- O STAA se baseia no monismo como uma forma integrada de ver o mundo, em que todas as relações se baseiam em um jogo de dualidade.

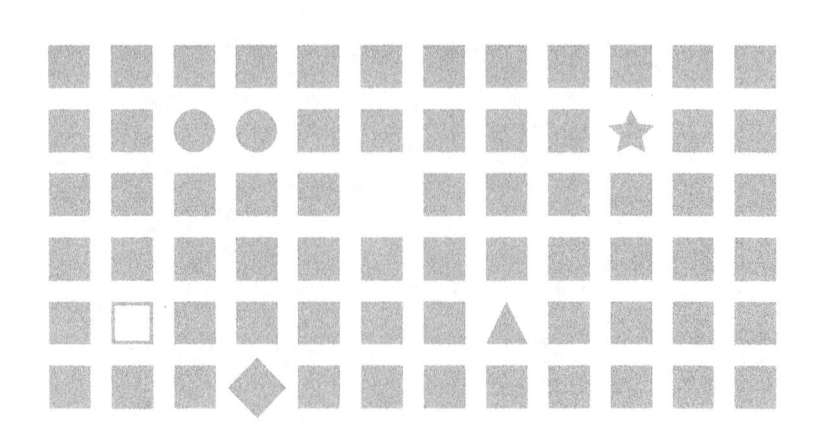

Capítulo 3
Sistema teórico da afetividade ampliada

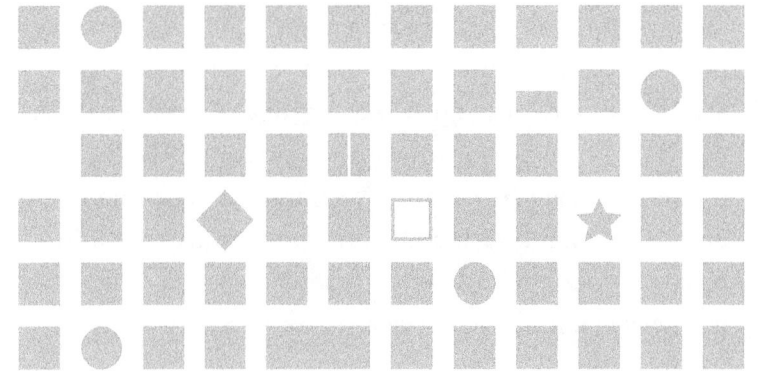

Conteúdos do capítulo:

- Célula psíquica: a partícula fundamental da psicologia humana e a organicidade dos indivíduos.
- Dimensões da célula psíquica: a tríade da célula psíquica individual – identidade, self e resiliência ampliada.
- Desenvolvimento de constructos pessoais.
- Alteridade: conceitos, princípios e aplicações.
- Identidade: conceitos, premissas e teorias.
- Self: conceito, princípios e constructos.
- Resiliência: conceito origem e princípios teóricos.

Após o estudo deste capítulo, você será capaz de:

1. elencar as dimensões psíquicas propostas pelo sistema teórico da afetividade ampliada (STAA);
2. identificar os principais postulados do STAA;
3. reconhecer os elementos da célula psíquica dentro do STAA;
4. identificar as dimensões da célula psíquica;
5. relacionar as cinco dimensões psíquicas como instrumentos de desenvolvimento humano;
6. compreender a relação entre a alteridade e o desenvolvimento socioemocional de acordo com o STAA;
7. estabelecer a relação entre a construção do self e o desenvolvimento socioemocional de acordo com o STAA;
8. entender a relação entre a formação da identidade e o desenvolvimento socioemocional de acordo com o STAA;
9. compreender a relação entre a resiliência e o desenvolvimento socioemocional de acordo com o STAA.

A afetividade ampliada é um caminho complementar do estudo racional para a busca do entendimento da realidade e refere-se à "outra face da mesma moeda" (Sant'Ana-Loos; Loos-Sant'Ana, 2017). É essa moeda que atribui valor integral à realidade.

A afetividade ampliada busca propor evidências de que o método tradicional de estudo do conhecimento foca, principalmente no fenômeno da ação, significando que todas as análises se preocupam em definir as ações das coisas em seus nichos de pesquisa e compreensão, como forma de investigar suas características e as prováveis contribuições de exploração para produzir conceitos técnicos e tecnológicos. No entanto, o **sistema teórico da afetividade ampliada** (STAA) defende que essa perspectiva é parcial e complica a manutenção do equilíbrio entre as instituições teóricas advindas dessa manifestação e a possível prática, pois está dissonante com o ambiente onde as relações humanas acontecem, que é o ambiente social.

Como vimos no capítulo anterior, o STAA se baseia no monismo, que representa a forma de pensar, interpretar e enxergar o mundo como uma realidade integrada, reunindo elementos e aspectos materiais e elementos emocionais, questões sociais e sentimentos – diferentes formas de relações que se consolidam por meio das interações.

Neste capítulo, avançaremos nos estudos do STAA, que compreende a evolução humana por meio do estudo das reações entre quatro dimensões, representadas por quatro categorias principais: identidade (dimensão configurativa), self (dimensão recursiva), alteridade (dimensão moduladora) e resiliência (dimensão criativa).

3.1 Dimensões psíquicas do STAA

Para o estudo da afetividade ampliada, a célula psíquica é a face estrutural da unidade básica da psique, podendo ser considerada como a partícula fundamental da psicologia humana, que nos permite traçar uma analogia com a ciência biológica, em que a partícula fundamental da matéria é a chave para a compreensão do universo. Nessa mesma analogia, a identidade é equivalente à membrana; o self, ao citoplasma; e a resiliência, ao núcleo. A essa estrutura foi dado o nome de *célula psíquica*. Esses três processos psíquicos se interligam, sendo inseparáveis e autocomplementares (Oliveira, 2020).

Assim, o STAA apresenta a célula psíquica como a própria organicidade de cada sujeito, aliada à sua necessidade interacional, já que procura minimizar o caos que enfraquece o ser humano psicologicamente, conduzindo-o à homeostase, ao equilíbrio tão desejado pela sociedade.

Essa busca e esse movimento interacional se misturam ao típico processo de desenvolvimento humano, ou seja, conforme o nível em que esses processos se realizam, a célula psíquica também se harmoniza, em homeostase, consolidando o tão desejado desenvolvimento humano.

Sob uma perspectiva de desenvolvimento humano, o STAA estabeleceu a concepção de *célula psíquica*, representada por uma unidade triádica. Com base nessa concepção, ergueram-se os pressupostos desse conceito baseados em cinco dimensões: identidade, self, resiliência ampliada, alteridade e linguagem plena.

De acordo com o STAA, a célula psíquica organiza o indivíduo conforme a realidade em que ele participa; dessa forma, a desordem (entropia, caos) do seu sistema psicológico é minimizada e ele se move para o equilíbrio (homeostase).

A célula psíquica é, portanto, o lado estrutural da unidade básica da psique e da afetividade ampliada. Por muitas vezes, Vygotsky afirmou que, se fosse possível descobrir qual é a "célula" psicológica, ou seja, o elemento que produz uma resposta, seja ela qual for, teríamos a chave para toda a psicologia (Sant'Ana-Loos; Loos-Sant'Ana, 2013b).

Sant'Ana-Loos e Loos-Sant'Ana (2013b, p. 61) continuam suas pesquisas e postulados sobre a afetividade ampliada apresentando uma proposta sobre onde se localiza a "célula", a "estrutura da unidade básica da psique".

Para os autores, as interações promovem um "jogo dual" entre a afetividade ampliada e a estrutura psíquica e, como resultado desse jogo, obtém-se a célula psíquica.

3.1.1 As dimensões da célula psíquica

De acordo com Oliveira (2020), a célula psíquica é um sistema integrado que envolve três dimensões básicas apoiadas em processos psicológicos essenciais, quais sejam:

Dimensão configurativa
Trata-se de uma esfera secundária de contato com os diferentes outros que integram a realidade, que se sustenta na **identidade**. Se refere aos aspectos que permitem que o indivíduo seja (re)conhecido, que tenha uma referência e seja referenciado pelos outros. É essa dimensão que elabora a conexão entre a subjetividade e a objetividade existencial.

Dimensão recursiva
Decorre da subjetividade e caracteriza-se pela esfera do **self**. Sustenta-se internamente, atuando e armazenando os recursos psíquicos, como um "banco". Nessa dimensão, crenças referenciais (a respeito de si mesmo e sobre o mundo) são atualizadas constantemente, guardadas e reorganizadas, servindo como ferramentas para as interações.

> Assim o *self* armazena, organiza e disponibiliza recursos psíquicos, de conhecimento e de ação, "alimentando" a identidade para a ação propriamente dita; similar ao que faz o citoplasma de uma célula. Os conhecimentos e sentimentos que um indivíduo possui sobre si mesmo e aqueles que o guiam em suas ações no mundo são entendidos como **crenças de autorreferência** (ou crenças autorreferenciadas). (Oliveira, 2020, p. 37, grifo do original)

Dimensão criativa
Surge das possibilidades de criação e, por meio dela, as crenças autorreferenciais e de auto-organização se renovam ou se recriam. Essa dimensão representa a resiliência ou a **resiliência ampliada**, propagada por Sant'Ana-Loos e Loos-Sant'Ana (2013b).

A resiliência ampliada é a capacidade que os indivíduos têm de se expandir, de ampliar seus horizontes ante situações difíceis e/ou desafiadoras que a vida apresenta, buscando resolvê-las, superá-las ou solucioná-las. Após essa ampliação são criadas novas configurações de acordo com as demandas dadas pelas interações e situações que se apresentam.

De acordo com Sant'Ana-Loos e Loos-Sant'ana (2013b), essas três dimensões – **self**, **identidade** e **resiliência**

ampliada – integram a tríade que constitui a célula psíquica individual. Cada célula necessita estar sempre no movimento das interações, para que possa reconstruir-se constantemente e contribuir com a reconstrução do outro. Pelo STAA, existe uma dimensão de intersecção que constitui a quarta dimensão psíquica. Essa é a **dimensão moduladora**, cuja característica é a **alteridade**. Veja o exemplo na figura a seguir.

Figura 3.1 – A célula psíquica

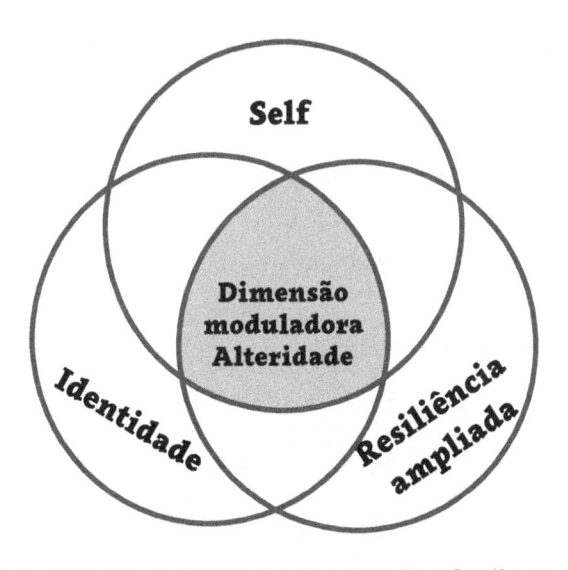

[Diagrama de Venn com três círculos sobrepostos rotulados como "Self", "Identidade" e "Resiliência ampliada", com a intersecção central identificada como "Dimensão moduladora Alteridade"]

Fonte: Elaborada com base em Sant'Ana-Loos; Loos-Sant'Ana, 2013b.

É por meio dela que a estrutura psíquica afeta e é afetada pelos eventos da realidade, ou seja, por outras pessoas, objetos, fenômenos da natureza, entre outros. A alteridade consolida o valor do "outro" como elemento indissociável da constituição do ser. É dessa forma que o sujeito se reconhece como humano e conhece o outro como igual, esse é o fundamento das interações sociais.

Usando o "efeito borboleta" como exemplo, segundo o qual uma simples e pequena interferência consegue causar uma ampliada e importante consequência, Sant'Ana-Loos e Loos-Sant'Ana (2013b) explicam a estrutura psíquica, pois essa consequência ampliada e significativa se dá quando existe uma grande quantidade de caos, desordem, em um sistema. Dessa forma, o caos, ou entropia, faz os sistemas reagirem de forma imprevisível ou incerta. Há ainda uma percepção de que sistemas complexos têm uma tendência a se tornarem caóticos ou entrópicos. No entanto, é possível ter essa visão apenas como um caso de escala, pois, ao interagir com a realidade de uma forma mais ampla ou restrita (conforme a situação), os sistemas elaboram trocas que produzem uma situação de (re)equilíbrio que os leva à homeostase. Sant'Ana-Loos e Loos-Sant'Ana (2013b) defendem a noção de que a estrutura psíquica humana, quando bem desenvolvida, deve seguir essa mesma perspectiva.

Figura 3.2 – Efeito borboleta

Nikki Zalewski/Shutterstock

A teoria da afetividade ampliada afirma que, ao buscar o domínio da entropia (caos) ou a "crise de ser do ser humano", é preciso trazer à tona um controle intencional entre os elementos de uma determinada interação, o que se dá ao tornarmos a linguagem plena (Sant'Ana-Loos; Loos-Sant'Ana, 2013b). Toda a realidade se baseia nas interações; mais do que isso: todo agrupamento de interações da realidade produz um sentido único, monista. "O monismo já é tudo: conteúdo e forma, ao mesmo tempo; o máximo das possibilidades e o mínimo ocorrendo simultaneamente etc. Ele é, por definição, a superação do dualismo" (Sant'Ana-Loos; Loos-Sant'Ana, 2013b, p. 64). Para que a dualidade não se reduza ao dualismo, é fundamental entender a estrutura do "jogo" dual das interações e o funcionalismo dos agentes que integram essa estrutura.

Exercício resolvido

Leia atentamente o trecho a seguir e, depois, assinale a alternativa que complementa o texto sob a ótica da afetividade ampliada.

> A palavra "psique" vem do grego psykhé, um termo utilizado para retratar a alma ou o espírito. Ela está diretamente relacionada à psicologia, e seu conceito inclui a personalidade de modo geral: os pensamentos, sentimentos e comportamentos – sejam eles conscientes ou inconscientes.
>
> A função da psique é guiar os indivíduos para que eles se adaptem a determinado ambiente (social e físico), enquadrando-os. Ela é formada por sistemas e níveis diferentes, mas que se relacionam entre si. (Marques, 2018)

a) A afetividade ampliada apresenta as "estruturas da célula psíquica", que são: **self**, **identidade** e **resiliência ampliada**; elas integram a tríade individual da psique.
b) A afetividade ampliada refuta todas as outras teorias acerca do estudo da psique apresentadas até o momento, defendendo que é preciso refazer todos os postulados da psicologia para um novo entendimento.
c) Para a afetividade ampliada, a psique tem a capacidade de organizar o caos por meio de apenas uma dimensão: a da resiliência ampliada. Essa dimensão permite ao indivíduo (re)estruturar sua vida após grandes traumas.
d) Segundo a afetividade ampliada, a principal dimensão da psique é a que se refere à alteridade. É exclusivamente por meio dela que o ser humano manifesta sua capacidade de interagir com os outros e com o meio.

Gabarito: a.

Feedback do exercício em geral: A psique apresenta três dimensões básicas: self, identidade e resiliência ampliada. A afetividade ampliada se propõe a ser uma metateoria, abarcando todas as teorias psicológicas existentes. Já resiliência ampliada é apenas uma das dimensões que compõem a célula psíquica e não é a única responsável pela (re)organização do caos. Por fim, a alteridade é a dimensão que faz a intersecção entre as dimensões internas do ser humano, as externas e o outro.

É a linguagem ou a realidade dinâmica que sistematiza a interação. Os elementos, os participantes ou agentes da interação fazem a interlocução ou a defesa das ideias, comumente ideias e conceitos que os constituem, que são suas referências, suas crenças de autorreferência. Podemos dizer que interagir é defender a própria existência (seu devir). É dessa forma que o ser humano defende/realiza a individualidade. Porém, para que essa mesma individualidade tenha um sentido, é necessário conferir a ela o sentido absoluto da espécie e do mundo, começando pelos núcleos mais simples, como a família e os amigos e, depois ou concomitantemente, os núcleos mais complexos, como escola, trabalho, instituições, comunidade, país e o que mais se apresentar. Isso vai se formando até atingir uma harmonia entre seu devir e um ecossistema mais universal. Essa ideia rebate uma máxima bastante difundida, de que se deve privilegiar o "nós", mesmo em prejuízo do "eu", para afirmar, talvez, que "devemos promulgar o nós em harmonia (sintonia e sincronia) com o eu" (Sant'Ana-Loss; Loos-Sant'Ana, 2013b, p. 64). Isso quer dizer que controlar as interações está baseado na necessidade humana de defender e realizar a existência em condição de homeostase (equilíbrio).

Portanto, quando o indivíduo interage, ele o faz, de alguma forma intencional, partindo de convicções que fazem parte de sua própria estrutura da existência, formadas por suas crenças autorreferenciais.

Paludo (2013) estabelece o sistema de crenças que o indivíduo elabora sobre si mesmo e a avaliação de suas características como crenças autorreferenciadas, englobando três tipos: as crenças de controle (ou de autoeficácia), o autoconceito e a autoestima. Essas crenças se referem à percepção do ser em relação a seus recursos pessoais, que podem atuar como facilitadoras, moderadoras e/ou dificultadoras nas interações sociais, em razão do aspecto recíproco e interdependente que as crenças possuem. Assim, é possível concluir que as crenças autorreferenciais se voltam para o ser e se conectam ao "outro" pela identidade.

De acordo com a afetividade ampliada, há uma estrutura na psique onde ficam "arquivadas", entre muitas outras coisas, as crenças de si mesmo. Conclui-se, então, que essa estrutura corresponde ao que se denominou **dimensão do self** ou **sélfica**. O self é uma estrutura particular de cada indivíduo que interage e está localizado no interior de cada sujeito. Trata-se de uma dimensão subjetiva, interna (citoplasmática[1]), pois abriga em si as crenças de autorreferência, que são recursos para as interações. Eis porque chamamos o Self de **dimensão recursiva**, como já vimos anteriormente.

Porém, para que se efetive uma interação individual com a realidade por meio da linguagem, o organismo individual necessita se referenciar e ser referenciado pelos outros elementos (agentes ou sistemas da realidade). Em virtude dessa necessidade, a psique se ajusta a uma estrutura periférica (membranácea[2]), que faz o contato com a realidade. A identidade faz a ligação entre o interior existencial (subjetividade, representada pelas crenças de referência) e a objetividade da própria existência. A identidade, portanto, conecta as atitudes que preparam o sujeito para interagir com o meio e com as atitudes que indicam seu desempenho identitário, ou seja, o que é ou está representando de si mesmo.

Assim, a identidade é a dimensão configurativa, em que acontece o domínio da manifestação da essência da

---

1 **Citoplasma**: "Parte protoplasmática de uma célula, que, em regra, circunda o núcleo. O citoplasma é constituído por uma matriz, o hialoplasma, no qual se encontram mergulhados os organelos, responsáveis pelo metabolismo da célula, e as inclusões, geralmente depósitos de lipídios, glicídios ou pigmentos" (Citoplasma, 2021).
2 **Membrana**: "Película que envolve e protege a célula" (Membrana, 2021).

consciência psíquica. Esta é armazenada no self, onde ocorre a demonstração do pensamento consciente (cognição) e se forma a linguagem (diálogo interacional). Utilizando os recursos armazenados no self, ela faz com que o indivíduo reaja, reconstrua elementos subjetivos e emocionais, que determinarão sua postura para responder a si mesmo e definir o que fazer em uma realidade imediata.

Sant'Ana-Loos e Loos-Sant'Ana (2013b) acreditam que a diferenciação entre *self* e *identidade* seja a grande contribuição de sua teoria da afetividade ampliada para a ciência psicológica, já que a literatura a esse respeito é bem escassa.

O jogo interacional é sempre afetivo e dual e necessita que sua estrutura de interações seja constantemente ampliada. Isso exige que haja uma instância onde se possa renovar, recriar ou criar crenças de referências atuais. Pois, se não há reciclagem, renovação ou autoatualização, o sistema do ser psíquico não evolui e o indivíduo fica estanque, sem que nada de novo aconteça, sendo assim um elemento de apenas um conjunto de operações predefinidas (algoritmo) de interação, perdendo, com isso, a plasticidade (Sant'Ana-Loos; Loos-Sant'Ana, 2013b).

Chegamos, assim, a mais uma dimensão do STAA: a **dimensão criativa**, formada pela resiliência ampliada, o que os autores chamam de *banco de dados do universo*. Essa dimensão é constituída pelas possibilidades de ampliação da escala do conhecimento e compreensão do mundo por meio da utilização de categorias universais, como se tivesse uma forma complexa que permite indefinidas subdivisões, as quais fornecem subsídios para apreender o sentido (semântica) dos pensamentos lógico (sintáxico) e abstrato e, consequentemente, alimentar plenamente a linguagem simbólica. Essa instância não é absorvida e interpretada conscientemente, e sim de forma intuitiva e instintiva, o que acontece por meio de catarses e *insights*, ou seja, da meta-abstração, uma sensibilidade que enxerga os fenômenos como uma unidade autônoma, onde cada elemento depende solidariamente do conjunto – sensibilidade gestáltica –, de acordo com Sant'Ana-Loos e Loos-Sant'Ana (2013b).

Assim, as novas ideias são analisadas e tratadas no self e podem ser traduzidas para o nível consciente/cognitivo, entregando ao sujeito a aptidão para utilizar a linguagem de forma plena. Assim, a psique encontra oportunidade para ampliação de si, no intuito de resistir e se adaptar aos organismos. É quando o indivíduo desenvolve a criatividade e o intelecto para superar as vicissitudes da realidade, em especial àquelas associadas ao caos, à desordem dos sistemas ou à entropia.

É desta maneira que Sant'Ana-Loos e Loos-Sant'Ana (2013b, p. 66-67) apresentam a célula psíquica:

> temos, mesmo que modo alegórico, três dimensões que levam à ideia de célula (biológica): um núcleo (paradigmático), um citoplasma e uma membrana. Assim, conforme a Afetividade Ampliada, a psique constitui-se, a partir dessas três dimensões integralizadas, uma Unidade Triádica ("três em um") [...]. E como ela é a base para a constituição do tecido social, porque administra os indivíduos que formam a coletividade humana, do qual todo indivíduo é dependente, é que optamos por denominar tal coesão Célula Psíquica.

Com essa definição, é possível observar, no entanto, que a estrutura que compõe o jogo interacional não está completa, pois falta a verificação do que junta ou elabora o tecido social que se formará com as várias células psíquicas. Pois o comprometimento da vida em sociedade é, com toda certeza, uma característica inerente ao ser humano.

Assim, cada célula psíquica, mesmo sendo constituída por uma estrutura unificada e particular, necessita permanecer e se manter com base nas interações e em seus movimentos. Isso ocorre porque entre uma célula e outra, uma unidade e outra, afetivamente entre os sujeitos, existe uma dimensão de intersecção. Uma dimensão universal estabelecida entre todas as unidades da realidade e que é integralizadora e totalizadora.

A afetividade ampliada propaga, portanto, mais duas dimensões da psique: a alteridade e a homeostase, que integram as perspectivas existenciais do sujeito ou do "ser psíquico". Assim, a **alteridade** é caracterizada pela **dimensão moduladora**, que "é a engrenagem de coordenação, modulação das interações dos elementos que compõem a realidade" (Sant'Ana-Loos; Loos-Sant'Ana, 2013b, p. 67).

Pela dimensão moduladora, a estrutura psíquica afeta e é afetada pelos eventos acontecidos na realidade, de modo que assim consegue conferir e alterar os tipos de ampliação e representação de si. Essa é a dimensão das interações concretas da realidade, em que os indivíduos e os fenômenos que fazem parte desta se associam, sempre de maneira dual (dois de cada vez, um com o outro) e sempre com uma meta, um objetivo: buscar a homeostase. É por meio do movimento dessa engrenagem que as células conseguem o equilíbrio na atividade existencial, o entendimento recíproco, realizando tratados e ajustes ao transmitir e receber dados que constituem os sujeitos envolvidos.

> ## O que é?
>
> **O que é homeostase?**
> Dentro do STAA, homeostase significa "equilíbrio". É o processo de autorregulação pelo qual o indivíduo se mantém equilibrado. De acordo com o Dicionário On-line de Português, o termo *homeostático* é:
> "Relativo a homeostasia, à estabilidade ou ao equilíbrio das funções do organismo e de suas composições químicas. [Biologia]. Refere-se ao processo de regulação através do qual o organismo continua em equilíbrio" (Homeostático, 2021).

A alteridade sintoniza, permite que cada indivíduo se enquadre na escala, no lugar do outro (acionamento da empatia) e vice-versa. Assim, os indivíduos aprendem uns com os outros e modulam reciprocamente seus modos de ser, suas crenças de referência, a si e o mundo, e, por fim, "constituem a Homeostase ou a Translação Comunicativa do Eu (sensível e pensante) em comprometimento com o encadeamento sistemático da realidade" (Sant'Ana-Loos; Loos-Sant'Ana, 2013b, p. 68).

A alteridade, portanto, é a dimensão por meio da qual os indivíduos se ajustam, curam as cicatrizes de suas identidades ante a realidade, reafirmando suas crenças, seus recursos e suas criações de si. Essa quarta dimensão se destina a proporcionar a constante atualização e reafirmação das três primeiras, com o objetivo de buscar o equilíbrio, a estabilidade e a harmonia do sistema psíquico. Para a alteridade, as três dimensões da célula psíquica do indivíduo precisam se reunir em uma unidade dimensional única: o indivíduo, a pessoa; e, da mesma forma, fazer a interação com o outro, que igualmente se compõe de três dimensões internas e age unificadamente, formando o tecido social.

Exercício resolvido

De acordo com Sant'Ana-Loos e Loos-Sant'Ana (2013b), existe um campo para revisar a postura psíquica que constitui uma dimensão nuclear, paradigmática, que o STAA denomina *resiliência ampliada*. Trata-se de uma dimensão que não tem uma exploração declarada, ficando mais no nível instintivo e intuitivo. Essa dimensão é também chamada de:
a) Dimensão recursiva, que se estabelece para lidar com as demandas da realidade, está no nível subjetivo e se refere ao conjunto de crenças autorreferenciais.
b) Dimensão homeostática, que representa o perímetro existencial, onde encontramos a ideia de felicidade. É a dimensão onde o sujeito enxerga o mundo como um "cosmos".
c) Dimensão criativa, que representa o núcleo da célula psíquica. É a unidade que se amplia permanentemente, atualizando-se com o meio físico, buscando possibilidade para enfrentar os problemas e vicissitudes.
d) Dimensão moduladora, que permite que a unidade triádica seja agregada ao outro e complementa a interação com o mundo e com os outros, reajustando, reorganizando, sintonizando as interações e relações.
Gabarito: b.
Feedback do exercício em geral: A resiliência ampliada representa a dimensão criativa; o self representa a dimensão recursiva; a linguagem plena se refere à dimensão homeostática; e a alteridade representa a dimensão moduladora.

Segundo Sant'Ana-Loos e Loos-Sant'Ana (2013b), ao formar esse tecido social, é preciso levar em consideração que cada indivíduo é formado pelas quatro dimensões: três específicas de cada indivíduo e a quarta que deve ser compartilhada com o outro, dualmente, estabelecendo um diálogo entre ambos. Quando essas duas células se unem, é constituída uma nova e mais complexa unidade triádica. Assim, ao se juntarem a outros, a complexidade do sistema vai aumentando, sempre levando em conta as conexões, como um sistema triádico: um núcleo comum, que é uma representação fractal do universo; e um novo citoplasma, que se constitui na alteridade das células psíquicas. Surge, então, outra membrana, constituindo outra realidade, que é compartilhada por todos, podendo ser: uma cultura, uma reunião, um casamento, uma família, uma equipe esportiva etc. (Sant'Ana-Loos; Loos-Sant'Ana, 2013b).

Existe, ainda, segundo a afetividade ampliada, uma última instância, uma quinta dimensão, chamada **dimensão homeostase**, ou de **translação comunicativa**, ou, ainda, denominada por Sant'Ana-Loos e Loos-Sant'Ana (2013b, p. 68) "**Linguagem Plena ou o Verdadeiro Eu**: o Eu que 'nasceu' para a conexão funcional, a linguagem (que comunica e, por conseguinte, integraliza e/ou se justapõe à realidade)".

Podemos identificá-la como a **dimensão conectiva** ou **homeostática**, dimensão em que o ser psíquico busca o seu maior limite de evolução e harmonia em relação às dimensões que já estudamos e entre as unidades externas (a realidade, o mundo, o outro). Essa dimensão estabelece o enfrentamento à entropia, que pode desestabilizar a ordem sistêmica da célula psíquica. Dentro desse enfrentamento, inclui-se a engrenagem das interações (a alteridade)(Sant'Ana-Loos; Loos-Sant'Ana, 2013b).

Essa atuação depende da prática efetiva da resiliência ampliada, que funciona numa modalidade de meta-abstração e é a instância mais efêmera, portanto, mais difícil de ser exercitada. Ou seja, a consolidação da célula psíquica depende do "como" o circuito psíquico é utilizado efetivamente.

Encontramo-nos, assim, diante de um paradoxo: dependendo do grau de instabilidade da célula psíquica, não se forma uma dimensão homeostática que promova a simetria da dualidade interacional, o que gera uma rejeição nas interações ou dualismo (observe o significado dos termos no Quadro 3.1).

Perguntas & respostas

Quais são os significados de dualismo e dualidade?
Veja o quadro a seguir.

Quadro 3.1 – Dualismo/dualidade

Dualismo	Dualidade
Doutrina que admite a coexistência de dois princípios opostos; bem e mal, alma e corpo, espírito e matéria, ondas e partículas. Existência mútua ou simultânea de várias e contraditórias coisas (sensações ou sentimentos) em circunstâncias ou pessoas (Dualismo, 2021).	Caráter ou propriedade do que é duplo ou do que contém em si duas naturezas, duas substâncias, dois princípios. "Característica do que é dual, duplo, que corresponde a dois" (Dualidade, 2021).

Essa rejeição interacional ou dualismo (Quadro 3.1), segundo Sant'Ana-Loos e Loos-Sant'Ana (2013b), não permite que o comprometimento e o respeito mútuo sejam efetivados na sociedade, pois não se consegue interação em ordem, ou seja, a linguagem sendo estabelecida com plenitude e excelência.

Por isso, alcançar tal grau de estabilidade, ou harmonia (o que poderíamos denomin ar desenvolvimento) é, provavelmente, a base para se suplantar as contradições e dispersões degenerativas da realidade dinâmica e complexa – essa que vivemos concretamente –, antes que ela se torne altamente entrópica e entre em colapso. (Sant'Ana-Loos; Loos-Sant'Ana, 2013b, p. 69)

Dessa forma, a chave para a elaboração dos parâmetros educacionais do desenvolvimento humano integral pode ser o desenvolvimento da dimensão da Integralização homeostática da célula psíquica, ou seja, a linguagem plena.

De acordo com todas essas premissas, pode-se caracterizar a afetividade ampliada como um alicerce teórico monista, configurado como uma metateoria psicológica. A consequência disso é a busca pela superação dos dualismos que quebram a percepção humana, espalham a concepção da ciência psicológica e fragmentam o escopo científico em várias tendências teóricas. Isso precisa ser evitado, pois nos aparta muito mais do entendimento da psique e, consequentemente, da verdadeira ciência que estuda o sentido da vida humana (Sant'Ana-Loos; Loos-Sant'Ana, 2013b).

Para um melhor entendimento, elaboramos uma representação visual da célula psíquica, com todos os elementos que a constituem, apresentada na figura a seguir.

Figura 3.3 – Célula psíquica: elementos constituintes

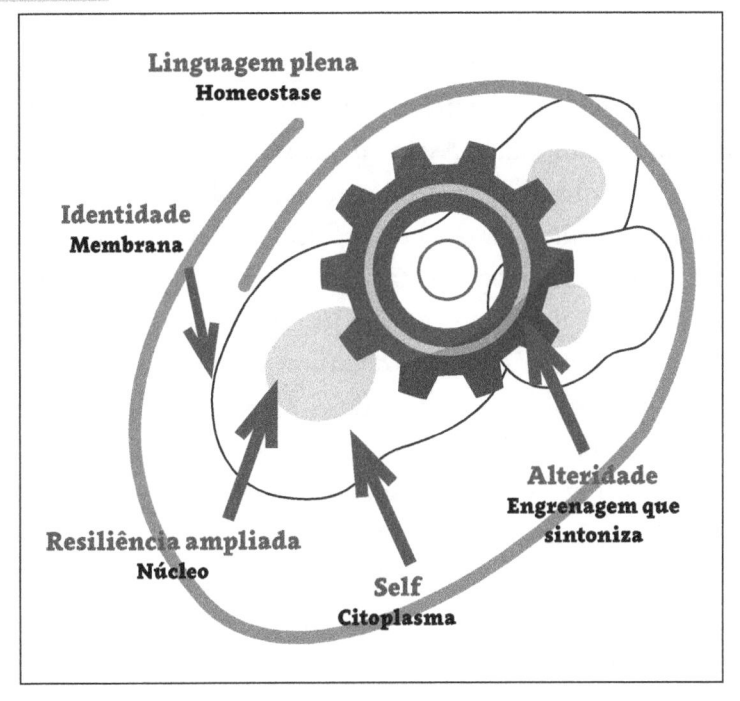

![Diagrama da célula psíquica com Linguagem plena (Homeostase), Identidade (Membrana), Resiliência ampliada (Núcleo), Self (Citoplasma) e Alteridade (Engrenagem que sintoniza)]

Fonte: Elaborada com base em Sant'Ana-Loos; Loos-Sant'Ana, 2013b.

As **dimensões psíquicas**, de acordo com Sant'Ana-Loos e Loos-Sant'Ana (2013a), são:

1 – Identidade: dimensão configurativa.
2 – Self: dimensão recursiva.
3 – Resiliência ampliada: dimensão criativa.
4 – Alteridade: dimensão moduladora.

} Unidade triádica

5 – Linguagem plena (verdadeiro eu): dimensão homeostática ou conectiva.

Com base nesses estudos, podemos inferir que a realidade em que vivemos pode ser organizada num modelo triádico, como o proposto pelo STAA, que pode ser separado em vários nívtis, escalas e perspectivas, como afirmam os defensores da afetividade ampliada. Assim, de acordo com Oliveira (2020), é possível enfrentar o mundo que nos rodeia sob a ótica de uma ampla unidade triádica formada por: Eu, Outro e o Mundo, sendo o "mundo" a representação do pano de fundo onde estão localizados o "eu" e o "outro". Essa unidade é a estrutura básica de um "jogo" de afetividade das interações em que estamos sempre afetando e sendo afetados.

Da mesma forma, são relações duais – o eu e o outro –, mas também acontecem em relação a um contexto ou algo que de qualquer forma interfere nas relações interacionais entre o eu e o outro. Eis um exemplo de uma unidade triádica em ação. "Muitas Unidades Triádicas podem ser apreendidas no jogo interacional do universo, dependendo da escala e da perspectiva em foco a cada momento" (Oliveira, 2020, p. 36).

3.2 Constructos pessoais

George Kelly (1905-1967), em 1955, buscando uma alternativa para as abordagens que estudavam a compreensão humana na época (behaviorismo e a psicanálise), desenvolveu a teoria dos constructos pessoais.

Kelly formulou uma teoria que desafiava o pensamento psicológico existente na época. Ele propunha uma mudança na forma de ver a ciência quando ela se aplica aos seres humanos, pois, de acordo com as teorias tradicionais, a pesquisa psicológica considera as pessoas como objetos de estudos.

O princípio da teoria dos construtos pessoais de Kelly era bem simples e direta: para ele, os indivíduos nunca conseguem conhecer o mundo como ele realmente se apresenta; eles o conhecem por intermédio da imagem que criam dele (A mente..., 2019).

Nessa concepção, o ser humano atua como um cientista que, ao realizar inúmeras experiências, elabora e reelabora seus conhecimentos e hipóteses.

De acordo com o Dicionário On-line de Português, *constructo* é um:

> Modelo criado mentalmente que, elaborado com base em dados simples e partindo de ações analisáveis, é usado por especialistas para compreender uma parte específica de uma teoria; construto.
>
> [Psicologia] Modo de compreender a realidade que deriva das observações e percepções individuais, resultantes das experiências (passadas ou presentes) de alguém. (Constructo, 2021)

A mente humana utiliza o pensamento abstrato para estruturar as ideias. Dessa forma, por meio da abstração, elaboramos conceitos que não se refletem diretamente na realidade observada. Assim, esboçamos pressupostos geométricos, códigos de linguagem ou conceitos científicos que exprimem algum aspecto de algo que nos rodeia. Esses elementos são chamados de *constructos*, pois foram elaborados em nossa mente por meio da atividade cerebral.

Sendo assim, de acordo com a teoria Kelly, os construtos são os mapas mentais que construímos da realidade, bem como, seus opostos. Isso quer dizer que, ao buscar a definição de alguma coisa, é preciso também definir o que essa coisa não é. Por exemplo, "ser feliz para mim pode ser diferente do que é ser feliz para o outro, dependendo de como interpretamos o que significa estar mal emocionalmente" (A mente..., 2019).

Segundo Kelly, a partir do nascimento, desenvolvemos um conjunto de construtos pessoais. Fundamentalmente, são representações mentais usadas por nós, para interpretar eventos e conferir significado aos acontecimentos. Assim, os sujeitos executam uma função ativa ao coletar e interpretar o conhecimento. As pessoas não são sujeitos passivos submetidos a associações fruto de seu ambiente, ou de desejos e experiências da infância (A mente..., 2019).

Durante nossa existência, desenvolvemos experimentações para testar nossas percepções, interpretações e crenças, à medida que esses experimentos funcionam eles fortalecem as crenças do presente. Se não funcionam, é possível mudar os pontos de vista, isso é essencial para a teoria dos constructos pessoais de Kelly.

Em virtude desse processo, o mundo é experenciado por meio da "lente" das nossas crenças. Essas lentes servem para prever e antecipar eventos eles são determinantes para a construção de comportamentos, sentimentos e pensamentos.

> Kelly também defendia que todos os eventos que acontecem estão abertos a múltiplas interpretações. Em seus trabalhos, ele se referiu a elas como alternativas construtivas. **Quando tentamos entender um evento ou situação, também podemos escolher qual construção queremos usar para explicá-lo.**
> (A mente..., 2019, grifo do original)

> **O que é?**
>
> **O que é, de acordo com Kelly o processo de utilização dos constructos?**
> O processo de utilização dos construtos mentais se dá de maneira semelhante ao processo em que um cientista aplica uma teoria. Inicialmente, formula-se uma hipótese sobre o porquê da ocorrência de uma situação. Após, vem a fase de testes, em que se aplica o construto e se prevê o resultado que poderá acontecer. Sendo bem-sucedido, entende-se que a construção mental é útil nessa situação e deve ser mantida para outras situações futuras.

Por outro lado, se as previsões não se realizam, é possível trilhar três caminhos, que são:
1. repensar como e quando a construção pode ser aplicada;
2. alterar a construção; ou
3. desistir dela completamente (A mente..., 2019).

Contudo, quando uma situação é recorrente, ela representa um papel importante para a teoria das construções individuais. Os constructos só se formam porque são o reflexo das situações que se repetem continuamente nas experiências humanas.

Kelly defendia ainda que nossas visões de mundo apresentam uma tendência de serem organizadas de forma hierárquica. Ou seja, as construções simples estão na base da hierarquia e as construções mais complexas e abstratas se localizam em níveis hierárquicos superiores (A mente..., 2019).

Outra observação nessa teoria é de que os construtos possuem dois polos (bipolares). Assim, essencialmente, cada construto se constitui de um par de faces opostas. "O lado que uma pessoa aplica a um evento é conhecido como o polo emergente. O que não se aplica é o polo implícito" (Marcos, 2010, p. 16).

A teoria kellyana das construções pessoais enfatiza a individualidade. Os construtos são essencialmente pessoais porque se baseiam nas experiências de vida de cada pessoa. A organização de cada um é singular e é a natureza individual das experiências pessoais que caracteriza as diferenças existentes entre os indivíduos.

> **Para saber mais**
>
> O canal Didatics publicou uma série com três vídeos sobre a teoria dos constructos pessoais, de George Kelly. Com eles, você conseguirá entender de forma bastante didática essa teoria que se aplica a diversas circunstâncias da vida:
>
> **George Kelly (1)**: alternativismo construtivo – psicologia dos construtos pessoais. Disponível em: <https://www.youtube.com/watch?v=QWWpERos2Yg>. Acesso em: 24 jun. 2021.
>
> **George Kelly (2)**: construtos pessoais – psicologia dos construtos pessoais. Disponível em: <https://www.youtube.com/watch?v=7PDfJvKbIow>. Acesso em: 24 jun. 2021.
>
> **George Kelly (3)**: como funcionam os construtos pessoais – psicologia dos construtos pessoais. Disponível em: <https://www.youtube.com/watch?v=lPfo7tM9z70>. Acesso em: 24 jun. 2021.

De acordo com um dos postulados fundamentais de George Kelly, "os processos de construção de uma pessoa estão psicologicamente canalizados pelos modos como ela antecipa os acontecimentos" (Marcos, 2010, p. 1).

Conhecer e aprofundar a teoria dos constructos de George Kelly é um estudo de extrema relevância para entender o ser humano, suas manifestações e suas construções psicológicas feitas durante a vida.

3.3 A alteridade e o desenvolvimento socioemocional

Alteridade é reconhecer que pessoas e culturas têm características singulares e subjetivas, que fazem com que essas pessoas pensem ajam e interpretem o mundo de acordo com suas vivências, ou seja, de sua própria forma.

Reconhecer e aceitar a alteridade como um princípio de justiça, democracia e tolerância é um pressuposto para a formação de uma sociedade equilibrada democrática e igualitária.

De acordo com o Dicionário On-line de Português, *alteridade* é:

Caráter ou estado do que é diferente, distinto, que é outro.

Que se opõe à identidade, ao que é próprio e particular; que enxerga o outro, como um ser distinto, diferente.

[Filosofia] Circunstância, condição ou característica que se desenvolve por relações de diferença, de contraste.

Etimologia (origem da palavra **alteridade**). Do francês altérité, "mudança"; pelo latim alteritas. atis. (Alteridade, 2021, grifo do original)

Portanto, *alteridade* significa reconhecer a diferença, e essa definição se aplica tanto ao conceito linguístico comum quanto ao conceito filosófico. Nesse sentido, alteridade é o que é, por definição e essência, **diferente**. Segundo Nicola Abbagnano

(1901-1990), filósofo e lexicólogo que criou um extenso dicionário de termos filosóficos, "alteridade significa '**ser outro, colocar-se ou constituir-se como outro**'" (Abbagnano, 2007, p. 34, grifo nosso).

Assim, em uma relação de alteridade, o outro não é o oposto da identidade individual, pois existe apenas um destaque para as diferenças, existe sim, um outro que é compreendido pelo indivíduo e que dialoga para a construção de novas propostas e ideias. Pela ética da alteridade, é possível desenvolver um olhar de empatia – sentir o que o outro sente, sentir o que ele pensa e como vê a vida.

Importante destacar que, mesmo que a linguagem seja a principal ferramenta de interação, as relações não ficam reduzidas aos conteúdos expressos. Existe uma condução importantíssima que estrutura essas relações e que parte da sensibilidade, ou seja, da afetividade.

3.3.1 Alteridade e empatia

Quando analisamos o conceito de alteridade, podemos confundi-lo com o de empatia, pois são semelhantes. No entanto, são conceitos bem diferentes.

Empatia é a capacidade de colocar-se no lugar do outro, imaginar como seria a dor do outro, enquanto *alteridade* se refere à capacidade de reconhecer que o outro é de determinado jeito porque, em sua essência, ele é diferente de você.

Mais do que reconhecer a diferença, a alteridade defende o respeito incondicional ao outro como um ser único. A tolerância é fruto da alteridade.

> **Para saber mais**
>
> Enriqueça seu conhecimento sobre alteridade e reflita sobre o conceito e o ato de praticá-la. Karl Schurster (escritor e pesquisador pernambucano) defende que é preciso educar para a alteridade. Recomendamos, sobre isso, assistir ao seguinte vídeo: Educar para alteridade – Karl Schurster. Disponível em: <https://www.youtube.com/watch?v=8L-GvqAUDls>. Acesso em: 24 jun. 2021.

A alteridade é a expressão e a determinação da qualidade, do estado e das características do outro. Para a antropologia, o "eu" só pode ser entendido pela interação com o outro.

Por isso, o processo de diferenciação estabelecido entre o eu e o outro é importante para a definição do entendimento do que eu sou, do que o outro é e, portanto, do que não sou. Com isso, a partir do entendimento dessas noções é que se firmam as diferenças entre o eu e o outro.

É importante ressaltar que o conceito de alteridade **não tem intenção de destruir** ou **diminuir a cultura do outro**, apenas observá-la para estabelecer diferenças entre a nossa cultura e construções sociais em relação aos mesmos elementos da cultura do outro. (Cruz, 2019, grifo do original)

A alteridade se refere, portanto, às identidades culturais próprias, ao aceitar o outro pelas suas identidades culturais, ou seja, sua identificação com grupos, tribos, entre outros.

3.3.2 Alteridade e educação

Para tratarmos de alteridade na educação, precisamos abordar a educação inclusiva, a educação na diversidade. Se buscarmos as orientações de educação para a alteridade, encontraremos, em vários documentos resultantes de convenções internacionais, a recomendação de que a educação obrigatoriamente deve ser para todos, conforme estabelecido na *Declaração Mundial sobre Educação para Todos (Jomtien, Tailândia, 1990)* e no documento *Sobre princípios, políticas e práticas na área das necessidades educativas especiais*, da Declaração de Salamanca (1994).

Desenvolver a alteridade na educação perpassa o estudo do aluno com deficiência; implica entender e trabalhar a construção de relações sociais que priorizem a afetividade integradas às relações intergrupais.

Em virtude disso, torna-se necessário compreender certos pontos de vista, que envolvem a construção das representações da alteridade e sua relação com a identidade (Vasconcellos, 2008).

Problematizar o lugar do outro, encarando-o como típico do sujeito, bem como pensar e dar respostas para ações concretas, possibilitando a exploração da alteridade sob novos olhares, são orientações da teoria das representações sociais de Serge Moscovici.

Partindo dessa teoria, inferimos que *identidade* e *diferença* são conceitos interdependentes, constituídos um em função do outro. Portanto, a distinção entre o mesmo e o outro pode ser considerada a própria condição de emergência identitária (Vasconcellos, 2008).

De acordo com Vasconcellos (2008), as representações sociais se antecipam às identidades, as quais só adquirem forma a partir do momento em que o sujeito/criança entra no mundo das representações. Assim, a própria instância de pessoa e a identidade de si são resultantes de um sistema representacional.

Vasconcellos (2008) afirma que, para identificar como o aluno com deficiência é visto como outro e como se dão as construções de sentidos e suas negociações no cotidiano prático das relações, deve-se partir da premissa de que alteridades são historicamente construídas e se explicam pelos processos observados nas dinâmicas de relações assumidas no grupo.

Todas as considerações feitas são extremamente relevantes para nosso estudo, já que a construção das alteridades e das relações sociais para a educação inclusiva são tão importantes e se completam na afirmação de que a afetividade é um elemento necessário para a construção da identidade e da alteridade nos indivíduos.

3.4 O self e o desenvolvimento socioemocional

Para entendermos o conceito de self[3], comecemos pensando que nem tudo aquilo que vivemos, experenciamos ou sentimos é trocado com o mundo externo. Existem coisas que ficam "armazenadas" dentro de nós e não são expostas para uma troca

---

[3] Adotamos o uso a palavra self, em inglês e sem itálico, em virtude de que o termo equivalente em português possui diferença na atribuição do significado em relação ao significado original.

direta. Essas "coisas" que ficam armazenadas são partes que compõem o self (Pombo, 2014).

Da mesma forma que a identidade, o conceito de self tem sido discutido há tempos por diversos cientistas sociais, e, por existirem vários estudos sobre o tema, encontramos uma certa dificuldade de precisar o significado do termo. Porém, é possível considerar que o self se constitui num sistema dinâmico, com características e funções múltiplas que se articulam de maneira concomitante.

Partindo da definição de que *constructos* são formas de perceber a realidade derivadas da observação e da percepção do indivíduo, resultantes de suas experiências de vida acumuladas durante sua vida, veremos o conceito de self para ampliar cada vez mais nossa percepção do "ser" e, assim, entendê-lo na sua totalidade, se é que isso é possível, já que o ser humano sempre apresenta novas e intrigantes facetas.

> Mischel e Morf (2003) apresentam o *self* não como uma estrutura, mas como um "algoritmo feitor", que devido à sua característica autoconsciente permite que o sujeito reflita sobre suas experiências para então monitorar e avaliar suas reações. Neste sentido, estes autores apresentam o *self* como um sistema dinâmico, uma organização cognitiva, afetiva e de ação. (Paludo, 2013, p. 56)

Essa interpretação do self nos alerta para não reduzir seu significado apenas aos atributos do sujeito ou características inatas; leva-nos, sim, a considerar que ele tem uma função executiva para organizar continuamente as informações obtidas pelo indivíduo em suas relações com o mundo, orientando, dessa forma, seu comportamento. Isso não quer dizer que o self é o resultado organizativo do mundo exterior. O meio influencia de forma fundamental, mas existe também o papel ativo do sujeito para que essa organização ocorra, constituindo-se como mais um sistema autorregulador.

Segundo Paludo (2013), quando o sujeito desenvolve a identidade, ele constrói a percepção de si mesmo – como ele se sente, como se percebe e se define – e avalia o valor que atribui a esses aspectos (se julga que é capaz ou se realiza algo). Essas crenças se alojam no self e são qualificadas pelo indivíduo como parte de sua identidade. Essas são características que o diferenciam ou o igualam diante dos outros, as quais não são permanentes, mas se reestruturam, bem como outras são construídas durante o processo de evolução da pessoa (Pombo, 2014).

Soar (1998), em um artigo sobre o tema, tece considerações bastante importantes para o entendimento de self: o termo tem sido utilizado de forma indistinta para referir a ego (eu ou meu). Os dicionários, por exemplo, atribuem vários sentidos a ele, dentre os quais: "idêntico", "o mesmo", "específico". O autor menciona ainda as definições relacionadas ao sentido psicológico: a personalidade integral do sujeito; o caráter ou o comportamento característico de um sujeito; e a reunião de aspectos (emoções, pensamentos, sensações, corpo) que formam a personalidade ou a identidade desse sujeito (Soar, 1998).

O que se percebe é que, num sentido geral, trata-se de um conceito de identidade, da organização subjetiva da pessoa, o que não se modifica ou o que confere o sentido de continuidade à experiência que torna uma pessoa diferente da outra.

Como exemplo, Soar (1998) cita Levin (1992), que menciona diversos significados de self que, segundo ele, apresentam dificuldades conceituais por razões de predominância semântica, mas que geram discordância entre os teóricos porque se referem a coisas diferentes que recebem o nome de *self*. Assim, self pode significar:

a. **alma**;
b. **substância**, como um substrato subjacente;
c. **atividade**, o *Self* como experiência organizadora, consciente ou inconsciente, e como aquilo que realiza a síntese que dá coesão e continuidade;
d. uma **hipótese explicativa**, um constructo, mais do que algo ontológico;
e. uma **estrutura cognitiva**, como na noção psicanalítica de representações do Self;
f. uma **atividade verbal**; uma palavra que pode se referir tanto à experiência quanto a uma narrativa;
g. uma **experiência**: consciente ou inconsciente, de diferentes graus de coesão, continuidade e capacidade de ação;
h. um **processo**, no sentido de fluxo de experiência;
i. **algo normativo**, algo a ser perseguido ao longo da vida, como um objetivo a ser alcançado. (Soar, 1998, p. 51, grifo do original)

O estudo continua com as considerações de Gergen (1971, citado por Soar, 1998), o qual menciona que, dessas definições de self, algumas realmente podem ser relevantes para estudos científicos. Nesse sentido, ele dividiu o estudo de self em cinco eixos, para que se faça análise e produção teórica, quais sejam:

a. Self como **fato *versus* ficção**;
b. Self como **conhecedor *versus* conhecido**;
c. Self como **estrutura *versus* processo**;

d. Self: **um ou muitos?**; e

e. **consistência *versus* inconsistência** do Self. (Soar, 1998, p. 51-52, grifo do original)

Todas essas diferentes definições e conceituações sobre self são importantes para encontrar pontos comuns que facilitam o entendimento do conceito, sabendo-se que não há uma verdade absoluta em cada versão.

Resumidamente, o self é composto por um corpo físico e por processos de pensamento e experiências conscientes de um ser único que é diferente dos outros, o que envolve as representações mentais das experiências pessoais (Macedo; Silveira, 2012).

Nessa definição, destacam-se características universais e permanentes sem discriminar as mudanças que acontecem no período de desenvolvimento ou entre culturas diferentes. Macedo e Silveira (2012) citam autores, como Gergen (1985) e Shotter (1997), que contrariamente à definição anterior, questionam que haja acesso a uma verdade universal e uma perspectiva individual desvinculada de um contexto relacional. Para Shotter (1997, citado por Macedo; Silveira, 2012), mente e Self só se constituem como tal apenas quando fazem parte de uma prática discursiva.

De acordo com Macedo e Silveira (2012), Chandler (2000) defende uma posição intermediária, segundo a qual o self (em cada idade e cultura), buscando sobreviver como objeto de conhecimento, deve ser compreendido como mutável, preservando, porém, aspectos que mantém o caráter de continuidade.

Trata-se de definições de self que se formaram em momentos históricos diferentes, mas que coincidem.

O conceito de self geralmente serve tanto à clínica quanto à pesquisa, por isso é difícil reconhecê-lo de pronto. Surge a dúvida: Qual a perspectiva epistemológica que se deve adotar para falar sobre self? Existem abordagem teóricas fundamentadas em concepções diferentes de compreensão do ser humano, o que implica diretamente na forma de descrição do self.

Macedo e Silveira (2012, p. 282) citam ainda Bamberg e Zielke (2007), que destacam três dilemas em que as teorias sobre o self se defrontam:

> (1) a questão da identidade e de sentir-se o mesmo, ou seja, como é possível considerar-se o mesmo face a constantes mudanças; (2) a questão de sentir-se único e o mesmo, ou seja, se é possível considerar-se como único apesar de ser o mesmo como qualquer outro (e vice-versa); e (3) a questão de quem é o encarregado da construção, isto é, se é a pessoa quem constrói o mundo do jeito que é ou se a pessoa é construída pelo modo como o mundo é.

Para os autores, essas questões devem ser respondidas por meio de discussões dialógicas. É necessário verificar se tais teorias dão ênfase à continuidade ou à mudança, à unicidade/especificidade ou à generalidade/universalidade, e como é direcionada a construção do self, do indivíduo para o mundo ou do mundo para o indivíduo. "Essa última questão também é proposta em outros termos, como maturacionismo *versus* aprendizagem, nativismo *versus* empirismo e hereditariedade *versus* ambientalismo" (Macedo; Silveira, 2012, p. 282). Bamberg (2008, citado por Macedo; Silveira, 2012) posiciona-se contra a utilização de princípios opostos de forma simultânea, porém existem momentos em que esses opostos dividirão a prioridade.

Exercício resolvido

"Diversas definições de *self* coexistem nas teorias e práticas psicológicas. Essa variedade é resultante de bases epistemológicas a partir das quais se adotam estratégias diferentes para abordar e demarcar os limites do objeto em questão e descrevê-lo" (Macedo; Silveira, 2012, p. 281). A respeito do conceito de self nas teorias psicológicas, é correto afirmar:

a) Um dos conceitos de self integra as noções de *universalidade*, continuidade e direção do desenvolvimento (da pessoa para o mundo), no qual o self não está ligado ao constructo de ego.

b) As noções de universalidade, continuidade e direção do desenvolvimento (do mundo para a pessoa) apresentam interesse nos dois polos, interno e externo, mantendo uma fronteira clara entre eles.

c) As perspectivas em que as fronteiras do mundo interno estão pouco delimitadas apresentam uma divisão clara entre os mundos internos e externos, embora afirme que self é tudo que o indivíduo consegue chamar de seu.

d) As noções de unicidade, mudança e direção para o desenvolvimento (do mundo para a pessoa) propõem a construção do self como uma conversa com o mundo externo.

Gabarito: b.

***Feedback* do exercício em geral**: Nas noções de universalidade, continuidade e direção do desenvolvimento (da pessoa para o mundo), o conceito de self está ligado diretamente ao ego. Nas noções de universalidade, continuidade e direção do desenvolvimento (do mundo para a pessoa) existe uma delimitação clara entre as fronteiras dos dois polos, interno e externo. Sobre as perspectivas em que as fronteiras do mundo interno estão pouco delimitadas, há uma fusão entre os mundos internos e externo. No que se refere a unicidade, mudança e direção para o desenvolvimento (do mundo para a pessoa), há uma proposta dialógica interna, como se houvesse uma conversa entre várias vozes internas expressando seus pontos de vista.

Ao examinarmos as articulações dos conceitos de self nas diferentes abordagens psicológicas, constatamos que não se trata apenas de diferenças de epistemologia, mas de diferentes concepções sobre o desenvolvimento humano.

Exemplificando

Para explicar tais transformações, suas variáveis e como considerar a elaboração do conceito de self, Macedo e Silveira (2012) criaram um exemplo bastante esclarecedor.

Tomemos como exemplo, a elaboração do self de uma mulher em 2020. É necessário investigar seu passado, onde passou a infância e a história de seus ancestrais. É possível também situá-la como mulher ocidental urbana de classe média. Depois, considerar as posições que ocupa enquanto mulher, profissional, colega. Pode-se utilizar, inclusive, seu perfil em uma rede social (um *site* de relacionamentos ou rede profissional).

É possível observar que a diversidade dos contextos acontece pelo destaque no plano comunicacional. A linguagem é fundamental para a formulação dos sentidos do self e possibilita conceituá-lo. Quando entendemos a evolução da linguagem humana e suas formas de expressão e reflexão, a percebemos como elemento de articulação e produção de atos complexos. Assim, o self é um desses produtos complexos e articulados.

Retornando ao estudo sobre a percepção do sujeito sobre si mesmo e a avaliação feita sobre a percepção, Helga Loos e Cassemiro (2010, citados por Pombo, 2014) apresentam três conjuntos de crenças que autorreferenciam o indivíduo: autoconceito, autoestima e autoeficácia (ou crenças de controle). Para Pombo (2014, p. 52), esses "três constructos dizem respeito ao modo como o sujeito percebe seus atributos e recursos. Trabalhando de forma interdependente, são determinantes nas interações sociais, fazendo com que estas sejam facilitadas, moderadas ou dificultadas".

Autoconceito
Forma-se na primeira infância. É quando a criança consegue diferenciar as suas atitudes das do outro. Para que ocorra, a aquisição da linguagem é fundamental. Por meio da verbalização do outro e do reconhecimento de seus próprios sentimentos, características e sentimentos, desenvolve-se a auto-observação. É um processo lento e contínuo.

Autoestima
Trata-se dos valores que o sujeito atribui aos conteúdos que percebe em si. Tem uma natureza obrigatoriamente avaliativa dos aspectos da autopercepção, ou seja, está ligado àquilo de que o sujeito gosta (ou não) em si. Por meio da autoestima, o indivíduo se considera competente e capaz (ou não) para executar uma determinada tarefa. Assim o autoconceito relaciona os atributos que julga pertencerem a "si mesmo", enquanto a autoestima determina esses atributos como sendo positivos ou negativos.

Autoeficácia – crenças de controle
Refere-se aos recursos de que o sujeito necessita para lidar com as situações que surgem. As crenças de controle se constituem pelas representações subjetivas que os indivíduos adquirem sobre sua capacidade de exercer controle sobre o ambiente em que atuam e em sua própria conduta. Fazem parte do sistema de competência. Por meio da autoeficácia, o indivíduo realiza planejamentos e direciona suas ações para atingir metas, regulando suas interações como ambiente, o que o permite definir perspectivas sobre o que pode ou não realizar dentro de uma determinada conjuntura (Pombo, 2014).

Com base nessa ideia, podemos concluir que "o self é constituído de forma dialógica e contínua, a partir das crenças autorreferenciadas e dos conhecimentos sobre o mundo já construídos. Ele existe em correlação com a identidade, em uma influência mútua de constituição do ser" (Pombo, 2014, p. 55).

Conceituar self, portanto, é um desafio que se impõe para o estudo da afetividade na educação especial; um desafio que se assemelha ao debate sobre a "psicologia unificada", em que o estudo varia conforme a lente que se utiliza para enxergar os limites entre o mundo interno e externo do ser humano.

3.5 A identidade e o desenvolvimento socioemocional

Quando se inicia uma discussão sobre identidade, o primeiro pensamento que se manifesta é "quem sou eu" ou "quem é o outro". Paludo (2013, citado por Pombo, 2014, p. 49) afirma que a identidade traz a noção de que o indivíduo tem características pelas quais ele "é conhecido e reconhecido". Buscando desenhar uma identidade, costumamos fazer a pergunta "quem é você?" ou "quem sou eu?". Ciampa (1994, citado por Pombo, 2014) questiona se esta seria uma pergunta de fácil resposta. Trata-se de um questionamento comum, explorado por cientistas sociais, como sociólogos, psicólogos, antropólogos, entre outros. A questão da identidade está presente em quase todos os momentos da vida e vem à tona de uma maneira ou de outra em nosso cotidiano.

> **Para saber mais**
>
> Discutir processos identitários com abordagens conceituais e contextuais acarreta, em primeiro lugar, a discussão sobre a concepção da identidade como categoria de análise, construção social, definida por uma multiplicidade de sentidos que devem ser compreendidos restringindo-se ao contexto que lhe conferem esse sentido.
>
> Leia o artigo de Laurenti e Barros (2000) sobre identidade associada a polissemias e terminologias que perpassam a configuração do termo através da história, ligadas à expressão da diversidade de áreas de conhecimento que estudam a definição e a aplicação do termo *identidade*.
>
> LAURENTI, C.; BARROS, M. N. F. de. Identidade: questões conceituais e contextuais. **Revista de Psicologia Social e Institucional**, Londrina, v. 2, n. 1, jun. 2000. Disponível em: <http://www.uel.br/ccb/psicologia/revista/textov2n13.htm>. Acesso em: 2 jul. 2021.

A discussão sobre o conceito de identidade, assim como outros conceitos relacionados ao indivíduo, necessita do olhar sob os aspectos históricos, culturais e sociais da formação da personalidade dos indivíduos, pois, como vimos, o contexto social-cultural-temporal é elemento fundamental para implementar qualquer uma dessas discussões.

Comecemos com uma definição básica de identidade:

> Conjunto das qualidades e das características particulares de uma pessoa que torna possível sua identificação ou reconhecimento [...].
>
> Igualdade de um elemento em relação a ele próprio, ainda que estejam em situações distintas.
>
> [...] Qualidade através da qual um ou mais objetos de pensamento possuem propriedades iguais, ainda que designados distintamente. (Identidade, 2021)

Importante salientar que o conceito de identidade é multifacetado. Um dos conceitos que podemos admitir é que se trata de um conjunto de referentes materiais (cédula de identidade, passaporte, carteira de habilitação), sociais (trabalhador, amigo, cônjuge) e subjetivos (bom ou mau cozinheiro, bom orador, amante da literatura etc.). Esses referentes são selecionados para definir um ator social (Borges, 2007).

Diz-se que o conceito de identidade é ao mesmo tempo complexo e paradoxal, pois determina o que é único: é o que distingue e diferencia um dos outros e qualifica igualmente o que é único, ou seja, o que é semelhante, mas mantêm-se distinto (Borges, 2007). Assim, o conceito de identidade encerra em si uma "'ambiguidade semântica com um profundo sentido' que sugerirá mesmo quando a 'identidade oscila entre assimilitude e a diferença, entre o que faz de nós uma individualidade singular e que ao mesmo tempo nos torna semelhantes aos outros'" (Lipiansky, 1998, citado por Borges, 2007, p. 92).

Com base nesses conceitos de complexidade e ambiguidade, Dubar (citado por Borges, 2007) apresenta uma vertente de conceito de identidade que reúne, em três grandes posições, as várias abordagens da concepção: a essencialista, a nominalista e a das formas identitárias:

- **Essencialista**: O conceito de identidade surge da "crença das essências", as realidades essenciais, as substâncias que não podem mudar por serem originais. O indivíduo tem um conjunto de características fundamentais que constituem a essência, que conferem ao ser humano a possibilidade de ser igual a si próprio e a todos quantos compartilharem essas características essenciais. Existe, em cada um, pontos em comum que são parte de categorias essenciais e que nos tornam idênticos. Isso permite que cada pessoa conheça a si própria por meio das "histórias que cada um conta a si mesmo sobre o que é" e "se encarna nas 'figuras', nos papéis, nos ofícios" (Borges, 2007, p. 94).
- **Nominalista**: Surge em oposição à posição essencialista. Defende que nada é eterno, tudo pode mudar, até a própria identidade, de acordo com as mudanças da sociedade, das vivências, das experiências. Assim, a identidade se forma pelas "reações às palavras e atitudes dos outros" (Dubar, 1998, p. 136, citado por Borges, 2007, p. 94), e isso só acontece por meio da relação que se estabelece com o outro, com o que não é, com o que falta. Nesse sentido, para Hall (2019, p. 17, citado por Borges, 2007, p. 94), isso quer dizer que a identidade representa aquilo que falta com base na divisão, partindo do lugar do outro. A identidade, portanto, só

se constrói porque existimos em interação com os outros e em contextos determinados.

- **Formas identitárias**: Equilibra as concepções anteriores. A identidade se forma pelo que é único e pelo que é compartilhado, que são as duas faces: a da singularidade e a da diferença. A identidade é, assim, fruto de uma dupla construção, de diferenciação e generalização. É por meio da diferença que se define o que é singular e por meio da generalização que se encontram os pontos em comum do que é diferente. "Como afirma Dubar, as identidades existem, assim, nas 'alteridades' variando 'historicamente e dependendo do seu contexto de definição'" (Borges, 2007, p. 95). As formas identitárias se fundamentam no encontro dos processos de identificação.

Para Borges (2007), podemos, assim, entender que as identidades não são estáticas, mas inacabadas, em constante construção e reconstrução, em um processo evolutivo que se reorganiza ao longo da vida. São as diversas etapas que vivemos que nos conferem a identidade, e a formulamos de acordo com a vivência pregressa e com o momento.

Como nossos estudos estão sempre direcionados a uma melhor compreensão da pessoa com deficiência, traçaremos, a seguir, considerações direcionadas a elas.

Sob uma perspectiva cultural, Stuart Hall (2006, citado por Pombo, 2014) traz a contribuição para o entendimento do conceito buscando três formas históricas de estudá-lo: o sujeito do Iluminismo, o sujeito sociológico e o sujeito pós-moderno.

O sujeito do Iluminismo se constituía de um sujeito único, individual, racional, ajustado, que tinha internamente um núcleo imutável, que se manifestava no nascimento e permanecia idêntico até o fim da vida.

O sujeito sociológico entende a pessoa como fruto da interação com o meio e com o outro, admitindo a existência de um eu real, constituído por um núcleo que se modifica. Vemos que não se trata mais de uma ideia individualista, pois o sujeito não é caracterizado como autossuficiente, admitindo a mediação da sua cultura.

O sujeito pós-moderno é constituído pela sua história, não tem uma identidade unificada nem contínua e se compõe de várias identidades, fragmentadas, móveis, em certo momento contraditórias entre si. Assim, as circunstâncias é que definem as identidades a serem assumidas pelo sujeito.

A discussão sobre identidade é muito ampla na atualidade. Novos conceitos, como o da pós-modernidade (Bauman, 2008), que consideram a mudança em virtude de um conceito herdado da modernidade que se alterou com a fluidez das relações, em que conceitos antigos são questionados diante de novas formas de sociabilidade que surgem com a globalização no mundo capitalista da contemporaneidade. É na contemporaneidade que o individualismo se instaura, em que indivíduos experimentam a solidão e a exclusão nas mais diversas formas, em uma sociedade que vive contextos sociais muitas vezes compostos por relações superficiais.

Hall (2019, p. 9) afirma que "a identidade somente se torna uma questão quando está em crise, quando algo que se supõe como fixo, coerente e estável é deslocado pela experiência da dúvida e da incerteza".

Ao falar em crise de identidade, parte-se da constatação das imensuráveis mudanças estruturais ocorridas a partir do final do século XX, que influenciaram os aspectos sociais da vida das pessoas. Determinantes de identidade, como *etnia, nacionalidade, classe* e *sexualidade*, que outrora pareciam ser conceitos sólidos, transformam-se permanentemente na sociedade atual. Conforme Bauman (2008), o único aspecto constante é o consumo, até mesmo das identidades, o que se percebe nas manifestações nas comunidades virtuais (Magalhães; Cardoso, 2010).

Dessa forma, constata-se que, na pós-modernidade, as sociedades são caracterizadas por mudanças constantes, permanentes e velozes. Essas mudanças, no contexto globalizado, reúnem fatores econômicos e culturais que influenciam nos padrões de consumo e de produção e que são essenciais na construção das identidades. A consequência disso é a perda do "sentido de si" e das referências pessoais e sociais que os indivíduos apresentam.

O que podemos concluir é que, por mais diversas e múltiplas que sejam as facetas de nossa identidade e as probabilidades de combinações entre elas, todo indivíduo conserva algo único, que possibilita dizer ao outro e a si mesmo: "eu sou... (Maria, José, professor, aluno etc.)".

Importante destacar que, conceituar identidade, para a psicologia, é trazer a concepção do ser com suas peculiaridades e coletividade concomitantemente. Isso quer dizer que a identidade existe como uma duplicidade.

Perguntas & respostas

Como se constrói a identidade?
Como a identidade é o resultado de uma relação dialética constante entre o sujeito, os outros e o ambiente em que ele está inserido, a construção da identidade é o resultado de um processo que integra tais elementos.

Ela é construída por cada geração baseando-se em categorias e posicionamentos que são uma herança das gerações anteriores, acrescentados das identidades adquiridas nos espaços por onde os indivíduos passam e os quais contribuem para suas transformações. Borges (2007, p. 102) aponta que,

> existem seis características, que podemos ter em conta na construção da identidade, a saber:
>
> 1) a continuidade;
>
> 2) a representação que tenho de mim próprio e que os outros têm de mim;
>
> 3) a unicidade;
>
> 4) a diversidade;
>
> 5) nós somos o que fazemos;
>
> 6) a autoestima
>
> Todas essas características são importantes para a construção da identidade de cada pessoa.

Concluímos, portanto, com a afirmação de que a construção da identidade não é um processo individual, mas uma trajetória coletiva compartilhada com os outros e que se forma ao longo da vida de cada indivíduo.

3.6 A resiliência e o desenvolvimento socioemocional

O termo *resiliência* originou-se de um conceito da física para definir a propriedade que alguns corpos possuem para retornar à forma original depois de serem submetidos a uma deformação elástica.

A engenharia utiliza os conhecimentos da física para efetuar cálculos e prospecções. De acordo com Rodrigues (2012, p. 20): "Resiliência foi conceituada na Engenharia como a energia de deformação máxima que um material é capaz de armazenar sem sofrer deformação permanente, ou seja, a capacidade que um corpo possui para recuperar sua forma original depois de suportar uma pressão".

Traçando uma analogia com a psicologia, o termo passou a se referir à capacidade que os seres humanos têm para a adaptação às dificuldades, ameaças, traumas, tragédias e qualquer outro evento que provoque estresse. Podem ser problemas familiares, profissionais, econômicos ou de saúde. É como reciclar problemas e difícil solução.

Resiliência, no entanto, não quer dizer não ter problemas, não sofrer angústias, tristezas ou dificuldades. Tristeza e dores emocionais são frequentes nas pessoas que passaram por grandes traumas e adversidades; assim, pode-se dizer que a resiliência envolve sofrimento emocional.

A resiliência desenvolve a confiança do indivíduo em si próprio, a capacidade de solucionar problemas e transpor obstáculos que a vida impõe.

Para as ciências humanas e da saúde, a resiliência é um constructo que define um novo modelo de se compreender o desenvolvimento humano, sob a perspectiva saúde, e não da doença (Rodrigues, 2020).

O termo *resiliência* abrange um conceito que perpassa aspectos físicos, biológicos e psíquicos. Suas origens, de acordo com Sordi, Manfro e Hauck (2011), remetem aos seguintes significados: do latim *resilio*, que significa "voltar para trás, recolher-se" (Resilir, 2021); do inglês *resilience*, que quer dizer "elasticidade, capacidade de recuperação" (Resilience, 2021).

> Pode também ser relacionado ao conceito de *robustness*, remetendo à ideia de que uma organização estável, frente a uma perturbação, teria a capacidade de se manter intacta ou de organizar-se ao redor de outro fator a fim de manter a estabilidade, podendo este conceito ser aplicado a todo tipo de matéria. (Sordi; Manfro; Hauck, 2011, p. 116)

Para a biologia, o conceito se refere à adaptabilidade, podendo ser aplicado tanto aos seres vivos, quanto aos ecossistemas.

Aplicado à psicologia, reporta-se à capacidade do indivíduo de enfrentar as adversidades, desenvolvendo uma habilidade de se adaptar e se transformar, recuperar-se ou encontrar caminhos para superação (Sordi; Manfro; Hauck, 2011).

Considera-se que o conceito de resiliência é relativamente novo dentro do campo da psicologia, porém, é possível encontrá-lo nas origens da psicanálise e na psicologia do desenvolvimento. Numa rápida revisão, encontramos a ideia de resiliência já nos estudos de Freud, ao referir-se às origens do trauma, que era atribuído anteriormente a fatores externos reais. Foi quando deu maior atenção aos processos intrapsíquicos, tendo o trauma como uma "lembrança recalcada", e não como um acontecimento real. (Sordi; Manfro; Hauck, 2011).

Encontramos também essa ideia em 1953, com Melanie Klein, que deu continuidade à teoria de Freud. Ela afirmou que o ego existe e atua desde o nascimento, com a missão de defesa das ansiedades originadas pelos conflitos internos e as influências externas. Essa atuação sofre modificações à medida que o indivíduo amadurece, no entanto, os julgamentos da realidade não são isentos das influências do mundo interno, estruturado pelas experiências primitivas. Portanto, ante a um evento que o estresse, a reação desse sujeito estará condicionada às projeções e introjeções que aconteceram durante sua vida, o que determinará a capacidade de adaptação (resiliência) diante de fatores do ambiente ou internos (por exemplo, doenças orgânicas). Muitos outros estudos se seguiram, com pesquisadores como Hanna Segal (1954), Winnicot (1960) e outros, todos apresentando ideias que posteriormente consolidariam o conceito de resiliência dentro psicologia (Sordi; Manfro; Hauck, 2011).

Sordi, Manfro e Hauck (2011) citam Rutter, afirmando que, para ele, a resiliência não deve ser considerada um aspecto da personalidade, mas sim um processo dinâmico, que se constrói variavelmente em contextos diversos. São inúmeros os autores que admitem que resiliência é uma habilidade que se adquire e aprende em qualquer idade.

Exercício resolvido

Leia o texto a seguir:

Após cinco décadas de luta, Nelson Mandela (1918-2013) foi eleito o primeiro presidente negro da África do Sul, mas antes disso o líder da África Negra lutou contra um intenso e perverso regime de segregação e discriminação racial – o *apartheid*.

A sua força e desejo de ajudar as pessoas que sofriam com o preconceito não repercutiu apenas no continente africano, mas passou a ser um exemplo para todo o mundo!

E mesmo após 27 anos preso numa cela minúscula, com apenas poucos metros de comprimento para se locomover e privado de poder ver a sua família por quase três décadas, Mandela não aparentou ódio ou desejo de vingança quando finalmente foi libertado, mas uma grande serenidade que foi transmitida através de seus discursos que atravessaram o mundo:

"Ninguém nasce odiando outra pessoa pela cor de sua pele, ou o seu passado, ou sua religião. As pessoas aprendem a odiar, e se podem aprender a odiar, podem ser ensinadas a amar, pois o amor chega mais naturalmente ao coração humano do que o seu oposto".

Em 1963, Mandela recebeu o Prêmio Nobel da Paz. (Bem Estar Lifstyle, 2018)

Esse texto apresenta um exemplo de:
a) Alteridade, que significa a qualidade do ser e está relacionada à qualidade da interação com o outro. É o ponto culminante na relação eu-outro, em que as partes se comprometem entre si e estabelecem laços de afetividade e respeito.

> b) Identidade, pois se refere ao "quem sou eu" e "quem é o outro", demonstrando as características de como o outro se reconhece e é conhecido. Caracteriza-se pela peculiaridade e pela coletividade concomitantemente.
> c) Resiliência, pois demonstra a capacidade de reagir às diversidades, às dificuldades que se apresentam ao longo da vida; mas não apenas isso: serviram como suporte e aprendizado para superar novos obstáculos e construir uma perspectiva melhor.
> d) Self, pois se trata da forma como as vivências e experiências ficaram alocadas em uma parte do eu. Apresenta a forma como os atributos do ser se organizaram em uma função executiva e orientaram o seu comportamento.
>
> **Gabarito**: c.
>
> **Feedback do exercício em geral**: Todas as definições isoladas estão corretas, porém, em relação ao texto, a resposta é *resiliência*, pois esta demonstra a capacidade humana para a superação das adversidades, aproveitando os momentos difíceis para aprender, crescer. Trata-se do amadurecimento emocional e do fortalecimento que se instalam após a fase negativa.

Portanto, podemos inferir que resiliência é um constructo móvel, que se modifica durante a vida toda de acordo com as circunstâncias e os eventos do passado e do presente. Diante disso, há uma valorização das intervenções mais tardias – a psicoterapia, por exemplo – que pode ampliar a capacidade das pessoas de enfrentar os conflitos advindos da existência humana e as adversidades que se apresentam.

Vimos que, para a física, o conceito se refere à capacidade de alguns materiais, após a exposição a circunstâncias adversas, retornarem ao seu estado anterior. Para o ser humano, a resiliência não tem essa característica, pois não retornamos ao estado anterior, e sim, por meio do enfrentamento, somamos outras características para superar os desafios, reafirmando a natureza mutável do ser.

A resiliência se constitui, portanto, um processo psicológico que mobiliza aspectos individuais e sociais, sendo dinâmico e adaptativo. Isso acontece quando o sujeito se depara com uma situação adversa, difícil, em que, mesmo com a possibilidade de fracassar, enfrenta buscando superação construtiva e o fortalecimento de si próprio (Pombo, 2014).

Ao considerarmos a resiliência como fator de desenvolvimento humano, podemos concluir que o desenvolvimento ideal não é aquele em que não existem obstáculos, problemas, adversidades, e sim aquele em que existem fatores de proteção que conduzem o indivíduo a um triunfo sobre as situações que se apresentam, tornando-o mais forte nos processos de interação com o ambiente e o outro.

Síntese

Ao final de nossos estudos, chegamos às seguintes conclusões:

- George Kelly formulou a teoria dos constructos pessoais, propondo uma forma alternativa de estudar a ciência aplicada aos seres humanos, desconstituindo a ideia de que o indivíduo é "objeto" de estudo.
- A alteridade é uma dimensão da existência humana e é fundamental para o desenvolvimento socioemocional.

Consiste em reconhecer a singularidade e a subjetividade das características do ser humano.

- Ao conceituarmos identidade, é possível perceber a necessidade que todos apresentam para definir "quem sou eu" e "quem é o outro"; assim, o sujeito pode entender como é reconhecido e como reconhece o outro.
- Existem diversos pressupostos para construir as identidades, os quais se baseiam em dados históricos, psicológicos, antropológicos, entre outros.
- Ao construir o self, reunimos um conjunto de experiências; assim, características e vivências que ficam armazenadas dentro de nós são componentes do self. Ele tem uma função executiva de organizar e armazenar vivências e experiência para que elas sirvam de parâmetro nas relações estabelecidas com o mundo externo.
- A resiliência teve origem em um conceito da física e da engenharia. Porém, ao aplicar tal conceito à psicologia, temos uma diferença bastante importante: resiliência é a capacidade que o sujeito desenvolve para se adaptar às dificuldades e diversidades, bem como para superá-las, aprendendo com o sofrimento e "reciclando" essas dores.

Capítulo 4
A afetividade nas diferentes etapas do desenvolvimento do ser humano

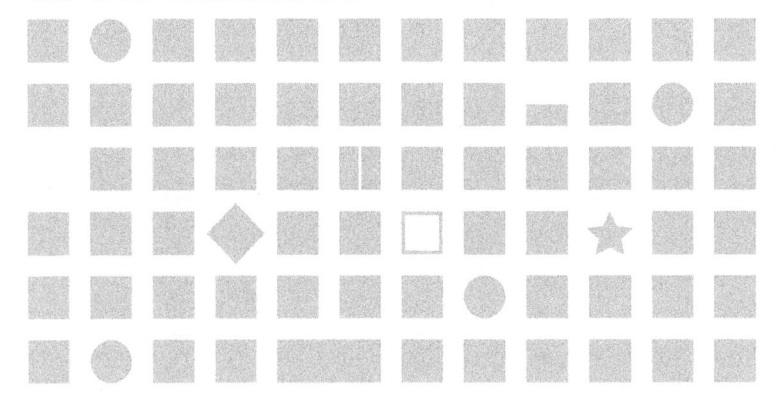

Conteúdos do capítulo:

- A afetividade do bebê (de 0 a 2 anos).
- A afetividade da criança pequena (de 2 a 6 anos).
- A afetividade da criança (de 6 a 11 anos).
- A afetividade do adolescente.
- A afetividade na idade adulta.

Após o estudo deste capítulo, você será capaz de:

1. apresentar as características e a importância da afetividade no desenvolvimento do bebê;
2. relacionar as características e a importância da afetividade no desenvolvimento da criança de 2 a 6 anos;
3. estabelecer as características e a importância da afetividade no desenvolvimento da criança de 6 a 11 anos;
4. reconhecer as características e a importância da afetividade no desenvolvimento do adolescente;
5. compreender o lugar da afetividade na idade adulta.

Ao chegar neste capítulo, você já percebeu o quanto é importante o estudo sobre a afetividade para o desenvolvimento do ser humano. A afetividade se origina de um processo extremamente complexo, em que o indivíduo vai adquirindo, de forma progressiva, a capacidade de vivenciar e expressar seus sentimentos. Isso só acontece por meio do contato com os outros indivíduos, o que nos comprova que o desenvolvimento social e o afetivo acontecem sempre de forma indissociável. Desenvolvemos a afetividade durante toda a existência, no entanto, infância e adolescência são etapas cruciais para o aprendizado, o reconhecimento e a gestão das emoções e dos sentimentos.

Antes de iniciarmos o estudo deste capítulo, sugerimos que você assista a uma entrevista do professor Yves La Taille. Será uma excelente introdução para o desenvolvimento deste capítulo.

Para saber mais

Yves de La Taille é professor aposentado da Universidade de São Paulo, especialista em Psicologia do Desenvolvimento e pesquisador no campo da psicologia moral. Venceu o Prêmio Jabuti, em 2007, com a obra *Moral e ética, dimensões intelectuais e afetivas* (2006) (Escavador, 2020). Para esclarecer diversos pontos a respeito do desenvolvimento humano e todas as suas implicações, inclusive o afetivo, assista ao vídeo a seguir desse autor:

Na Íntegra – Yves de La Taille – A psicologia do desenvolvimento. Disponível em: <https://www.youtube.com/watch?v=JhqQ3hvfyr0>. Acesso em: 29 jun. 2021.

Pode-se entender o desenvolvimento afetivo como o instrumento pelo qual as pessoas constituem afetos, bem como um modo de experimentá-los e compreendê-los.

A afetividade compreende emoções e sentimentos e se refere aos diversos estados afetivos – sejam muito, sejam pouco agradáveis – experimentados durante uma trajetória de vida. A maneira como os afetos são desenvolvidos nas várias fases humanas irá determinar, em certa escala, o tipo de vínculos interpessoais e relações estabelecidos pelo indivíduo na sua jornada.

4.1 A afetividade do bebê (de 0 a 2 anos)

A seguir, analisaremos a afetividade sob a ótica dos teóricos e pesquisadores que têm dedicado seus estudos às várias fases de desenvolvimento humano.

4.1.1 Piaget

Segundo La Taille, Oliveira e Dantas (2019), Piaget, em seus estudos sobre a moral, afirma que ela está ligada diretamente à afetividade: "Toda moral consiste num sistema de regras e a essência de toda moralidade deve ser procurada no respeito que o indivíduo adquire por estas regras". Com base nessa afirmação, os autores aprofundaram seus estudos sobre o jogo de regras, em que os jogos coletivos assumem características de paradigmas para a moralidade humana, os quais se interseccionam com o desenvolvimento e as manifestações afetivas nas crianças.

A criança é influenciada pelos pais desde o berço, submetida às múltiplas disciplinas, e antes de falar toma consciência de certas obrigações. O importante é simplesmente aprender a orientação do espírito infantil. Para Piaget (1977) a criança não tem convicções já formadas a respeito da origem das regras, suas ideais constituem apenas indícios de sua atitude profunda. (Kliemann et al., 2008, p. 2769)

Conforme já vimos, Piaget (1999) elenca quatro estágios que precedem o desenvolvimento infantil: sensório motor, pré-operacional, operacional concreto e operações formais. Vejamos, na sequência, as características do estágio sensório-motor, no qual nos debruçamos neste tópico.

Sensório-motor (de 0 a 2 anos)
Nesse estágio, a criança não tem autonomia, não traça planos e suas ações estão limitadas à utilização dos aparelhos reflexos inatos. O máximo que o bebê consegue realizar é ordenar objetos por tamanho, colocá-los sobrepostos etc. É nesse estágio que o indivíduo começa a construir as primeiras noções do "eu". À medida que se desenvolve, consegue realizar outras ações, como diferenciar sua existência física dentro do ambiente, brincar com um objeto à sua frente e, mais adiante, buscá-lo se alguém o esconder (Moreira, 2011).

Representa a conquista, através da percepção e dos movimentos, de todo universo prático que cerca a criança. Isto é, a formação dos esquemas sensoriais-motores irá permitir ao bebê a organização inicial dos estímulos ambientais, permitindo que, ao final do período, ele tenha condições de lidar, embora de modo rudimentar, com a maioria das situações que lhe são apresentadas. (Rappaport, 1981, p. 66)

Conhecemos Piaget por sua teoria aplicada ao desenvolvimento cognitivo, porém, é importante salientar que, para ele, o desenvolvimento cognitivo ocorre **paralelamente ao desenvolvimento afetivo**. Portanto, afetivo e cognitivo são indissociáveis e extremamente relevantes para o desenvolvimento da criança.

Esses dois aspectos do desenvolvimento buscam adaptação ao meio e, paralelamente, evoluem do egocentrismo para a socialização.

De 0 a 2 anos, a afetividade e a inteligência se manifestam nos desejos da criança em experimentar e manipular. Ela busca o que gosta e rejeita o que não gosta. Como ela está começando a se relacionar com o ambiente, aparecem, assim, as primeiras manifestações afetivas. A criança é capaz de pensar de forma simbólica e desenvolve a capacidade de representação – trata-se de um pensamento intuitivo, baseado nas sensações e emoções.

À medida que a linguagem se consolida, a criança consegue verbalizar seus sentimentos e suas emoções. Ela começa, então, a demonstrar seus primeiros sentimentos, como simpatia e antipatia pelas pessoas.

Exercício resolvido

Para construir um conhecimento consistente a respeito do desenvolvimento da afetividade na educação especial, é necessário analisar diversas teorias e posicionamentos sobre elementos constitutivos da personalidade humana. Sobre as teorias já estudadas, é **correto** afirmar:

a) Para Serge Moscovici, as pessoas absorvem passivamente aquilo que a ciência divulga, sem buscar transformar esses conteúdos ou adaptá-los a sua realidade social.
b) Para George Kelly, o ser humano é um cientista pessoal, isto é, participa ativamente na construção de si e do seu mundo, criando constantemente teorias implícitas e hipóteses baseadas nas suas experiências.
c) Alteridade é, basicamente, imaginar-se no lugar do outro; é a capacidade de se identificar com outra pessoa a fim de compreender o que ela pensa e sente.
d) O documento *Princípios, políticas e práticas na área das necessidades educativas especiais*, da Declaração de Salamanca (1994) afirma que as nações devem criar escolas específicas para as pessoas com deficiência.

Gabarito: b.

***Feedback* do exercício em geral:** Para Moscovici, as pessoas **não** absorvem passivamente aquilo que a ciência divulga, elas buscam transformar esses conteúdos ou adaptá-los a sua realidade social. A teoria kellyana sobre constructos pessoais afirma que todos somos cientistas pessoais. Alteridade é enxergar como o outro, de acordo com sua cultura e vivências. A Declaração de Salamanca aponta para a necessidade da inclusão, ou seja, escola para todos, independentemente de características individuais.

4.1.2 Vygotsky

Buscando entender as manifestações afetivas em um bebê, é preciso também que reportemos o conceito sociointeracionista de Vygotsky, que aborda a compreensão do homem como ser biológico, histórico e social. Para ele, é preciso sempre considerar o homem inserido na sociedade, ou seja, sua abordagem direcionou-se sempre para os processos de desenvolvimento do indivíduo, enfatizando a interação do homem com o outro no espaço social, buscando caracterizar os aspectos tipicamente humanos dos comportamentos.

Para construir sua teoria de desenvolvimento infantil, Vygotsky (1991) partiu da concepção de ser humano e realidade. Segundo ele, desde o nascimento o ser humano vive rodeado por seus semelhantes num dado ambiente cultural. Assim, a inteligência se desenvolve de acordo com a convivência do sujeito com seu meio, ou seja, o homem só se constitui pelas suas interações sociais, transforma e é transformado pela natureza de uma determinada cultura. "Dessa forma, a mediação se processa pela utilização de instrumentos e signos que possibilitam, pela interação social, a transformação do meio e dos sujeitos" (Schuster, 2016, p. 7).

Nesse sentido, a criança se desenvolverá de acordo com as experiências que os adultos proporcionarem a ela, pois não tem instrumentos para trilhar sozinha o caminho do desenvolvimento.

A teoria sociointeracionista de Vygotsky defende que, sendo indefeso, o bebê humano é despreparado para interagir com o meio, dependendo, portanto, dos indivíduos de seu grupo que têm mais experiência para sobreviver, e essa dependência se estende por um longo tempo. Assim, os adultos, garantem a sobrevivência do bebê e a transmissão de sua cultura, fornecendo a ele elementos que dão significado aos comportamentos e aos objetos culturais que integram sua história.

A afetividade do bebê nessa fase está, principalmente, em suas manifestações de "gostar" e "não gostar" de algo ou mesmo de alguém.

4.1.3 Wallon

Henri Wallon, por sua vez, também defende a interação social. Para ele, a chave do desenvolvimento está na interação com os outros.

O desenvolvimento da afetividade para Wallon tem uma subdivisão um pouco diferente da de Piaget. Ele classifica da seguinte maneira as fases do desenvolvimento afetivo do bebê:

- **Impulsivo motor (de 0 a 6 meses)**: As emoções do bebê são demonstradas visando à satisfação de suas necessidades básicas, surgindo, assim, uma simbiose afetiva. Buscando ter tais necessidades atendidas, o bebezinho cria uma comunicação afetiva com seus cuidadores.
- **Estágio emocional (de 6 a 12 meses)**: O cérebro já apresenta certa maturação. Por causa dessa maturação, o bebê converte-se de ser biológico em ser social. Ele procura a presença de seus cuidadores, o que, naturalmente, representa uma necessidade.
- **Impulsivo emocional (de 0 a 1 ano)**: O bebê tem uma relação muito forte com a mãe (figura de cuidado), sendo que o tônus e a emoção estão intimamente ligados; a comunicação entre os dois acontece por meio do diálogo tônico.
- **Estágio sensório-motor e projetivo (de 1 a 3 anos)**: O bebê já está se relacionando com as pessoas e o ambiente e começa a estabelecer relações com os objetos que o rodeiam. A partir daí, demonstra apego às coisas que lhe dão algum tipo de

prazer. A criança aprende a andar e faz a exploração espacial para conhecer a realidade. O termo *projetivo* se refere ao fato de que a ação do pensamento necessita dos gestos para se exteriorizar. A ação mental "projeta-se" em atos motores. Partindo do ato motor, o ato mental é desenvolvido.

4.1.4 Bowlby

Ainda sobre o desenvolvimento da afetividade infantil, é preciso mencionar outro pesquisador desse tema: John Bowlby (1907-1990), um psiquiatra e psicanalista inglês que foi professor antes de realizar estudos na área médica (Revista Educação, 2017).

Em 1940, começou a publicar trabalhos sobre a criança, sua mãe e o ambiente, opondo-se à perspectiva puramente psíquica, predominante na psicanálise daquele período. Atribuiu grande importância à realidade social, levando em conta o modo com que a criança fora educada, e, no final de sua vida, buscou estabelecer relações entre o desenvolvimento psíquico e a biologia. Três noções marcaram suas pesquisas e seu ensino: o apego, a perda e a separação. (Revista Educação, 2017)

Na teoria do apego defendida por Bowlby, durante o período dos seis meses até dois anos de idade, aproximadamente, os bebês se conectam aos adultos que apresentam sensibilidade e responsabilidade nas interações sociais e que são seus cuidadores efetivos (quase sempre é a mãe) (Revista Educação, 2017).

As famílias, atualmente, têm apresentado diversas configurações, portanto, usar o termo *mãe* pode não representar a configuração de uma determinada família, sendo que as manifestações do bebê serão destinadas àquela pessoa que se dedica a cuidar dele a partir de seu nascimento, em uma relação de afeto parental. Utilizaremos o termo *mãe* por ser o que melhor caracteriza essa relação, porém, enfatizamos que é preciso ter o olhar desprovido de preconceito ao estudar o assunto.

Segundo a teoria do apego, a criança se vincula instintivamente a quem cuide dela, com a finalidade de sobreviver, dependendo disso seu desenvolvimento físico, social e emocional. O processo de apego não é específico de gênero, pois os bebês formam vínculos com qualquer cuidador consistente que seja sensível e responsivo nas interações sociais. A qualidade do engajamento social parece ser mais influente do que a quantidade de tempo gasto. (Revista Educação, 2017)

Bowlby dividiu as fases do desenvolvimento da afetividade infantil da seguinte maneira:

- **Pré-apego (de 0 a 6 semanas)**: O bebê, nesse período, responde aos estímulos do ambiente com respostas reflexas inatas (choro, sorriso, olhar). Por meio desses atos reflexos, ele tenta chamar a atenção de seus cuidadores. Apesar de ainda não haver, precisamente, o apego, o bebê demonstra preferência pela voz da mãe (ou de seu cuidador) se compararmos com a voz de outras pessoas.
- **Formação do apego (de 6 semanas a 6 meses)**: As respostas e os comportamentos do bebê estão mais direcionados para a mãe. Ele sorri, balbucia e segue a mãe (ou o cuidador) com os olhos. Mesmo assim, não há demonstração de ansiedade pela separação, quando perde o contato visual. Entretanto, ele demonstra irritação quando perde o contato humano.
- **Apego (de 6 meses a 1 ano)**: O vínculo afetivo entre mãe e filho é uma evidência. Ao se separar da mãe, o bebê

demonstra ansiedade e irritação. Em torno dos oito meses, o bebê apresenta rejeição a outras pessoas próximas no seu ambiente. Só a voz da mãe (ou do cuidador) consegue acalmá-lo. Em vista disso, nessa fase, a criança destina seus esforços para atrair a atenção e a presença da mãe.

- **Formação de relações recíprocas (a partir dos 24 meses)**: É nesse período que surgem a linguagem e a capacidade de representação mental. Dessa forma, o bebê consegue, quando da ausência da mãe (ou do cuidador), antecipar e prever o seu retorno. Essa capacidade o auxilia a diminuir a ansiedade. Ele entende que a mãe vai voltar a qualquer momento.

Se essas fases forem cumpridas satisfatoriamente, a criança terá construído um vínculo afetivo suficientemente sólido. Ela conseguirá lidar com as ausências da mãe (ou do cuidador), pois já saberá que, quando precisar, ela aparecerá.

Estudos sociogenéticos e antropológicos comprovam que, desde o início da humanidade, expressar emoções foi crucial para a evolução do ser humano enquanto indivíduo social. A emoção lhe possibilitou a formação de grupos utilizando a capacidade de despertar o espírito de colaboração e cumplicidade de interesses entre seus pares. As emoções assumem um papel de grande relevância nas interações entre os bebês e os adultos:

> Se comparado com as demais espécies animais, o bebê é o mais indefeso e despreparado para lidar com os desafios de seu meio. A sua sobrevivência depende dos sujeitos mais experientes de seu grupo, que se responsabilizam pelo atendimento de suas necessidades básicas (locomoção, abrigo, alimentação, higiene etc.), afetivas (carinho, atenção) e pela

formação do comportamento tipicamente humano. Devido à característica imaturidade motora do bebê é longo o período de dependência dos adultos. (Rego, 1995, p. 58-59)

Nas teorias de desenvolvimento humano, que já estudamos, vimos o quanto o desenvolvimento psicossocial é fundamental para entendermos os comportamentos e as fases do indivíduo. Assim, vale a pena também nos reportarmos aos cientistas que se dedicaram exclusivamente ao tópico *desenvolvimento psicossocial*.

4.1.5 Erikson

O alemão Erik Erikson (1902-1994) é o criador da teoria do desenvolvimento psicossocial. Ele desenvolveu seus estudos nos Estados Unidos e, por isso, é considerado o primeiro psicanalista infantil americano. Focou seus estudos nas crises do ego e no problema da identidade. "Sem negar a teoria freudiana sobre desenvolvimento psicossexual, Erikson mudou o enfoque desta para o problema da identidade e das crises do ego, ancorado em um contexto sociocultural" (Rabello; Passos, 2007).

As crises, segundo o autor, são representadas por dois pares opostos, que simbolizam a resolução positiva ou negativa da crise. Sua teoria é conhecida como *etapas vitais* e é formada pelo chamados **estágios psicossociais**. Esses estágios correspondem às oito crises do ego que servem para fortificá-lo ou fragilizá-lo, dependendo do desfecho. Assim, em cada etapa, a criança realiza uma tarefa específica que a prepara para a aquisição de uma série de capacidades. Para que isso aconteça, há a instalação de uma "crise" psicossocial, que, ao ser superada, promoverá progresso no desenvolvimento da afetividade.

A crise que se estabelece na fase que vai do nascimento até os 2 anos é nomeada por Erikson de **primeiro estágio: confiança básica × desconfiança básica**. Trata-se, para Erikson, do estágio oral-sensorial.

Oral-sensorial (de 0 a 18 meses)

A fase da infância inicial corresponde ao estágio oral freudiano. O bebê só atende a quem provê suas necessidades de conforto, satisfazendo seus anseios e suas necessidades de forma quase imediata, ou seja, em tempo razoavelmente suportável. Quem faz isso é a mãe ou quem assume suas funções. Essa pessoa garante ao bebê a sensação de que não será abandonado à sua própria sorte. Nessa fase, constitui-se a primeira relação social do indivíduo.

A criança, ao sentir a falta a mãe, começa a lidar com o que Erikson classifica de *força básica* (cada fase apresenta uma força característica). Assim, nessa etapa, a força que nasce é a esperança.

> Quando o bebê se dá conta de que sua mãe não está ali, ou está demorando a voltar, cria-se a esperança de sua volta. E quando a mãe volta, ele compreende que é possível querer e esperar, porque isso vai se realizar; ele começa a entender que objetos ou pessoas existem, embora esteja fora – temporariamente – de seu campo de visão. Quando o bebê vivencia positivamente estas descobertas, e quando a mãe confirma suas expectativas e esperanças, surge a **confiança básica**, ou seja, a criança tem a sensação de que o mundo é bom, que as coisas podem ser reais e confiáveis. Do contrário, surge a desconfiança básica, o sentimento de que mundo não corresponde, que é mau ingrato. A partir daí, já podemos perceber

alguns traços da personalidade se formando, ainda que em tão tenra idade. (Rabello; Passos, 2007, p. 4)

A criança precisa conviver com pequenas frustrações, pois é assim que ela aprenderá a reconhecer as esperanças que são possíveis de realizar, adquirindo a noção do que Erikson nomeou de *ordem cósmica*, isto é, as regras que regem o mundo.

Para o bebê, nessa fase, a mãe (ou cuidador) é o ser supremo, cheio de luz. É quando iniciam as identificações com essa pessoa, que é, até então, a única referência social dessa criança.

Se esta identificação for positiva, se a mãe corresponder, ele vai criar o seu primeiro e bom conceito de si e do mundo (representado pela mãe). Se a identificação for negativa, temos o idolismo, ou seja, o culto a um herói, onde o bebê acha que nunca vai chegar ao nível de sua mãe, que ela é demasiadamente capaz e boa, e que ele não se identifica assim. Inicialmente, a criança vai se tornar agressiva e desconfiada; mais tarde, elas vão se tornar menos competentes, menos entusiasmadas, menos persistentes. (Rabello; Passos, 2007, p. 4)

A confiança básica é de extrema importância, pois implica a ideia de que a criança "não só aprendeu a confiar na uniformidade e na continuidade dos provedores externos, mas também em si próprio e na capacidade dos próprios órgãos para fazer frente aos seus impulsos e anseios" (Erikson, 1987, p. 102). A virtude social desenvolvida é a **esperança**.

Outro importante pesquisador merece nossa atenção, o pai da psicanálise, Sigmund Freud.

4.1.6 Freud

Segundo o psicanalista Sigmund Freud, as experiências vividas no percurso da primeira infância podem condicionar a personalidade adulta. Freud (2019) afirmava que o desenvolvimento socioafetivo pode ser resumido e definido em três partes: o vínculo afetivo mãe-filho, o desenvolvimento psicossexual e o desenvolvimento social e moral.

Para Freud, o relacionamento inicial com a mãe é decisivo para que a criança se desenvolva social e afetivamente durante o resto de sua vida.

O psicanalista levantou três suposições básicas sobre o desenvolvimento afetivo infantil, são elas:

1. O vínculo afetivo tem um caminho fixo, isto é, começa com a adaptação da criança à figura da mãe (cuidador), estendendo-se, depois, ao restante da família. Está ligado à satisfação das necessidades. São abordagens instintivas e irracionais.
2. As características do relacionamento da criança com quem cuida dela influenciarão seu desenvolvimento posterior.
3. O contexto desse vínculo, o da relação mãe-filho, servirá como o modelo que perdurará na personalidade da criança para a vida.

Destaque-se que Freud considera os afetos ligados aos impulsos. Os termos *afetividade*, *emoção* ou *sentimento* praticamente não são utilizados, a não ser em "sentimento de culpa" e "sentimento de vergonha".

Assim, concluímos que a afetividade é uma das dimensões da pessoa e, ao mesmo tempo, a mais primitiva fase do desenvolvimento. Portanto, o ser humano, desde seu nascimento, é um ser afetivo que, ao evoluir, torna essa afetividade inata e inicial em outras formas de afetividade, diferenciadas pela vivência racional.

4.2 A afetividade da criança pequena (de 2 a 6 anos)

Continuemos analisando as fases do desenvolvimento sob a ótica dos teóricos que já estudamos, subdividindo este capítulo igualmente pelos teóricos.

4.2.1 Piaget

Piaget nomeia o período de 2 a 7 anos de estágio *pré-operacional*.

Pré-operacional (pré-operatório)
Estágio em que a linguagem, considerada condição primordial, mas não suficiente para o desenvolvimento, já que depende da inteligência para tal. Começa a surgir a função simbólica. Nessa etapa, o ego é predominante e percebem-se atitudes animistas (os objetos parecem ter sentimentos).

A criança desenvolve a capacidade de representação, ou seja, **ela começa a pensar simbolicamente** (símbolos mentais: imagens e palavras que representam objetos ausentes). Esse pensamento é intuitivo, sendo baseado nas emoções e sensações. Ocorre também a explosão linguística, ou seja, ao adquirir a linguagem, a criança consegue verbalizar seus sentimentos e emoções. É quando se manifestam os primeiros sentimentos de antipatia e simpatia pelas pessoas. É ainda o período do egocentrismo, da intuição e da variância como características do pensamento, o qual é dependente das ações externas, pois a criança ainda não consegue absorver o ponto de vista dos outros.

4.2.2 Vygotsky

Para Vygotsky, o desenvolvimento da linguagem acarreta o desenvolvimento do pensamento, pois é pelas palavras que o pensamento obtém existência.

> Para o estudioso, a aquisição do conhecimento ocorre por mediação, convivência, partilha e assim por diante até que diversas estruturas sejam internalizadas. Um de seus principais conceitos é a zona de desenvolvimento proximal (ZDP), que destaca o papel do outro – em especial o do professor. (Aix Sistemas, 2018)

A ZDP representa a distância entre o desenvolvimento real da criança e o potencial que ela ainda tem para aprender; é a capacidade que essa criança terá para desenvolver competências com o auxílio dos adultos (AIX Sistemas).

Nesse período, o papel do professor é fundamental, pois a criança já começou a frequentar a escola. Assim, ele precisa estar atento às manifestações dessa criança, sua linguagem e suas atitudes. Um processo afetivo e acolhedor na escola será fundamental no desenvolvimento desse indivíduo.

4.2.3 Wallon

Já vimos que Wallon fez uma pesquisa consistente sobre a afetividade e que ele divide a consolidação do desenvolvimento de formas diferenciadas quanto à idade. Importante salientar que, para esse pesquisador, a idade não é o principal indicador dos estágios de desenvolvimento da afetividade; tudo é influenciado pela cultura do ambiente da criança.

O estágio que vai dos 2 aos 3 anos é definido por Wallon como *sensório-motor*, em que a criança estabelece relações com os objetos que a rodeiam. Vejamos na sequência como é a teoria de Wallon no período pré-operacional.

Estágio do personalismo (de 3 a 6 anos)
Período de fundamental importância para a afirmação e a construção do eu e da personalidade. É uma etapa que se caracteriza por uma intensa necessidade de atenção e carinho proveniente dos adultos, em que a criança está diante da sedução, da graça e da imitação por observação do meio e do "como fazer". Pela perspectiva da personalidade, está ligada à questão afetiva, que se inicia no período sensório-motor. "Nesse estágio, desenvolve-se a construção da consciência de si, mediante as interações sociais, reorientando o interesse das crianças pelas pessoas" (Zacharias, 2021).

4.2.4 La Taille

Dentro desse período, podemos também observar a etapa da **anomia**, que, no estudo do desenvolvimento humano, refere-se aos conceitos de moralidade humana estudados por La Taille, Oliveira e Dantas (2019) e se relaciona intimamente com a afetividade: "Crianças de até cinco, seis anos de idade não seguem regras coletivas. Interessam-se, por exemplo, por bolas de gude, mas antes para satisfazerem seus interesses motores ou suas fantasias simbólicas, e não tanto para participarem de uma atividade coletiva" (Oliveira, B. N. G., 2021).

Quando pensamos a educação infantil, devemos enfatizar a (inter)relação da professora com o grupo de alunos e com cada um deles. Essas relações se estabelecem constantemente, na sala, no pátio ou nos passeios, e, por causa dessa proximidade afetiva, acontece a interação com os objetos e a elaboração de um conhecimento que deve ser cativante, envolvente, encantador. Assim, a escola, é o primeiro agente socializador fora do núcleo familiar, assumindo-se como figura essencial e basilar da aprendizagem, e precisa oferecer as condições necessárias para que a criança se sinta protegida e acolhida.

Exercício resolvido

"O movimento infantil tem um sentido muito distinto daquele presente no adulto e é promotor do desenvolvimento da criança. O educador que se mantiver atento a essas manifestações da criança terá elementos extras para compreender e manejar o processo de aprendizagem" (Gratiot-Alfandéry, 2010, p. 38).

Considerando essa afirmação, é correto afirmar:

a) Não é possível para um educador perceber isso, já que, no universo da sala de aula, é muito difícil observar individualmente as atitudes das crianças.

b) Essa afirmação está contida na teoria de Wallon, que chama a atenção para a necessidade de desconstruir o olhar "adultocêntrico" que se encontra nas metodologias de educação infantil.

c) O educador só conseguirá estabelecer essa percepção se puder contar com a participação dos pais para realizar um diagnóstico do estágio de desenvolvimento em que se encontra a criança.

d) Essa afirmação está contida na teoria de Vygotsky e oferece uma grande contribuição para o campo educacional descrevendo uma metodologia de investigação.

Gabarito: b.

***Feedback* do exercício em geral**: Essa afirmação se refere à teoria de Wallon, que permite uma compreensão diferenciada para a organização pedagógica. Ele orienta que, por meio da afetividade, o educador consegue "perceber" o movimento e o comportamento da criança e, dessa forma, estabelecer as estratégias para o processo de ensino-aprendizagem.

4.2.5 Selman

Robert Selman[1] delineou formas de amizade que se transformam durante cinco estágios que se superpõem. Praticamente todas as crianças em idade escolar encontram-se no estágio 2 ou 3.

Estágio 0: Colegas temporários de (3 a 7 anos). Este é o nível indiferenciado de amizade, quando as crianças são egocêntricas e têm dificuldade considere o ponto de vista de outra pessoa; tendem a pensar somente no que querem de um relacionamento. A maioria das crianças mais novas define seus amigos em termos da proximidade em que vivem ("Ela mora

---

[1] Robert Selman é professor de Psicologia no Departamento de Psiquiatria da Harvard Medical School. Selman tem se dedicado a pesquisas e práticas focadas em como ajudar crianças a desenvolver consciência social e competências de engajamento como uma forma de reduzir os riscos à sua saúde e promover suas relações sociais, bem como seu desempenho acadêmico (Harvard, 2021).

em minha rua") e valorizam-nas por seus atributos materiais ou físicos ("Ele tem um Super-Homem gigante").

Estágio 1: Assistência unidirecional (de 4 a 9 anos). Neste nível unilateral, um "bom amigo" faz o que a criança quer que o amigo faça ("Ela não é mais a minha amiga, porque não foi comigo quando eu quis" ou "Ele é meu amigo, porque sempre diz quando quero emprestar a borracha dele"). (Rodrigues, 2013)

Observar as relações afetivas oriundas da amizade contribui muito para a análise do perfil das crianças, principalmente para os educadores. Quando dizemos que a afetividade é fundamento da aprendizagem, referimo-nos ao afeto dispendido pelo educador, mas também ao recebido, pois é nessa troca que o vínculo se estabelece, a magia da empatia acontece e aquele que "ensina" aprende muito mais.

4.2.6 Erikson

De acordo com Erikson, o segundo estágio (autonomia × vergonha e dúvida), período que vai de 18 meses a 3 anos (muscular-anal), correspondente à fase anal freudiana, em que a criança já apresenta um certo controle muscular e, assim, direciona sua energia para atividades exploratórias e para conquistar sua autonomia. Entretanto, logo ela percebe que não é possível utilizar essa energia exploratória à vontade, compreendendo que existem regras sociais que se incorporam a ela, e, dessa forma, elabora uma equação entre "manutenção muscular, conservação e **controle**" (Erikson, citado por Rabello; Passos, 2007, p. 5, grifo do original).

Ao aceitar esse controle social, a criança começa seu aprendizado sobre aquilo que esperam dela, privilégios, limites e obrigações. É quando surgem as atitudes e capacidades judiciosas, isto é, o poder de julgamento da criança, visto que ela está aprendendo regras.

> A questão é que os adultos, para fazerem as crianças aprenderem tais regras – como a de ir ao banheiro, tão enfatizada por Freud – fazem uso da vergonha e ao mesmo tempo do encorajamento para dar o nível certo de autonomia. Os pais, muitas vezes, usam sua autoridade de forma a deixar a criança um pouco envergonhada, para que ela aprenda determinadas regras. Porém, ao expor a criança à vergonha constante, o adulto pode estimular o descaramento e a dissimulação, como formas reativas de defesa, ou o sentimento permanente de vergonha e dúvida de suas capacidades e potencialidades. (Rabello; Passos, 2007, p. 5)

Para Erikson, a vergonha é uma raiva direcionada a si próprio, pois o que a criança pretendia era fazer alguma coisa sem ser exposta aos outros, e isso não aconteceu. A vergonha estaria antes da culpa, que deriva da avaliação que o superego faz da vergonha. "De um sentimento de autocontrole sem perda de autoestima resulta um sentimento constante de boa vontade e orgulho; de um sentimento de perda do autocontrole e de supercontrole exterior resulta uma propensão duradoura para a dúvida e a vergonha" (Erikson, 1976, p. 234).

Para Rabello e Passos (2007), do aprendizado do controle – seja autocontrole, seja controle social – surge a força básica da vontade, manifestada pela liberdade de escolhas, sendo essencial para o desenvolvimento de uma autonomia sadia.

Durante esse período, os pais precisam estar atentos para dosar de modo equilibrado a assistência que dispensam à criança, cuidando da forma como manifestam suas vontades, pois sua manifestação contribui muito para a construção da identidade.

Os pais precisam conferir à criança a sensação de autonomia, mas, ao mesmo tempo, estarem disponíveis para assisti-las em momentos em que as tarefas estejam além de suas capacidades. Quando a criança se sente envergonhada demais por não conseguir executar determinada atividade, ou se houver repressão excessiva dos pais em sua autonomia, ela deduzirá que todos seus problemas, dúvidas e vergonha, são provenientes de seus pais, de adultos e objetos externos (Rabello; Passos, 2007).

Essa constatação fará com que ela fique tensa na presença deles e de outros adultos, podendo pensar que só é possível se expressar corretamente se estiver longe deles. A virtude social desenvolvida é o desejo.

Ainda nessa fase, dos 2 aos 6 anos, segundo Erikson, temos o terceiro estágio: iniciativa × culpa (locomotor fálico). Esse estágio corresponde à fase fálica de Freud. É quando a criança já adquiriu confiança (pelo contato primeiro com a mãe ou cuidador) e autonomia (pela expansão motora e controle). Então, inicia-se a fase da expansão intelectual, que surge da associação da autonomia com a confiança e a iniciativa. Ao combinar confiança e autonomia, surge o sentimento de determinação, que é o propulsor da iniciativa (Rabello; Passos, 2007).

É o período da alfabetização e da ampliação do círculo de contatos, em que a criança desenvolve seu intelecto, que será fundamental para aperfeiçoar sua capacidade de planejamento e realização.

É muito importante que os adultos lhes mostrem também que há certas coisas que ainda não podem fazer, embora possam permitir ajudas em algumas atividades.

Quando a criança se dá conta de que realmente existem coisas que estão fora de suas capacidades (ainda), ela se contenta, não em fantasiar, mas sim em realizar uma espécie de "treino", o que, na verdade, se constitui num teste de personalidade que a criança aplica em si. Para isso, ela utiliza jogos, testando sua capacidade mental, dramatizações, testando várias personalidades nela mesma, e brinquedos, que proporcionam uma realidade intermediária. (Rabello; Passos, 2007, p. 7)

São essas manifestações que conectam o mundo externo com o mundo interno da criança de forma sadia. Nesse estágio, a criança demonstra preocupação com a aceitação de seus comportamentos e desenvolve habilidades motoras, capacidades de linguagem, pensamento, imaginação e curiosidade. Há um questionamento-chave para a criança: Serei bom ou mau?

Erikson alerta ainda para o perigo da personificação. Quando a criança, tentando escapar da frustração de ser incapaz para algumas coisas, exagera na fantasia de ter outras personalidades, de ser totalmente diferente do que é várias vezes, ela pode se tornar compulsiva por esconder seu verdadeiro "eu"; nesse caso, pode passar a sua vida desempenhando "papéis", e afastar-se cada vez mais do contato consigo mesmo. (Rabello; Passos, 2007)

Por fim, nesse estágio, a virtude social desenvolvida é o propósito.

4.3 A afetividade da criança de 6 a 11 anos

Esse período representa efetivamente o início da fase escolar, tempo em que a criança da atualidade passa muito tempo fora do ambiente familiar, dividindo seu tempo entre escola, amigos, jogos e entretenimentos.

4.3.1 Piaget

Piaget, que norteia grande parte dos estudos sobre o desenvolvimento da afetividade humana, considera esse período como o das operações concretas, o qual veremos a seguir.

Operações concretas (7 aos 12 anos)
Nesse estágio, a criança começa a perceber que não é o centro do universo, desenvolve conhecimentos relacionados aos adultos e começa a realizar operações mentalmente, mas, mesmo assim, perceber situações não concretas ainda é confuso para ela. Surge a percepção de tolerância e o egocentrismo perde força, pois a criança percebe que existem emoções e necessidades diferentes das suas.

É quando se manifesta o pensamento lógico, mesmo que ele só seja aplicado a objetos concretos. É nesse período, que a criança demonstra capacidade de considerar outros pontos de vista. Demonstra também que tem a capacidade emocional para entender as diferenças entre as suas necessidades e os seus propósitos, entre a vontade e o dever. Estabelecer relações sociais assume grande importância, e a personalidade começa a ser desenvolvida, delineada. Por volta dos 7 ou 8 anos, surgem as operações cognitivas e finda o egocentrismo, acontece, então, o processo sistemático da cooperação, que é facilmente identificado na compreensão das regras aplicadas aos jogos infantis. Percebe-se a valorização e conservação dos sentimentos e dos valores. As crianças apresentam condições para coordenar seus pensamentos afetivos ao passar de uma situação para outra. À medida que o tempo passa, algumas sensações e alguns sentimentos são preservados. Assim, o passado se transforma em uma parte do raciocínio que se traduz na capacidade de reverter e de conservar as memórias de aprendizado.

A respeito da assunção das regras e da elaboração dos conceitos de moralidade em Piaget, La Taille, Oliveira e Dantas (2019, citados por Oliveira, B. N. G., 2021), referem-se a esse período como uma **segunda etapa – a da heteronomia**: "São crianças de até nove, dez anos em média, que se interessem em participar de atividades coletivas e regradas, as crianças desta mesma fase jogam, mais umas ao lado das outras do que realmente umas contra ou com as outras".

Piaget defendia que os valores morais são concebidos com base nas interações que as crianças estabelecem com os ambientes sociais onde transitam. A convivência diária com o adulto, principalmente, irá determinar os valores, os princípios e as normas morais que nortearão as ações dos indivíduos. Trata-se de um processo longo e que está diretamente ligado às relações afetivas.

4.3.2 Wallon

Wallon, por sua vez, chama a fase de 6 a 11 anos de *estágio categorial*. Nessa fase, a criança muda seu centro de atenções tirando o foco do adulto para se concentrar no mundo exterior. Assim, entender e conquistar o mundo exterior se constituem o foco de seu interesse.

Neste período, a inteligência começa a receber uma atenção especial em detrimento das emoções. A criança apresenta um evidente desenvolvimento de suas capacidades de memorização, atenção voluntária e seletiva. É a fase da abstração de conceitos concretos e do início do processo de categorização mental. Nessa etapa, observa-se um salto no desenvolvimento humano.

4.3.3 Selman

Acerca dos relacionamentos de amizade, Robert Selman enquadra essa fase do desenvolvimento infantil nos seguintes estágios:

> **Estágio 2: Cooperação bidirecional nos bons momentos (de 6 a 12 anos).** O nível recíproco superpõe-se ao estágio 1. Envolve dar e receber, mas ainda serve a muitos interesses distintos, e não a interesses comuns dos dois amigos ("Um amigo é alguém que brinca com você quando você não tem ninguém mais para brincar").

> **Estágio 3: Relacionamentos íntimos, compartilhados mutuamente (de 9 a 13 anos).** Neste nível mútuo, as crianças veem uma amizade como tendo vida própria. É um relacionamento contínuo, sistemático, de compromisso, que incorpora mais do que fazer coisas um para o outro. Os amigos tornam-se possesivos e exigem exclusividade ("Demora muito tempo para se fazer um amigo íntimo, então você realmente se sente mal se descobre que seu amigo está tentando fazer outras amizades também").

As meninas tendem a fazer apenas uma ou duas amigas íntimas; os meninos têm mais amizades, menos íntimas. (Rodrigues, 2013)

Observando essa divisão em estágios sobre a construção dos laços de amizade, podemos perceber o quanto as crianças evidenciam sua evolução socioafetiva e emocional por meio das relações de amizade que se consolidam e, muitas vezes, acompanham o indivíduo ao longo de toda uma vida.

4.3.4 Erikson

Para Erikson, o quarto estágio (**diligência × inferioridade – produtividade/inferioridade**) vai dos 6 aos 12 anos (latência).

Nessa fase, a criança se percebe como ser trabalhador, com capacidade de produzir e ser competente.

De acordo com Erikson, esse período é marcado pelo controle. Trata-se do controle sobre as atividades físicas e intelectuais, conseguindo equilibrar essas atividades de acordo com as regras do aprendizado formal, sendo que a criança aprende o que tem valor no mundo adulto, tentando adaptar-se a ele e desenvolver suas funções intelectuais.

Da concepção de **propósito**, ela passa para a concepção de **perseverança**, isto é, aprende a valorizar e reconhecer que pode receber recompensas no longo prazo por suas atitudes no presente. Surge, assim, a idealização e o interesse pelo futuro.

Nessa fase, inicia-se o interesse pelo trabalho, já que o trabalho está diretamente ligado à competência.

Além disso, a criança agora precisa de uma forma ideal, ou seja, regulada e metódica, para canalizar sua energia psíquica. Ela encontra esta forma no trabalho/estudo, que lhe dá a sensação de conquista e de ordem, preparando-o para o futuro, que, aos poucos, passa a ser uma das preocupações da criança. É nesta fase que ela começa a dizer, com segurança aparente, o que "quer ser quando crescer", como uma iniciação no campo das responsabilidades e dos planejamentos. (Rabello; Passos, 2007, p. 8)

Nessa fase, a resolução positiva das fases anteriores será de fundamental importância: serão a autonomia e a iniciativa que farão a criança se sentir capaz e a afirmarão. O sentimento de inferioridade pode ocasionar inúmeros bloqueios cognitivos e falta de credibilidade em suas capacidades e atitudes.

Nesse período, a criança necessita sentir-se integrada no ambiente escolar, pois esse é o momento da construção de novos relacionamentos interpessoais que serão relevantes para sua existência. O questionamento-chave é: Serei competente ou incompetente? A virtude social desenvolvida nessa fase é a **competência**.

Como vimos, é dos 6 aos 11 anos que o indivíduo inicia realmente sua vida escolar – eis porque a relação afetiva que se estabelece entre professor e aluno é tão importante para que a criança se desenvolva de forma prazerosa dentro da sala de aula, tendo um bom relacionamento não só com o seu educador, mas também com os colegas e a família. Os laços de afeto construídos entre educador e educando proporcionam desenvolver sujeitos que sejam responsáveis pelos seus próprios atos, honestos, responsáveis e críticos, desenvolvendo boas diferenças individuais e comportamentais.

4.4 A afetividade do adolescente

A adolescência é uma fase de desenvolvimento e transição para um período mais maduro: é o tempo de deixar de ser criança e preparar-se para a vida adulta.

Biologicamente, a adolescência é marcada pelo início da puberdade e o fim do crescimento físico. É marcada também pelas alterações em relação aos órgãos sexuais e a outras características, como altura, peso e massa muscular. É quando o cérebro atinge níveis de maturação e crescimento.

Cognitivamente, a adolescência caracteriza-se pelo acréscimo da capacidade de pensar de forma abstrata, de desenvolver o conhecimento e o raciocínio lógico.

Socialmente, a adolescência traz os ritos de passagem para os papéis sociais dos adultos, aqueles considerados culturalmente adequados, como o papel de trabalhador, parceiro amoroso ou pai de família. "Trata-se de uma fase com 'mudanças' tão dramáticas que têm recebido descrições do tipo 'crise de identidade', 'é normal ser anormal' ou 'psicose normativa' etc." (I Fight..., 2021).

Piaget afirma que a adolescência representa o nível mais elevado do desenvolvimento cognitivo. Em termos afetivos, é marcada pela afirmação da personalidade e pela inserção na sociedade adulta. O adolescente já apresenta consciência da sua natureza social e sabe que necessita do carinho e do afeto dos outros. Segundo Piaget, essa é a fase das operações formais.

- **Operações formais (12 anos em diante)**: É quando o desenvolvimento da inteligência é ampliado: o indivíduo raciocina sobre hipóteses diversas e desenvolve a capacidade de crítica social e de propor novos códigos de conduta, adquire autonomia, realiza operações mentais abstratas, o corpo se modifica e os hormônios começam a interferir, bem como surgem comportamentos diversos que provocam sentimentos fortes e confusos, como revolta, incertezas e idealismos. "De acordo com Piaget, ao atingir essa fase, o indivíduo adquire a sua forma final de equilíbrio, consegue alcançar o padrão intelectual que persistirá durante a idade adulta" (Costa, 2011, p. 12).

Wallon também classificou esse período como sendo a fase da puberdade e da adolescência:

- **Puberdade e adolescência (11 anos em diante)**: Período da exploração de si mesmo, busca de identidade e autonomia. É a fase da autoafirmação, em que o adolescente precisa se autoafirmar e se integrar a grupos. Também é a fase da contradição entre o que é conhecido e o que se deseja conhecer, marcada por desequilíbrios na esfera emocional, conflitos e ambivalências afetivas.

La Taille, Oliveira e Dantas (2019) mencionam os estudos de Piaget sobre a construção da moralidade e o respeito às regras, falando da terceira e última etapa, que é a **autonomia**. Nessa etapa, a manifestação de respeito a regras é entendida por acordos mútuos, sendo que cada um consegue conceber a si próprio em regime de cooperação entre todos os membros de um grupo. É a última fase do desenvolvimento da moral. Essa capacidade está fortemente representada no universo do adolescente.

Ainda de acordo com La Taille, Oliveira e Dantas (2019), "o estudo do desenvolvimento do juízo moral é uma forma de avaliar a articulação entre afetividade e inteligência".

Já mencionamos que, conforme a criança cresce, seu círculo de convívio de estende para muito além do ambiente familiar.

Assim, na adolescência o ambiente escolar é talvez o lugar de maior convívio dos indivíduos, e é preciso observar com muita atenção essa particularidade. Para Vygotsky (1995, citado por Balduino; Teixeira, 2019), "a aprendizagem, na verdade, se amplia à medida em que as redes de interações e vínculos também se ampliam, englobando aspectos não somente cognitivos, mas, também, afetivos".

Os estudos de Selman sobre as relações de amizade apontam mais um estágio:

Estágio 4: Interdependência autônoma (começando aos 12 anos). Neste estágio interdependente, as crianças respeitam as necessidades dos amigos tanto por dependência quanto por autonomia ("Uma boa amizade é um compromisso real, um risco que você tem que assumir; você tem que apoiar, confiar e dar, mas tem de ser capaz de deixar o caminho livre, também"). (Rodrigues, 2013)

A adolescência é um período em que as emoções, as vulnerabilidades, os afetos, os sentimentos e as sensibilidades se revelam intensamente. Uma etapa em que vivenciar a sexualidade se transforma em um "turbilhão de emoções".

O afeto, na adolescência, é demonstrado por intermédio dos comportamentos, das formas de se comunicar e de interagir. São as maneiras como o afeto é vivenciado que moldam o ser humano e podem conduzi-lo a uma vida adulta equilibrada.

O "turbilhão de emoções" tem uma interferência poderosa da descoberta e da manifestação dos sentimentos relacionados à sexualidade, a qual contribui positivamente para o desenvolvimento pessoal e proporciona, por meio da sua expressão, um bem-estar pessoal e relacional, sendo que não está somente presente com vista à reprodução.

Referimo-nos a um processo dinâmico de passagem da infância para a idade adulta determinado por várias mudanças, com destaque para as transformações do corpo, as novas sensações ao vivenciar os primeiros relacionamentos amorosos e as novas sociabilidades.

A identidade de sexo e de gênero se consolida na adolescência. Isso possibilita ao ser humano elaborar sua relação com o fenômeno da diferença, que tem na sexualidade uma das suas expressões mais fortes.

A compreensão do fenômeno da sexualidade na adolescência, partindo das relações de gênero, oportuniza situar esses jovens no contexto social, indo muito além das questões biológicas.

Ao mencionarmos as questões relacionadas à sexualidade na adolescência, nossa intenção é que se possa, também, relacioná-las com as questões da afetividade, pois sabemos o quanto esses conceitos estão associados entre si.

De acordo com Erikson, essa fase corresponde ao quinto estágio (identidade × confusão de identidade – puberdade e adolescência), no qual o adolescente necessita entender seu papel no mundo. É a fase da aquisição da identidade psicossocial e o momento em que o indivíduo se percebe singular.

> Nos estudos de Erikson, esta é a fase onde ele desenvolveu mais trabalhos, tendo dedicado um livro inteiro à questão da chamada **crise de identidade**. Em seus estudos, Erikson ressalta que o adolescente precisa de segurança frente a todas as transformações – físicas e psicológicas – do período. Essa segurança ele encontra na forma de sua identidade, que

foi construída por seu ego em todos os estágios anteriores. (Rabello; Passos, 2007, p. 9)

Surgem também questões de identidade como: "**sou diferente dos meus pais? O que sou? O que quero ser?**" (Rabello; Passos, 2007, p. 9, grifo do original). Encontrar essas respostas dão ao adolescente a sensação de que se encaixou no mundo, encontrando seu papel na sociedade. Nesse momento, surgem as questões vocacionais, os planos para o futuro, os grupos que frequenta, a escolha do par, entre outras questões identitárias (Rabello; Passos, 2007).

Aparece também o envolvimento ideológico que está relacionado aos grupos na adolescência, pois, segundo Erikson (citado por Rabello; Passos, 2007), todo o ser humano necessita da aprovação e apoio de suas ideias e identidade por determinado grupo.

Há também o risco de uma identificação muito forte com um grupo específico, o que pode gerar o fanatismo, assim, o adolescente não defende mais suas ideias com seus próprios argumentos, mas defende sem restrições e cegamente algo que tomou posse de suas ideias (Rabello; Passos, 2007).

Nessa fase, há uma retomada e uma redefinição dos elementos de identidade já incorporados, manifesta-se a "crise da adolescência" pela preocupação em encontrar um papel social e em relação à opinião alheia. Isso faz o adolescente remodelar seus comportamentos e suas atitudes com frequência, da mesma forma e velocidade em que acontecem as transformações físicas.

Nesta confusão de identidade, o adolescente pode se sentir vazio, isolado, ansioso, sentindo-se também, muitas vezes, incapaz de se encaixar no mundo adulto, o que pode muitas vezes levar a uma regressão. Também pode acontecer de o jovem projetar suas tendências em outras pessoas, por ele mesmo não suportar sua identidade. (Rabello; Passos, 2007, p. 9-10)

Essa confusão pode ser, de acordo com Erikson, o gatilho para um adolescente sofrer preconceito ou discriminação (Rabello; Passos, 2007).

Existem fatores que contribuem para a confusão de identidade, como: falta de apoio no crescimento; perda de laços familiares; expectativas da família diferentes do grupo frequentado; dificuldades em entender as mudanças; ausência de laços sociais externos; um processo de separação emocional malsucedido entre a criança e algumas figuras de ligação.

Mas há também a possibilidade de um "final feliz" em meio à crise. Se as resoluções para as crises anteriores tiverem sido positivas, mais chances o adolescente terá para alcançar, nessa fase, a estabilidade da sua identidade. Quando a identidade estiver afirmada, ele conseguirá ser estável com os outros, conquistar para si mesmo lealdade, fidelidade e domínio de seus propósitos e, assim, adquirir o senso de identidade permanente.

O questionamento-chave é nesse estágio é: Quem sou eu? Já a virtude social desenvolvida é a fidelidade, a lealdade, enquanto o aspecto positivo é a socialização e o negativo, o fanatismo.

4.5 A afetividade na idade adulta

As fronteiras entre a adolescência e a idade adulta, definidas pelas idades cronológicas, assim como nas outras fases do desenvolvimento humano, devem servir apenas como um indicador para os estudos, pois é impossível estabelecê-las com precisão, já que as pessoas são diferentes e seu desenvolvimento está associado a uma série de fatores – biológicos, ambientais ou emocionais. É exatamente por isso que somos chamados de *indivíduos*.

Dessa forma, podemos dizer que a fase adulta se inicia por volta dos vinte anos de idade, período em que as mudanças da adolescência já se encontram estabilizadas e, diz-se, a responsabilidade aumenta. Na maioria das vezes, o sujeito já trabalha e está independente financeiramente, seja completamente, seja parcialmente. Geralmente, nessa fase, as pessoas costumam ter filhos.

Ao buscarmos referenciais teóricos sobre a "afetividade na idade adulta", encontramos sempre esse tópico como consequência das fases anteriores.

Wallon (citado por Salla, 2011b) diz que a afetividade se expressa de três maneiras: pela emoção, pelo sentimento e pela paixão. Segundo a autora, tais manifestações estão presentes em toda a vida do indivíduo, ao passo que o desenvolvimento do pensamento evolui, indo do sincrético para o diferencial.

Assim, de acordo com Wallon (citado por Salla, 2011b), a **emoção** é a primeira manifestação da afetividade. "Ela tem uma ativação orgânica, ou seja, não é controlada pela razão. Quando alguém é assaltado e fica com medo, por exemplo, pode sair correndo mesmo sabendo que não é a melhor forma de reagir" (Salla, 2011b, p. 2).

Sobre o **sentimento**: Salla (2011b), em sua análise sobre Wallon, afirma que o sentimento tem um caráter mais cognitivo. Por meio dele, são representadas as sensações, e ele se manifesta quando o sujeito já consegue falar sobre aquilo que o afeta. Exemplo: comentar sobre um momento de tristeza ou alegria.

Por fim, sobre a **paixão**, que se caracteriza pelo autocontrole em função de um objetivo, Wallon (citado por Salla, 2011b, p. 2) diz que "ela se manifesta quando o indivíduo domina o medo, por exemplo, para sair de uma situação de perigo".

A forma mais "visível" dessas manifestações é a emoção. Segundo Wallon (citado por Salla, 2011b), é a forma mais expressiva da afetividade, pois é observando as reações emotivas que conseguimos interagir mais efetivamente com nossos interlocutores. O adulto, para o autor, nos diversos papéis que desempenha na sociedade, pode utilizar a habilidade de analisar as emoções para entender o outro, solucionar conflitos e traçar estratégias de comunicação. "Não é possível falar em afetividade sem falar em emoção, porém os dois termos não são sinônimos" (Salla, 2011b, p. 2).

> Os termos afeto e emoção na literatura são tratados como sinônimos. Porém, na maioria das vezes, o termo emoção encontra-se relacionado ao componente biológico do comportamento humano (agitação, reação de ordem física) e a afetividade é utilizada com significação mais ampla, referindo-se as vivências dos indivíduos e às formas de expressão mais complexas. [...] Os fenômenos afetivos estão ligados com a qualidade das interações entre os sujeitos, enquanto experiências vivenciadas, estas que vão conferir aos objetos culturais um sentido afetivo. (Bueno et al., 2021)

É sabido que a afetividade determina a maneira como os indivíduos visualizam o mundo e o modo como se manifestam dentro dele. As experiências vividas desde o nascimento vão sendo armazenadas, modificadas e ressignificadas no íntimo de cada um – recordações e vivências que compõem a história pessoal do ser humano. O que se observa é que tanto a presença como a ausência do afeto definem as formas de desenvolvimento da pessoa. Aspectos como autoestima, segurança, determinação, autocontrole emocional etc. são resultantes das experiências afetivas.

4.5.1 Erikson

Para Erikson, no sexto estágio (**intimidade × isolamento**) se estabelecem as relações íntimas, amorosas e de amizade (aproximadamente entre 20 e 40 anos – adulto jovem). Tratam-se de relações duradouras com as outras pessoas.

De acordo com Erikson (citado por Rabello; Passos, 2011), quando o indivíduo fortalece sua identidade definitiva, ele está apto para unir sua identidade à identidade de outra pessoa – essa é a principal característica dessa fase. É o momento da associação com a intimidade, a colaboração e a parceria. Um ego se associa ao outro e, para que isso seja positivo, é necessário que o indivíduo tenha construído nas etapas anteriores um ego que tenha autonomia e força o suficiente para desenvolver o convívio com o outro, sem se sentir ameaçado ou anulado. Quando isso não acontece, ou seja, o ego não é suficientemente seguro, a pessoa irá preferir o isolamento à união, pois terá medo de compromissos, numa atitude de "Quando isso não acontece, ou seja, o ego não é suficientemente seguro, a pessoa irá preferir o isolamento à união, pois terá medo de compromissos, numa atitude de 'preservar' seu ego frágil" (Rabello; Passos, 2011, p. 10).

Se o isolamento acontecer por um período reduzido, não será um momento negativo, já que todos precisamos de um período de isolamento para amadurecer um pouco mais o ego ou para ter certeza de que a busca por uma associação é uma boa escolha. No entanto, se a pessoa se afasta por um longo período de tempo de qualquer natureza de compromisso, pode-se detectar aí um desfecho negativo para sua crise. Corre-se o risco, segundo Erikson, do

> elitismo, ou seja, quando há formação de grupos exclusivos que são uma forma de narcisismo comunal. Um ego estável é minimamente flexível e consegue se relacionar com um conjunto variável de personalidades diferentes. Quando se forma um grupo fechado, onde se limita muito o tipo de ego com o qual se relaciona, poderemos falar em elitismo. (Rabello; Passos, 2007, p. 10)

O questionamento-chave desse estágio é: Deverei partilhar a minha vida ou viverei sozinho? A virtude social desenvolvida é o amor e o aspecto negativo é o isolamento (não conseguir estabelecer vínculos de compromisso nem trocar afetos com intimidade).

Um sétimo estágio que está presente nesta fase é o da **generatividade × estagnação**, que vai dos 35 aos 60 anos (adulto).

Esse período, conforme Rabello e Passos (2007), caracteriza-se pela necessidade de passar orientações para a próxima geração, investir no grupo social onde está inserido. É o momento de afirmação pessoal no mundo do trabalho e no ambiente familiar. A pessoa manifesta preocupação com tudo o que pode ser gerado: filhos, ideias e até produtos. Ela cuida e se dedica a tudo que criou, concebeu, o que podemos constatar no cuidado com os filhos, demonstrando preocupação com a transmissão dos valores sociais e morais que são transmitidos de geração para geração (Rabello; Passos, 2007).

Esta é a fase em que o ser humano sente que sua personalidade foi enriquecida – e não modificada – com tais ensinamentos. Isso acontece porque existe uma necessidade inerente ao homem de transmitir, de ensinar. É uma forma de fazer-se sobreviver, de fazer valer todo o esforço de sua vida, de saber que tem um pouco de si nos outros. Isso impede a absorção do ser em si mesmo e também a transmissão de uma cultura. (Rabello; Passos, 2007, p. 11)

Erikson e Erikson (1998) relatam que, se essa transmissão não acontece, o indivíduo percebe que o que fez e/ou construiu não valeu a pena, não teve motivo, pois não há um legado, seja um filho, seja uma sociedade ou uma empresa, seja estudo ou pesquisa. Nesse período, a pessoa se preocupa com a tradição, e é comum manifestar que julga ter autoridade sobre os mais jovens por causa da idade. Surge, então, o autoritarismo naqueles que julgam que podem utilizar sua autoridade indiscriminadamente (Rabello; Passos, 2007).

É possível observar que essa fase se amplia cada vez mais. Enquanto, anos atrás, a forma de vivê-la era casando e tendo filhos (para a mulher, principalmente), atualmente, em virtude do aumento nas possibilidades de escolhas, as maneiras de expressar a generatividade igualmente se ampliaram, e as principais aquisições dessa fase – que são dar e receber, criar e manter – são vivenciadas em vários planos relacionais, e não apenas na família. Os indivíduos nessa etapa da vida encontram diversas maneiras para não cair em um marasmo de lamentações que traduzem o que conhecemos como **estagnação**

(Rabello; Passos, 2007),o que pode levar a pessoa a não estabelecer compromissos sociais, não desenvolver relações exteriores, preocupar-se exclusiva e excessivamente com o seu bem-estar, acumular e apegar-se a bens materiais, tornando-se um ser egoísta. Nessa etapa, a virtude desenvolvida é o cuidado com o outro e o aspecto negativo é a estagnação.

4.6 A afetividade na vida dos idosos

Historicamente, o envelhecimento tem sido considerado sob duas perspectivas, que se contrapõem na maneira de conceber essa etapa da vida. Uma delas é a visão de que se trata da fase final da vida, de declínio, que culmina com a morte. A outra é a visão de uma etapa na qual se exalta a sabedoria da maturidade, da experiência e da serenidade.

A concepção de envelhecer como uma fase de perdas parece ser senso comum na população, mas não só nesta; muitos estudiosos do tema também têm manifestado essas convicções.

> Garcia Pinto (1987) refere-se a este processo como uma etapa de perdas dos antigos referenciais de vida, implicando no abandono de elementos da realidade e de si mesmo, gerando uma consequente crise de identidade. Essa concepção do envelhecer como uma etapa de crise aparece também em Adrados (1987) quando a caracteriza como: "**uma fase de vida em que vê diminuídas as suas possibilidades e precisa enfrentar inúmeras crises que inevitavelmente surgem nessa etapa final da vida**". (Oliveira; Pasian; Jacquemin, 2001, grifo do original)

Em contrapartida, para Oliveira, Pasian e Jacquemin (2001), outros tantos pesquisadores afirmam que envelhecer de forma positiva fortalece a identidade do indivíduo sem que haja uma degeneração psíquica tão intensa, como muitos apregoam.

Cada vez mais percebe-se a velhice como uma etapa onde há um processo de adaptação da vida. Mesmo envolvendo algumas perdas, é uma fase de reelaboração de conceitos e de adequação às mudanças que devem reafirmar a identidade. Psicologicamente, esse processo é muito semelhante ao que acontece na adolescência (Oliveira; Pasian; Jacquemin, 2001).

Oliveira, Pasian e Jacquemin (2001) citam Bosi (1983), que, ao analisar essa comparação, diz que velhice e adolescência se diferenciam pelo sentimento do indivíduo, pois, enquanto o adolescente vivencia essa transição como uma etapa cheia de expectativas, geralmente bastante elevadas, o idoso, muitas vezes, encontra-se sem perspectivas e limitado em função da falta de perspectivas. Para Bosi (citada por Oliveira; Pasian; Jacquemin, 2001),

> a sociedade é que seria a responsável por essa diferenciação existente entre as crises, na medida em que impõe a desvalorização diante do envelhecimento, sofrendo ela própria perdas neste processo. Em suas palavras: *"Então, a velhice desgostada, ao retrair suas mãos cheias de dons, torna-se uma ferida no grupo".*

Conforme Cabral (2021), a ausência ou a carência de afetividade pode gerar transtornos, dificuldades de aprendizagem e no relacionamento interpessoal, que podem manifestar-se em todas as idades, inclusive na idade adulta, os mais conhecidos e evidentes são: a depressão, fobias, ansiedade e somatizações de toda a natureza. Esse "adoecimento" causa apatia, ou até psicopatias, tornando os indivíduos frios ou ausentes de emoções. Podem também apresentar *incontinência emocional*, uma alteração da afetividade na qual o sujeito não consegue dominar-se emocionalmente. Assim, para Cabral (2021), a afetividade é uma sensação de extrema importância para a saúde mental de todos os seres humanos por influenciar o desenvolvimento geral, o comportamento e o desenvolvimento cognitivo".

Erik Erikson (1998) classifica essa etapa da vida como sendo o oitavo estágio (**integridade × desespero**), que ocorre a partir dos 60 anos de idade (maturidade), período em que há uma integração e compreensão das experiências vivenciadas ao longo da vida.

É o tempo de reflexão do homem, de rever a vida: o que fez, o que deixou de fazer e, ainda, planejar o que ainda é possível ser feito. É momento também de avaliar as realizações e seus principais significados.

Para Rabello e Passos (2007), esse momento de retrospectiva pode ser vivenciado de duas maneiras: o indivíduo pode nutrir um sentimento de perda constante – de que não possui mais poderes físicos, que seu tempo acabou e que só resta esperar o fim, pois nada mais pode realizar pela sociedade, pela família etc. Essas são as pessoas que se entregam à nostalgia e à tristeza pela velhice. No entanto, há também o perigo de a pessoa se julgar a mais sábia e tornar suas opiniões uma imposição, em nome de sua idade e experiência. Essa é uma perspectiva negativa e de desespero. Há, porém, a perspectiva positiva, em que o indivíduo tem a sensação do dever cumprido e vivencia o sentimento de dignidade e integridade, compartilhando suas experiências e sua sabedoria, consciente de que ainda pode contribuir com a sociedade (Rabello; Passos, 2007).

A integridade se dá pelo balanço positivo do caminho percorrido na vida, mesmo que nem todos os desejos e projetos tenham sido concretizados. É essa positividade que prepara a pessoa para aceitar a idade e suas consequências.

O questionamento dessa etapa é: Valeu a pena ter vivido? Já a virtude social desenvolvida é a sabedoria.

Vale ressaltar que Erikson começou a desenvolver sua teoria sobre essa etapa por volta de 1998, e ela permanece atual. Porém, talvez essa última etapa possa ser analisada sob outro aspecto, já que cada vez mais os casos de idosos produtivos são divulgados. A afetividade nessa etapa da vida assume o caráter fundamental do compartilhamento das emoções, que é um elemento fundamental na qualidade de vida.

Com base nessas constatações, é possível entender que a afetividade na vida adulta está condicionada ao desenvolvimento afetivo do indivíduo desde o nascimento, motivo pelo qual tantos teóricos se debruçam nesses estudos, procurando o caminho para um ser humano pleno em todas as suas potencialidades.

Síntese

Ao final de nossos estudos, chegamos às seguintes conclusões:

- Diversos teóricos analisaram o desenvolvimento da afetividade do bebê. Esse período é marcado pelo apego incondicional ao cuidador e as emoções da criança são demonstradas pela satisfação de suas necessidades básicas.

- Dos 6 aos 12 meses, o bebê começa a se tornar um ser social.
- John Bowlby desenvolveu a teoria do apego, que explica o desenvolvimento da afetividade nas crianças.
- Erik Erikson criou a teoria do desenvolvimento psicossocial, que está intimamente ligada ao desenvolvimento afetivo do ser humano. Ele apresenta 8 estágios de desenvolvimento psicossocial, que vão desde o nascimento até a maturidade.
- Freud também dedicou parte de seus estudos ao desenvolvimento da afetividade. Ele a explicou sob a ótica da teoria psicossexual. Para ele, os afetos estão ligados aos impulsos.
- A criança pequena (2 a 6 anos) começa, nessa fase, a desenvolver a linguagem e consegue verbalizar emoções e sentimentos. É uma fase animista, como se os objetos tivessem sentimentos. Começam aqui as manifestações de autonomia.
- No período de 6 a 11 anos, a criança inicia oficialmente a fase escolar. É a fase das operações concretas. Há uma valorização e conservação dos sentimentos. A criança desvia seu foco para o mundo exterior e percebe-se competente para executar determinadas atividades.
- A adolescência é uma fase de transição, tanto física como emocional, em que o indivíduo desenvolve o pensamento abstrato e volta-se para os comportamentos sociais culturalmente adequados no grupo em que está inserido. Para Piaget, é o ápice do desenvolvimento cognitivo. Essa fase é marcada pela construção da identidade.
- A fase adulta é marcada pelas definições profissionais, construção da família, dos afetos duradouros, das relações

íntimas e amorosas. Wallon diz que, nessa fase, a afetividade se manifesta em três níveis: emoção, sentimento e paixão.
- A afetividade na vida dos idosos é elemento primordial. A cultura ocidental apresenta vários conflitos sobre o envelhecimento. É a fase da avaliação, do reconhecimento e da sabedoria.

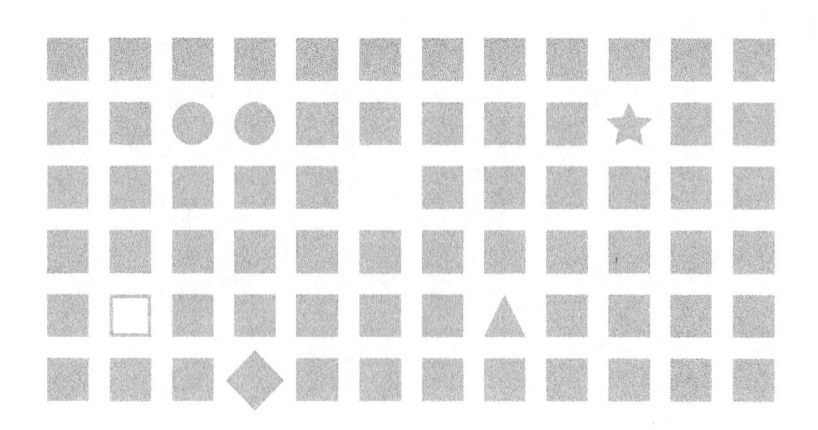

Capítulo 5
O desenvolvimento socioemocional da criança com deficiência

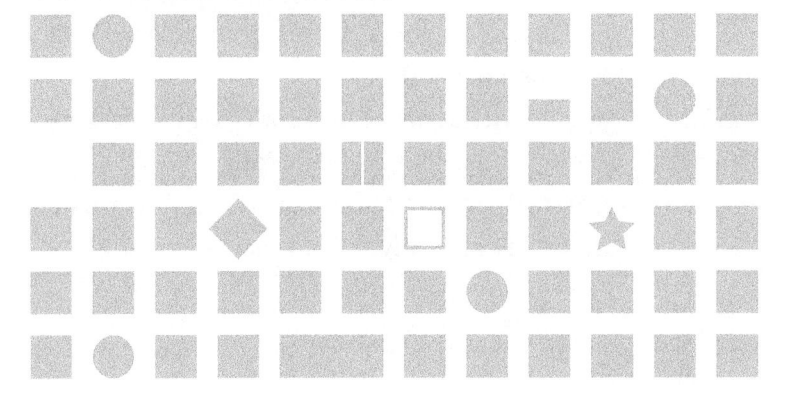

Conteúdos do capítulo:

- Desenvolvimento socioemocional e inclusão.
- Desenvolvimento socioemocional e características da criança com transtornos, síndromes e deficiências.
- Desenvolvimento socioemocional e características da criança com surdez.
- Desenvolvimento socioemocional da criança com deficiência auditiva.
- Desenvolvimento socioemocional da criança com deficiência visual.
- Desenvolvimento socioemocional da criança com deficiência intelectual.
- Desenvolvimento socioemocional da criança com deficiência motora/física.

Após o estudo deste capítulo, você será capaz de:

1. reconhecer a importância de desenvolver competências socioemocionais para incluir pessoas com deficiência;
2. relacionar as características da criança em casos de síndromes, transtornos e deficiências e seus processos de desenvolvimento socioemocional;
3. indicar as características da criança com surdez e seus processos de desenvolvimento socioemocional;
4. elencar as características da criança com deficiência visual e seus processos de desenvolvimento socioemocional;

5. estabelecer as características da criança com deficiência intelectual e seus processos de desenvolvimento socioemocional;
6. indicar as características da criança com deficiência motora/física e seus processos de desenvolvimento socioemocional;
7. identificar o papel da escola, da família, dos colegas e demais envolvidos para o desenvolvimento socioemocional da criança com deficiência.

O Fórum Econômico Mundial, realizado no ano de 2016, definiu dez habilidades que os profissionais, independentemente de sua área de atuação, precisam apresentar. São atributos relacionados aos fatores socioemocionais que favorecem as inter-relações, a forma de conduzir e gerenciar conflitos dentro do ambiente de trabalho.

Daquele ano em diante, muito se falou, estudou e pesquisou a respeito dessas competências socioemocionais, que passaram a ser valorizadas em todo e qualquer ambiente, não só no profissional.

Em virtude disso, a educação buscou alinhamentos que direcionassem planejamentos, conteúdos e estratégias de ensino para que tais habilidades sejam desenvolvidas nos educandos.

No entanto, como desenvolver essas habilidades em crianças que apresentam necessidades educacionais especiais?

É o que estudaremos neste capítulo: a jornada desafiadora para desenvolver competências socioemocionais em pessoas com algum tipo de deficiência ou transtorno e que necessitam de atenção especial na sua educação.

5.1 A importância do desenvolvimento socioemocional para a construção de uma sociedade inclusiva

Falar em desenvolvimento socioemocional implica conhecer e aplicar duas expressões que merecem nossa atenção: *competências socioemocionais* e *habilidades socioemocionais*. Vale ressaltar a diferença entre ambas, salientando que são conceitos interdependentes.

Assim, **competência** é o conjunto de habilidades e conhecimentos que podem ser adquiridos, desenvolvidos por meio de treinamentos e experiências e que permitem a uma pessoa executar determinadas tarefas. Já **habilidades** são qualidades, capacidades que a pessoa tem para realizar alguma atividade. Enfim, a competência reúne diversas habilidades.

Foi a psicologia que primeiro utilizou o conceito de **habilidades socioemocionais (HSE)** dentro do âmbito da formação profissional, tendo como objetivo proporcionar aos trabalhadores uma *performance* mais eficiente em suas tarefas. Posteriormente, foi inserido no aspecto educacional, havendo nesse campo uma grande aderência em virtude das concepções de formação dos estudantes como seres integrais, que devem estar preparados para todos os momentos da vida, sejam eles ligados a fatores cognitivos (conhecimento), sejam referentes aos fatores socioemocionais (atitudes, valores, sentimentos).

Não existe um conceito preciso e fechado para HSE, entretanto, diante das pesquisas realizadas com habilidades sociais e inteligência emocional, e considerando a emoções como indispensáveis para tomar decisões, podemos afirmar que HSE são "uma capacidade reflexiva de lidar com as emoções e potencializar características ímpares do seu eu nas relações com o outro" (Paranhos et al., 2016, citados por Andrade, 2018, p. 30).

Para Abed (2014), desenvolver as habilidades socioemocionais é essencial para possibilitar o processo de ensino–aprendizagem, propiciar o sucesso escolar e aperfeiçoar o progresso social dos indivíduos e do país. Para tanto, a autora faz alguns questionamentos muito relevantes:

Quais são as competências socioemocionais que devem ser alvo dos processos educacionais nas escolas? Como mensurar o impacto de ações pedagógicas voltadas para o seu desenvolvimento? Como avaliar as relações entre o desenvolvimento socioemocional, a aprendizagem e a formação das pessoas em sua integralidade? Quais são os desafios envolvidos na promoção das habilidades socioemocionais no espaço escolar? (Abed, 2014, p. 105)

Abed (2014) mencionou orientações feitas por especialistas que indicavam a necessidade de desenvolver institucionalmente as competências socioemocionais tornando-as políticas públicas. Atualmente, temos isso assegurado no documento oficial, a Base Nacional Comum Curricular (BNCC).

Constatou-se a importância de consolidar um conjunto de habilidades nos estudantes que lhes conduzam a uma convivência harmônica na sociedade – sociedade essa marcada pelas velozes mudanças, pelos desafios socioeconômicos, pelos desafios ambientais e, mais recentemente, pelos desafios de saúde, em virtude da pandemia da Covid-19 que assolou o mundo. É preciso estimular a motivação, a perseverança, a capacidade de trabalhar em equipe e evidenciar resiliência diante das dificuldades.

Figura 5.1 – Conjunto de habilidades harmônicas

Diversos estudos apontam que experiências emocionais negativas na infância (família e escola) podem desencadear muitos problemas na adolescência e na idade adulta, porém o contrário também é verdadeiro. Experiências positivas, estimulantes e criativas podem formar jovens e adultos com competências socioemocionais que podem conduzi-los ao sucesso escolar e profissional.

> Além de investir no desenvolvimento das habilidades emocionais e sociais das crianças e jovens, a escola pode transformar-se em um espaço privilegiado para estimular o desenvolvimento socioemocional dos familiares dos alunos, ampliando para a comunidade o seu âmbito de influências. (Abed, 2014, p. 112)

As escolas podem realizar meios de capacitação para aprimorar as práticas dos pais, em especial, famílias em situação de risco e também no caso específico de nosso estudo – as famílias das pessoas com deficiência.

As habilidades socioemocionais são ferramentas, instrumentos fundamentais para tornar uma pessoa autônoma e protagonista de sua própria história.

Durante nossos estudos, temos constantemente falado sobre educação inclusiva e percebemos que, normalmente, essa referência remete à política pública, que é uma responsabilidade do governo, das instituições de ensino e das nações para ofertar "formação e qualificação das crianças e jovens com deficiência, de modo que proporcione a construção de conhecimentos e valores no decorrer do processo de ensino-aprendizagem, respeitando os diversos tipos de diferenças" (Glat, 2007, citada por Andrade, 2018, p. 20).

Marques (2001), citado por Andrade (2018), afirma que, para a concretização da inclusão, é preciso um esforço intenso das escolas e universidades, realizando uma verdadeira transformação nas dinâmicas educacionais de forma global e irrestrita. Para Marques (2001, citado por Andrade, 2018, p. 20), isso "favorece a construção de uma sociedade mais ética e igualitária, ao considerar as diversidades existentes, não mais como um obstáculo a ser superado, mas sim como um fator essencial para o estabelecimento de relações interpessoais". Assim, as diferenças deixam de ser obstáculos e se tornam caminhos para essa construção social mais justa. Buscando reafirmar esse sentido, Glat (1998, p. 16) aponta que a inclusão se trata de "um processo espontâneo e subjetivo que envolve direta e pessoalmente o relacionamento entre seres humanos".

Exercício resolvido

Leia o fragmento a seguir:

> Em momentos desafiadores que enfrentamos durante a nossa vida, seja em eventos inusitados ou situações mais comuns às nossas rotinas, sempre buscamos encontrar saídas e alternativas para superar qualquer dificuldade. [...]
>
> Para isso, é cada vez mais necessário criar oportunidades estruturadas para que educadores e estudantes possam se desenvolver intencionalmente em todas as suas dimensões, incluindo a dimensão socioemocional. Afinal, o autoconhecimento e as habilidades para lidar com os próprios sentimentos e emoções são tão essenciais quanto o conhecimento e o domínio de conteúdo técnico.
> (Instituto..., 2020, p. 3)

Diante desse contexto, é correto afirmar que competências socioemocionais são:

a) capacidades individuais, que podem ser adquiridas, treinadas e desenvolvidas, manifestando-se por meio de atitudes, comportamentos, sentimentos e pensamentos nas diversas maneiras de relacionamento consigo e com os outros.
b) são capacidades coletivas que definem o comportamento de um grupo social, manifestando-se nas relações sociais, nos conflitos e em momentos de trabalho em equipe.
c) são capacidades inatas, ou seja, o indivíduo já nasce com elas, e se manifestam nas formas de sentir e pensar e nos comportamentos em que o indivíduo precisa se relacionar com a sociedade em geral.

d) capacidades individuais que se manifestam nos grupos sociais e servem para resolver problemas técnicos e relacionados à aquisição de conhecimento teórico.
Gabarito: a.
Feedback do exercício em geral: As competências socioemocionais são capacidades necessárias para a resolução de problemas diversos, manifestam-se no pensamento e nas ações e servem para estabelecer relações consigo mesmo e com os outros; são capacidades individuais; o indivíduo não nasce com as competências socioemocionais, ele as desenvolve de diversas formas; são capacidades que servem para o posicionamento diante da vida, referem-se aos comportamentos emocionais e podem auxiliar nas competências técnicas, não para solucionar problemas cognitivos (Instituto..., 2020).

Comprovadamente, as relações interpessoais e o aprendizado de um indivíduo se iniciam no lar. É preciso, portanto, considerar a necessidade de transformação na educação familiar e na educação escolar, estabelecendo novas configurações, respondendo com eficácia às necessidades dos estudantes nos diferentes graus e modalidades de ensino. Dessa forma, deve-se dedicar uma atenção especial à compreensão do mundo, às políticas públicas e aos relacionamentos entre os sujeitos. Isso reconhece o ato de educar como um trabalho complexo que exige empenho de toda a sociedade (Andrade, 2018).

Para concretizar essas ações, é fundamental compreender e observar as habilidades socioemocionais (HSE) que os estudantes evidenciam. Nesse sentido, para Andrade (2018), esse tema não pode ficar indiferente a nenhum dos atores do processo educacional, pesquisadores, professores, gestores, pais e alunos.

HSE, quando conduzidas adequadamente, capacitam os discentes para torná-los autônomos e protagonistas de sua própria aprendizagem. Estas habilidades os preparam para buscar o que necessitam e desejam, resolver situações cotidianas, discernir nas tomadas de decisões, estabelecer metas, entre outras posturas que colaboram para o seu crescimento pessoal, assim como da sua comunidade. (Andrade, 2018, p. 21)

Andrade (2018) afirma que, por meio de uma perspectiva inclusiva, é possível promover inovações inclusivas. Santana (2017, citado por Andrade, 2018, p. 21) considera inovação inclusiva no contexto educacional "como um produto ou processo desenvolvido por um discente, a partir de suas singularidades, visando ampliação de suas possibilidades de desenvolvimento em um contexto educacional".

A aprendizagem e o crescimento pessoal dos indivíduos estão intimamente ligados à família e à escola, que podem atuar tanto como impulsionadoras quanto como inibidoras do desenvolvimento dos seres humanos de forma generalizada e abrangem os enfoques social, físico e emocional.

Uma pesquisa sobre habilidades sociais no Brasil, relata que

os pais conseguem identificar com facilidade um comportamento que perturba e quebra as regras, se comparado aos comportamentos desejáveis, assim reprimindo-os e punindo-os. Essa postura geralmente produz resultados pouco efetivos e paliativos, que podem gerar sentimentos negativos, como raiva, abatimento e revolta. Segundo ela, o entendimento das habilidades sociais, faz-se importante para a busca do equilíbrio entre "[...] os objetivos afetivos imediatos e os objetivos à médio e longo prazo, de promover o desenvolvimento integral dos filhos e prepará-los para a vida". (Del Prette, 2001, citada por Andrade, 2018, p. 21)

Observe-se que a vida familiar está estruturada em diversas modalidades de relações – marido/mulher, pais/filhos, irmãos e outros parentes –, o que acarreta uma imensa diversidade de relações interpessoais. A forma como as habilidades são desempenhadas, ao lidar com conflitos, frustrações e conquistas, no ambiente familiar será referência para os indivíduos em sua vida em sociedade. Se os conflitos forem gerenciados de maneira saudável, é bem provável que as pessoas consigam transpor essa experiência para outros ambientes. Da mesma forma, escalonando, as experiências são vivenciadas na escola, nos grupos sociais, no trabalho etc. São essas formas de resolução dos problemas e abordagens que evidenciarão a competência social dos indivíduos.

Para o desenvolvimento socioemocional, as principais competências a serem trabalhadas são: autoconsciência, autogerenciamento, consciência social, habilidades de relacionamento e tomada de decisão responsável.

Kellner (2018) define essas competências da seguinte forma:

- Autoconsciência: Identificar emoções, ter percepção afiada, reconhecer pontos fortes, desenvolver autoconfiança e autoeficácia;
- Consciência social: Saber olhar as coisas em perspectiva, desenvolver empatia, apreciar diversidade e respeitar os outros;
- Autogerenciamento: Aprender a controlar impulsos, saber lidar com estresse, ter disciplina, automotivação, buscar objetivos, construir habilidades organizacionais;

- Habilidades de relacionamento: Comunicação, engajamento social, construir relações e saber trabalhar em grupo;
- Tomada de decisão responsável: Identificar problemas, analisar e avaliar situações, solucionar problemas, refletir, ter responsabilidade ética.

Essas competências, discutidas amplamente em todas as sociedades, têm sido popularizadas pela expressão em inglês *soft skills* e constroem um aprendizado com capacidade de orientar o estudante para toda a vida. Ao serem aplicadas nas escolas, tais competências geram impactos positivos nas mais diversas esferas da vida de um estudante.

O que é?

O que são *soft skills*?

Frasão (2020) explica o termo da seguinte maneira:

Soft skills são habilidades comportamentais que nos levam a ter mais produtividade e a criar relacionamentos profissionais mais saudáveis. [...] soft skill é um termo geral para habilidades que se baseiam em três principais elementos funcionais:

- Intrapessoais: habilidades da pessoa;
- Interpessoais: habilidades sociais;
- e atributos pessoais de carreira.

Figura 5.2 – Competências socioemocionais

No processo de aprendizagem, as *soft skills* promovem um ambiente propício para o aprendizado, com melhores resultados; preparam os alunos para situarem-se no mundo, compreenderem as diferenças, desenvolverem a criticidade e tomar decisões com base na ética; e auxiliam na construção de um projeto de vida e de posicionamento para o mundo do trabalho, isto é, no desenvolvimento integral. Ao promoverem a equidade, geram o diálogo com a sociedade civil e suas necessidades, mobilizando famílias e comunidade para a criação de oportunidades que causam impacto nos indicadores sociais. Essas competências, ao transformarem o currículo e a escola, estimulam a cidadania causando uma mudança cultural, desenvolvendo uma cultura de paz e harmonia.

O estímulo às competências socioemocionais é fundamental em qualquer idade e condição, não apenas na infância, pois sempre é tempo para desenvolvê-las.

Para as pessoas com deficiência também sempre há tempo. Embora saibamos que é na infância que determinadas habilidades são consolidadas, também se sabe que o ser humano tem imensas capacidades de aprendizado e adaptação. Dessa maneira, a crença na possibilidade de mudança e aperfeiçoamento das próprias habilidades pelo esforço pessoal é fortalecida sobremaneira.

5.2 O desenvolvimento socioemocional e as síndromes

Antes de tratarmos do assunto específico deste tópico, vamos entender algumas definições relevantes. Existem diferenças bastante claras entre *síndrome, transtorno* e *deficiência*:

- **Deficiência**: Já analisamos este conceito no Capítulo 1. Se achar necessário, retorne e verifique. Resumindo: pessoa com deficiência se refere a indivíduos com um ou mais tipos de deficiência (física, auditiva, visual ou intelectual).

Os termos *síndrome* e *transtorno* se relacionam, já que ambos tratam de perturbações na saúde; no entanto, existem diferenças significativas entre essas perturbações.

- **Síndrome**: Derivada do grego, que quer dizer "reunião", a síndrome é um conjunto de sintomas que definem uma patologia ou condição. Tais sintomas podem apresentar causas diferentes, o que significa que uma síndrome pode ter várias origens, e é possível que em alguns casos nunca se tenha uma certeza absoluta sobre sua causa.

A síndrome de Down, por exemplo, sabe-se que é resultante de um erro genético. Há uma alteração específica em um cromossomo, porém o que causa essa alteração ainda não se sabe ao certo.

- **Transtorno**: É o ato ou efeito de transtornar, desorganizar, bagunçar, desorganizar. Na saúde, significa uma alteração que gera desequilíbrio mental ou psicológico.

Para as áreas que estudam as psicopatologias, como psicologia ou psiquiatria, os transtornos mentais são condições de perturbações mentais que causam diversos comprometimentos na vida das pessoas. Da mesma forma que as síndromes, os transtornos não apresentam causas definidas.

Reconhecer esses problemas é muito importante quando falamos de saúde mental, e as estatísticas apontam que uma grande parcela da população sofre de algum tipo de transtorno ou adoecimento mental. É preciso estar atento para auxiliar essas pessoas a viverem de forma saudável e conquistarem plenitude em suas vidas.

Apresentaremos, a seguir, um panorama dos principais transtornos e suas características.

5.2.1 Transtornos mentais

O Manual Diagnóstico e Estatístico de Transtornos Mentais, em sua quinta edição (DSM 5), elaborado pela Associação Americana de Psiquiatria (American Psychiatric Association), define parâmetros para diagnósticos de transtornos mentais. Teve sua última atualização/revisão em 2013, sendo usado como base para profissionais de saúde no mundo inteiro. Vejamos, no Quadro 5.1, alguns dos principais transtornos elencados no documento.

Quadro 5.1 – Transtornos de acordo com o DSM 5

	Transtornos mentais DSM-5
Transtornos do neurodesenvolvimento	• Deficiências intelectuais • Transtornos da comunicação • Transtorno do Espectro Autista • Transtorno de déficit de atenção/hiperatividade • Transtornos motores
Espectro da esquizofrenia e outros transtornos psicóticos	• Transtorno (da personalidade) esquizotípica • Transtorno delirante • Transtorno psicótico breve • Transtorno esquizofreniforme • Esquizofrenia • Transtorno esquizoafetivo • Transtorno Psicótico Induzido por Substância/Medicamento

(continua)

(Quadro 5.1 – continuação)

Transtornos mentais DSM-5	
Transtorno bipolar e transtornos relacionados	• Transtorno bipolar tipo • Transtorno bipolar e transtorno relacionado devido a outra condição médica
Transtornos depressivos	• Transtorno disruptivo da desregulação do humor • Transtorno depressivo maior • Transtorno depressivo persistente (distimia)
Transtornos de ansiedade	• Transtorno de ansiedade de separação • Fobias • Transtorno de ansiedade generalizada
Transtorno obsessivo-compulsivo e transtornos relacionados	• Transtorno obsessivo-compulsivo • Transtorno dismórfico corporal • Transtorno de acumulação • Tricotilomania (transtorno de arrancar o cabelo) • Transtorno de escoriação (*skin-picking*)
Transtornos relacionados a trauma e a estressores	• Transtorno de apego reativo • Transtorno de interação social desinibida • Transtorno de estresse pós-traumático • Transtorno de estresse agudo • Transtornos de adaptação
Transtornos dissociativos	• Transtorno dissociativo de identidade • Transtorno de ansiedade de doença • Transtorno conversivo (transtorno de sintomas neurológicos funcionais)
Transtornos alimentares	• Transtorno de ruminação • Transtorno alimentar restritivo/evitativo • Anorexia nervosa • Bulimia nervosa • Transtorno de compulsão alimentar

(Quadro 5.1 – continuação)

Transtornos mentais DSM-5	
Transtornos da eliminação	<ul><li>Enurese</li><li>Encoprese</li><li>Outro transtorno da eliminação especificado</li></ul>
Transtornos do sono-vigília	<ul><li>Transtorno de insônia</li><li>Transtorno de hipersonolência</li><li>Narcolepsia</li><li>Transtornos do sono relacionados à respiração</li><li>Parassonias</li></ul>
Disforia de gênero	<ul><li>Disforia de gênero em crianças</li><li>Disforia de gênero em adolescentes e adultos</li></ul>
Transtornos disruptivos, do controle de impulsos e da conduta	<ul><li>Transtorno de oposição desafiante</li><li>Transtorno explosivo intermitente</li><li>Transtorno da personalidade antissocial</li><li>Piromania</li><li>Cleptomania</li><li>Outro transtorno disruptivo, do controle de impulsos ou da conduta especificado</li></ul>
Transtornos neurocognitivos	<ul><li>*Delirium*</li><li>Transtorno neurocognitivo maior ou leve devido à doença de Alzheimer</li><li>Transtorno neurocognitivo maior ou leve devido a lesão cerebral traumática</li><li>Transtorno neurocognitivo maior ou leve devido à doença de Parkinson</li></ul>

(Quadro 5.1 – conclusão)

Transtornos mentais DSM-5	
Transtornos da personalidade	• Paranoide • Esquizoide • Esquizotípica • Antissocial • Bordeline • Histriônica • Narcisista • Evitativa • Dependente • Obsessivo-compulsivo

Fonte: Elaborado com base em American..., 2014.

Depressão maior

Também conhecida como depressão clássica ou unipolar, é uma das principais causas de afastamento do trabalho em todo o mundo. Outro fator de extrema gravidade diz respeito ao alto risco de suicídio por indivíduos portadores desse transtorno em suas formas mais graves. Acomete em larga escala os adolescentes, faixa etária em que há um alto número de suicídios.

Os sintomas podem ser leves ou graves (dores no corpo, dificuldade para se concentrar, pessimismo, impossibilidade de sentir prazer, alterações de humos etc.).

Transtorno afetivo bipolar

Esse transtorno é caracterizado pela mudança brusca de humor por parte do indivíduo, o que pode afetar suas relações com outras pessoas. No entanto, é necessário observar uma série de critérios para diagnosticar uma pessoa como portadora desse transtorno.

Ao contrário do imaginário popular, pessoas com transtorno bipolar podem ficar por bastante tempo em cada fase de humor.

Distimia
Uma das características mais visíveis desse transtorno é o mau-humor persistente, que se estende por muito tempo, sem que haja um motivo específico. Os sintomas relacionados a esse transtorno são desânimo intenso, baixa autoestima, impossibilidade de sentir alegria, entre outros.

Fobia específica
O indivíduo apresenta medo ou repulsa injustificável de algo ou de alguma situação (insetos, mar, sangue, lugares fechados etc.).

Fobia social
É um transtorno relacionado a um medo irracional de executar determinadas ações em público. O indivíduo acometido por essa fobia teme ser julgado pelas pessoas.

Transtorno obsessivo-compulsivo (TOC)
A pessoa que apresenta esse transtorno executa repetidamente determinadas atividades (compulsão por limpeza etc.) ou tem pensamentos inconvenientes de maneira recorrente (obsessão).

Transtorno de ansiedade generalizada (TAG)
Não deve ser confundido com a sensação comum de ansiedade. O indivíduo acometido por esse transtorno apresenta uma preocupação incontrolável a respeito de algo em tempo

integral, o que chega a afetar seu cotidiano. A pessoa pode ter sintomas físicos ou emocionais (dificuldade para dormir, aceleração dos batimentos cardíacos, irritabilidade etc.).

> **Para saber mais**
>
> Uma maneira de conhecer e entender manifestações de transtornos é por meio de filmes. Um exemplo é o filme *Louco por ela*, uma comédia romântica espanhola, que aborda de forma leve o transtorno bipolar.
> LOUCO por ela. Direção: Dani de la Orden. Espanha: Netflix, 2021. 102 min.

Transtorno de personalidade borderline (TBP)

Esse transtorno tem como característica a manifestação de instabilidade nos padrões emocionais no relacionamento do indivíduo com outras pessoas. Há uma dificuldade no diagnóstico, pois todos os pacientes apresentam todos os sintomas, que podem estar relacionados ao comportamento do indivíduo, a suas emoções, a suas relações interpessoais ou a sua autoimagem.

Transtorno explosivo intermitente

O indivíduo acometido por esse transtorno pode apresentar explosões de violência física ou verbal, contra pessoas ou objetos. Esses episódios não são calculados, sendo que a pessoa age assim sem conseguir ter controle sobre seu comportamento. Em geral, a reação do indivíduo é desproporcional ao fato que a causou.

Transtorno do déficit de atenção com hiperatividade (TDAH)
Transtorno com causas genéticas, ambientais e biológicos, que, geralmente, se manifesta na infância.

As características principais do TDAH são desatenção, impulsividade e inquietude motora, conhecida também como *hiperatividade*. Também pode-se encontrar TDAH como **distúrbio do déficit de atenção (DDA)**.

Esse transtorno é mais facilmente detectado na idade escolar, quando a criança precisa frequentar um novo ambiente, que exige interação e raciocínio. As principais características de quem tem TDAH, segundo Brandão (2021), são:

- Dificuldade em prestar atenção a detalhes e tarefas;
- Parece não escutar quando se fala diretamente com ele (a);
- Não segue instruções [e] tem problema em terminar tarefas do dia dia;
- Tem dificuldade para se organizar;
- Perde coisas necessárias para fazer tarefas do dia a dia;
- É facilmente distraído por estímulos externos;
- Tem dificuldade em ficar sentado em lugares como salas de aula ou recepção;
- Corre ou sobe muito nas coisas;
- Tem dificuldades para brincar calmamente;
- Fala muito, explode em respostas antes das questões serem completadas;
- Tem dificuldades em esperar a sua vez e interrompe os outros.

Tipos de TDAH

Existem 3 tipos de TDAH, mas cada um com um padrão de sintomas de desatenção, hiperatividade e **impulsividade** ou uma combinação dessas duas características. Os tipos de TDAH, segundo Brandão (2021), são:
- TDAH tipo desatento.
- TDAH tipo hiperativo/impulsivo.
- TDAH tipo combinado.

Transtorno do espectro autista/autismo

O autismo é considerado um transtorno mental e de comportamento. Porém, alguns autistas podem ter, também, uma deficiência intelectual (inteligência mais baixa que a normal, que varia de leve à profunda) ou outras doenças associadas (epilepsia, alterações físicas etc.) ao quadro.

A última revisão do DSM alterou a definição do transtorno. Anteriormente, havia cinco transtornos do espectro autista, cada um com um diagnóstico diferente: autismo clássico, transtorno de Asperger, transtorno invasivo do desenvolvimento (PDD-NOS), síndrome de Rett e transtorno desintegrativo da infância. Com exceção dessa última definição, que recebeu classificação própria, todos os outros estão incluídos no transtorno do espectro autista (Senai, 2017).

Traçamos aqui um panorama geral sobre os transtornos mais conhecidos. Com certeza você já conviveu com alguém que tivesse algum desses transtornos, e é bem provável que tenha conhecimento de todos. Assim, para desenvolver competências socioemocionais em qualquer indivíduo, precisamos ter conhecimento de suas características emocionais básicas. Também é importante fazer a diferenciação entre o que é *transtorno* e o que é *síndrome*.

5.2.2 Síndromes

As síndromes reúnem um conjunto de sinais, sintomas e quadros clínicos que se manifestam ao mesmo tempo no paciente ou em etapas diferentes e que não necessariamente tem a mesma origem ou a mesma causa.

Na maioria das vezes, as síndromes recebem o nome do médico pesquisador ou, ainda, o nome da primeira pessoa diagnosticada; pode ser, ainda, uma alusão a um contexto histórico, um estado psicológico ou uma localização geográfica. Exemplos: Síndrome de Estocolmo (lugar), Síndrome de Down (Dr. John Langdon Down).

Síndromes genéticas

São causadas por alterações no DNA. As alterações cromossômicas se dão em partes inteiras do cromossomo, modificando a sequência genética deste.

Existem diversas especificações técnicas-médicas e genéticas para as diversas síndromes, porém, não vamos, aqui, discorrer sobre elas. Veremos as síndromes mais recorrentes e frequentes para que possamos entendê-las e verificar procedimentos que auxiliem esses indivíduos a se desenvolverem e atuarem de forma eficiente na sociedade em que se inserem.

No quadro a seguir, apresentamos, de forma resumida, essas síndromes.

Quadro 5.2 – As síndromes e suas características

Síndrome de Down	Causada pela trissomia do cromossomo 21. Descrita em 1866 por John Langdon Down. Incidência: 1 a cada 800 nascidos vivos. Sinais clínicos: braquicefalia, fissuras palpebrais oblíquas para cima, orelhas de implantação baixa, prega palmar única, cardiopatia congênita, clinodactilia, aumento do espaço entre o primeiro e segundo artelhos, deficiência intelectual, atraso no desenvolvimento, hipotonia, baixa estatura.
Síndrome de Angelman	Síndrome gênica causada pela deleção ou inativação de genes presentes no cromossomo 15 de herança materna (quando ocorre esse mesmo fenômeno, mas no cromossomo 15 paterno, gera a síndrome de Prader-Willi). Pacientes com a síndrome são caracterizados por um atraso no desenvolvimento intelectual, dificuldades na fala, distúrbios no sono, sorriso frequente e, em alguns casos, convulsões e movimentos desconexos.
Síndrome de Edwards	Causada pela trissomia do cromossomo 18. Descrita em 1960 por John H. Edwards. Incidência: 1 a cada 5000 nascimentos. Sinais clínicos: deficiência intelectual, atraso no desenvolvimento, anomalia cardíaca congênita, occipital proeminente, micrognatia, orelhas com implantação baixa, dedos sobrepostos, pernas cruzadas, pés tortos congênitos.
Síndrome de Treachers Collins	Doença congênita autossômica dominante caracterizada por deformidades craniofaciais, geralmente afetando orelhas, olhos, maçãs do rosto e mandíbula. Os afetados têm inteligência normal. As características físicas podem ser olhos oblíquos para baixo, micrognatia (uma mandíbula pequena), perda auditiva condutiva, ossos zigomáticos subdesenvolvidos, pálpebras inferiores caídas e orelhas malformadas ou ausentes, mas podem variar muito entre as pessoas afetadas. Essas características físicas podem causar problemas para respirar, sentir e ver.

(continua)

(Quadro 5.2 – conclusão)

Síndrome do X frágil	Causada pela presença de um sítio frágil no cromossomo X. Incidência: 1 em 4000 homens e 1 em 6000 mulheres. Sinais clínicos: macrocefalia, face alongada, orelhas proeminentes, deficiência intelectual moderada a severa, atraso no neurodesenvolvimento, convulsões, comportamento hiperativo, pouco contato visual.
Síndrome de Turner	Causada pela ausência de um cromossomo X. Incidência: 1:2.500 meninas. Sinais clínicos: baixa estatura, cardiopatia, amenorreia, pescoço curto e alado, déficit cognitivo, atraso no crescimento e no desenvolvimento puberal.
Síndrome de Klinefelter	Causada pela presença de um cromossomo sexual adicional. Incidência: 1 a cada 500-1000 meninos nascidos vivos. Sinais clínicos: infertilidade, hipogonadismo hipergonadotrófico, testículos pequenos, ginecomastia (desenvolvimento de mamas), estatura maior que a média, diminuição nos pelos da face e do corpo, alterações variáveis de comportamento.

Fonte: Elaborado com base em Sandri, 2017; Mira, 2019.

Existem muitas outras síndromes que não apresentamos aqui. Nesse sentido, é preciso ressaltar que, sempre que se perceba alguma alteração ou manifestação diferente, é importante investigar os sintomas e procurar ajuda profissional, para que essa "diferença" não afete o desenvolvimento socioemocional, cognitivo e, até mesmo, físico do indivíduo. Negar a existência de uma alteração só contribui para que essa pessoa tenha mais dificuldades em sua vida.

Tanto transtornos quanto síndromes e deficiências devem ser encarados como diferenças que necessitam de atenção, mas, em hipótese alguma, como elementos de exclusão.

Lidar com pessoas com deficiência (PcD), com pessoas diferentes do modelo social considerado "normal", socialmente e historicamente tem se constituído uma relação que se baseia na eliminação e no descaso.

Figura 5.3 – Inclusão e afetividade

Maders/Shutterstock

Conceitos errôneos encontram-se arraigados universalmente na sociedade e acabam por serem reproduzidos dentro do espaço escolar e demais espaços de socialização.

O desafio de desconstruir esses paradigmas excludentes e conscientizar as pessoas com o intuito de reformular pensamentos e atitudes sociais se constitui uma meta a ser alcançada tanto nas escolas como na sociedade em geral. Em virtude disso, os espaços escolares se obrigam a uma reinvenção e a uma preparação consciente para receber essas pessoas e oferecer a melhor educação a elas.

A oferta do sistema educacional inclusivo em todos os níveis de aprendizado é assegurada pela Lei Brasileira de Inclusão – Lei n. 13.146, de 6 de julho de 2015 (Brasil, 2015), e a Lei de Diretrizes e Bases da Educação Nacional (LDB) – Lei n. 9.394, de 20 de dezembro de 1996 (Brasil, 1996) – prevê para os sistemas de ensino uma organização curricular específica que aplique métodos, técnicas e recursos apropriados para esse público, bem como determina que os professores precisam ser preparados para atender a essa demanda.

> **Perguntas & respostas**
>
> **Quais são as 10 competências gerais definidas pela BNCC para a Educação Básica?**
> Para facilitar o entendimento, essas competências ganharam um título que sintetiza suas principais características. No documento original, é possível ver a redação completa, e também existem vários artigos sobre o tema que apontam sugestões de estratégias para implementá-las. São elas:
> 1. Conhecimento.
> 2. Pensamento científico, crítico e criativo.
> 3. Repertório cultural.
> 4. Comunicação.
> 5. Cultura digital.
> 6. Trabalho e projeto de vida.
> 7. Argumentação.
> 8. Autoconhecimento e autocuidado.
> 9. Empatia e cooperação.
> 10. Responsabilidade e cidadania.

Ao mesmo tempo que as leis afirmam todos esses direitos para ao público da educação especial, elas também acarretam inseguranças, inquietudes e instabilidades para os profissionais de educação. Sobre essa questão, Francisco (2020) faz o seguinte comentário:

como Mittler (2003, p. 34) coloca, a "inclusão implica uma reforma radical nas reformas em termos de currículo, avaliação, pedagogia e formas de agrupamento dos alunos em sala de aula"; Rodrigues (2006, p. 14), por sua vez, afirma que a Educação Inclusiva "questiona um dos fundamentos e das práticas mais arraigadas da escola tradicional: questiona o caráter seletivo da escola, a homogeneidade dos seus métodos de ensino e ainda o fato de não ser sensível aos que os alunos são e querem".

São muitas as necessidades de estudo e investigação; muito se precisa fazer e discutir a respeito desse grupo da sociedade tão marginalizado, excluído e destituído de seus direitos mais básicos, o que possibilita, ainda, muitas omissões no espaço escolar.

Recentemente, o Governo Federal publicou a *Política Nacional de Educação Especial: equitativa, inclusiva e com aprendizado ao longo da vida* (PNEE), instituída pelo Decreto n. 10.502, de 30 de setembro de 2020, e

> voltada para os educandos com deficiência, transtornos globais do desenvolvimento e altas habilidades ou superdotação. Um dos pressupostos norteadores desta Política Nacional é a valorização das singularidades e o inalienável e preponderante direito do estudante e das famílias no processo de decisão sobre a alternativa mais adequada para o atendimento educacional especializado. [...] os direitos foram ampliados para que famílias e estudantes, além da garantia do acesso à escola comum, tenham também o direito a escolas especializadas, sempre que estas forem consideradas, por eles mesmos, como a melhor opção. (Brasil, 2020, p. 6-7)

> **Exemplificando**
>
> De acordo com a PNEE 2020, todas as escolas das redes de ensino públicas ou privadas devem e continuarão a ser inclusivas, estando abertas a todos. O que muda é que, a partir dessa lei, as famílias ou responsáveis e até os educandos (sendo ouvidos) poderão optar por realizar seus estudos em escolas especializadas, pois, segundo a PNEE, existem demandas de educandos muito específicas, às quais a escola regular, por mais que se adeque, não consegue atender (Brasil, 2020).

Não iremos, aqui, nos deter na relevância ou na validade dessa lei, já que existem posicionamentos antagônicos sobre o tema e seria necessário dedicarmos um capítulo inteiro a tal discussão. Por ser uma determinação legal, ela está posta, portanto, cabe a nós, no momento, analisá-la e, se necessário, discuti-la nas comunidades escolares, lembrando que a oferta da educação especial em todas as escolas continua sendo também uma determinação legal.

No entanto, para que haja aprendizagem nos processos educacionais oferecidos às pessoas com deficiência, é indispensável a prática afetiva. A afetividade, a empatia, a sensibilidade, o respeito à diversidade e aos direitos do outro são elementos relevantes para uma educação inclusiva de verdade.

Por isso, as teorias de Piaget, Vygotsky e Wallon são tão importantes para o estudo dessa temática, uma vez que servem de base para entendermos as competências socioafetivas como estruturantes da educação especial e inclusiva (Francisco, 2020).

Francisco (2020) ressalta a relevância de se trabalhar a prática pedagógica com afetividade nos espaços escolares – sala de aula –, realizando atividades que permitam aos educandos se expressarem por meio de suas emoções e sentimentos. Isso deve se dar nas mais diversas formas, como expressão corporal, oralidade, dança, dramatizações, pinturas, desenhos e muitas outras que se puder aplicar. O ambiente onde as atividades serão desenvolvidas deve ser cooperativo, colaborativo, amigável criativo e lúdico.

Já mencionamos anteriormente que ser afetivo não significa acarinhar e relevar comportamentos inadequados, pois a afetividade exige limites – isso também é amor. Quando se estabelecem relações afetivas com cooperação e confiança, é possível a construção da autoestima, do autoconhecimento e do autocontrole, o que permite a formação de adultos equilibrados, conscientes de suas potencialidades e sensíveis à condição do outro. É quando se fundam os alicerces da prática pedagógica inclusiva (Francisco, 2020).

A afetividade na prática pedagógica pode ser a chave para o entendimento do porquê existe ainda tanta indisciplina nas escolas, pois, comprovadamente, quando uma escola favorece a expressão, valoriza os talentos, enaltece a empatia entre seus alunos e, por que não, entre seus colaboradores, está conduzindo esses sujeitos a uma ação virtuosa, baseada na autodisciplina e na consciência de que é possível a convivência harmônica, respeitosa e solidária entre todos (Francisco, 2020).

Sobre essa questão, Tognetta e Assis (2006) fazem a seguinte colocação:

> Digamos que a solidariedade pede empatia com o estado afetivo do outro, mas essa só é conquista de um estado de equilíbrio em si porque tal disposição para uma ação virtuosa acontece quando não se deseja nada em troca. É a superação de si,

é estar bem consigo para estar e buscar o bem para os outros. Necessariamente, uma virtude depende dos sentimentos que são projetados nos objetos, em nosso caso, nos sujeitos que esperam pela ação solidária. Por sua vez, somente um ambiente cooperativo poderá assegurar esses estados de empatia com o outro.

Para Francisco (2020), estabelecer essa condição na educação especial e inclusiva é de extrema importância. Nesse sentido, muitos estudos afirmam que, para que um espaço seja inclusivo, é preciso uma mudança na cultura escolar, com o cultivo de atitudes de colaboração, valores e saberes – o caminho para a implantação da cultura colaborativa. O educando especial precisa se sentir e fazer parte da escola, ser acolhido por toda a equipe e perceber que na sala de aula os valores de solidariedade e respeito são trabalhados entre todos (Francisco, 2020).

Para saber mais

Ao abordarmos a afetividade na educação especial, mencionamos a PNEE. Conhecer a legislação e as principais orientações para a Educação Especial é condição indispensável para um entendimento do contexto e da realidade, portanto, sugerimos a leitura desse documento.
BRASIL. Ministério da Educação. Secretaria de Modalidades Especializadas de Educação. **PNEE**: Política Nacional de Educação Especial: equitativa, inclusiva e com aprendizado ao longo da vida. Brasília, 2020. Disponível em: <https://www.gov.br/mec/pt-br/assuntos/noticias/mec-lanca-documento-sobre-implementacao-da-pnee-1/pnee-2020.pdf>. Acesso em: 30 jun. 2021.

Para que a aprendizagem se efetive, é preciso levar em conta tanto os aspectos afetivos e emocionais quanto os cognitivos, além de ter um olhar especial para aqueles estudantes que já carregam em si fracassos escolares ou que não demonstram interesse naquilo que a escola possa oferecer. Não existe aprendizagem quando o estudante não está disponível para aprender, é por isso que os educadores precisam estar atentos para contextualizar o ensino e, só assim, realmente promover a aprendizagem significativa.

Para Maturana (1999, citado por Mattos, 2008, p. 50), "vivemos uma cultura que desvaloriza as emoções, e não vemos o entrelaçamento cotidiano entre razão e emoção, que constitui o viver humano, e não nos damos conta de que todo sistema racional tem um fundamento emocional".

Essa constatação mostra que também dentro da sala de aula existe uma forte relação entre afetividade e racionalidade (Mattos, 2008). Reafirmamos a necessidade da aprendizagem significativa, em que conhecimento e raciocínio podem gerar segurança e interesse, se houver uma emoção que os harmonize.

A afetividade possibilita que haja um clima de compreensão, confiança, respeito mútuo, motivação e amor e isso traz benefícios incalculáveis para a aprendizagem escolar (Mattos, 2008).

Essa afetividade precisa permear o fazer dos educandos e dos educadores, de forma individualizada e coletiva, pois não se pode esquecer das particularidades de cada sujeito, bem como a personalidade coletiva que se forma no grupo. Assim, essa relação afetiva produz laços fundamentais para uma construção ética e cidadã.

Pela perspectiva da educação especial, trabalhar com afetividade produz inúmeros benefícios, tanto para os educadores quanto para os educandos. A relação afetiva permite que o professor consiga se aproximar muito mais de seu aluno e, ao mesmo tempo, que o aluno estabeleça uma relação de confiança com seu professor e consigo mesmo, conhecendo seus limites e suas potencialidades.

Para desenvolver competências socioemocionais em pessoas com síndromes ou transtornos, não existem orientações específicas. A orientação básica deve ser: **procure conhecer e entender essa pessoa profundamente, sem nenhum tipo de "pré"-conceito.**

5.3 O desenvolvimento socioemocional da criança com surdez

Existem diferenças conceituais entre *deficiência auditiva* e *surdez*, embora na legislação em vigor o termo utilizado seja *deficiência auditiva*.

> **LEGISLAÇÃO**
>
> No caso da surdez, perante a legislação federal só existem dois grupos: as pessoas **com** deficiência auditiva e **sem** deficiência. Isto é, não haverá distinção entre os que possuem surdez de grau moderado a severo, e aqueles com surdez profunda, caso ambos sejam enquadrados como pessoas com deficiência auditiva. (Moreira, 2021, grifo do original)

Tendo como base a legislação, considera-se **deficiente auditivo** o indivíduo que tem audição parcial ou que perdeu parte da audição depois de ter adquirido a linguagem por meio da via auditiva. Geralmente esse indivíduo se comunica oralmente e pode até apresentar alguma dificuldade ou cuidados especiais.

Já o **surdo** é aquele que perdeu a audição (ou nunca a teve) antes da aquisição da linguagem, o que acarretará diferenças nos aspectos de estilos cognitivos gerados por uma perda auditiva. Assim, o surdo apresenta uma forma diferente de perceber o mundo, utilizando-se de práticas sociais que se estabelecem pela via visual e desenvolve uma língua visuoespacial que será sua língua natural.

A maioria das instituições adota o termo *deficiência auditiva* para referenciar toda a diversidade de situações possíveis, por ser este o termo adotado pela legislação, como vimos anteriormente. Entretanto, é possível encontrar, por exemplo, estudantes em ambas as situações, nas diversas unidades escolares, e todos eles merecem o tratamento adequado à sua situação particular.

A Declaração de Salamanca[1] assegura claramente quais as garantias e os direitos que os surdos devem ter no âmbito educacional. É necessário, portanto, que as instituições estejam preparadas com apoio pedagógico dedicado a esses alunos e intérpretes capacitados.

Para Santos (2017), crianças com déficits auditivos apresentam diversas dificuldades em seu desenvolvimento, e as pesquisas nessa área se concentram, em grande parte, nos efeitos que a deficiência causa no âmbito da linguagem e da fala. Entretanto, mais recentemente, constatou-se a necessidade

---

[1] Documento que reconvocou as várias declarações das Nações Unidas e que culminou no documento *Regras padrões sobre equalização de oportunidades para pessoas com deficiências*. Para saber mais, acesse: <http://portal.mec.gov.br/seesp/arquivos/pdf/salamanca.pdf>. Acesso em: 2 jul. 2021.

de estudar as questões socioemocionais, já que a limitação do acesso à realidade sonora influencia o desenvolvimento das competências socioemocionais (Santos, 2017). A autora pondera que a literatura a respeito do tema é ainda muito escassa, principalmente no que se refere a crianças com surdez ou deficiência auditiva (Santos, 2017).

É por meio da competência emocional que se estabelecem a interação e as relações com os outros. Para tanto, é necessário que as crianças desenvolvam satisfatoriamente a compreensão das emoções e da empatia, capacidades que integram a competência socioemocional.

> A compreensão emocional constitui um dos principais elementos da cognição social das crianças, sendo na idade pré-escolar que elas se tornam aptas a identificar, reconhecer e nomear emoções (e.g. felicidade, tristeza, raiva e medo), assim como compreender as emoções dos outros com base em situações prototípicas (Denham, Zoller & Couchoud, 1994). A empatia é definida como a capacidade de compreender o estado emocional do outro, assim como responder adequadamente às emoções dos outros (Rieffe, Ketelaar & Wiefferink, 2010). (Santos, 2017, p. 1)

Mariana Braz Grilo Santos, em sua tese de mestrado (2017), faz um estudo muito relevante a respeito do desenvolvimento motor e socioemocional de crianças surdas e com algum tipo de deficiência auditiva.

Na pesquisa, a autora descreve e compara as competências motora e emocional das crianças surdas com as mesmas competências em crianças com desenvolvimento típico (desenvolvimento considerado característico para uma determinada idade). Ela também analisa as associações entre as duas competências nas crianças surdas (Santos, 2017).

Como resultado, ela conclui que existem diferenças entre os dois grupos de crianças, seja no nível emocional, seja no motor. Assim, as crianças com surdez apresentaram desempenho inferior no aspecto emocional e de identificação das emoções, na forma de atribuir emoções positivas e, também, no aspecto motor, no que concerne ao equilíbrio e à competência motora (Santos, 2017). A respeito de outras associações, "foi encontrada uma associação moderada positiva entre o equilíbrio e a discriminação das emoções valências opostas, bem como uma associação também moderada e positiva entre a empatia total e a competência motora total" (Santos, 2017, p. 28).

Santos (2017) continua sua análise dizendo que as crianças com surdez ou deficiência auditiva manifestaram desempenhos insuficientes ao identificarem as quatro emoções básicas, isso comparado aos pares ouvintes.

Alguns estudos, sugerem que existem diferenças no desenvolvimento emocional de acordo com a idade, o nível de deficiência auditiva e ao fato de usarem aparelho ou implante coclear.

> Os resultados do nosso estudo revelam uma relação entre a competência motora e a empatia das crianças com SDA, demonstrando que quanto mais empáticas forem as crianças com SDA, melhor será a sua competência motora. Crianças mais empáticas têm mais facilidade em estabelecer relações sociais com os seus pares (Findlay, Girardi & Coplan, 2006; Eisenberg & Fabes, 1990), o que poderá refletir-se em mais oportunidades para participarem em brincadeiras num ambiente lúdico (i.e saltar, correr, jogar à bola). (Santos, 2017, p. 30)

As conclusões do trabalho apontam que as crianças com surdez ou deficiência auditiva apresentam dificuldades no domínio emocional e no domínio motor. A autora menciona que a capacidade de sentir, regular e compreender as emoções são o alicerce do sucesso social, um pré-requisito para o sucesso acadêmico e um alerta para a necessidade de que sejam desenvolvidos programas de intervenção psicomotora com estratégias específicas para este grupo. Santos (2017) aconselha, ainda, que não se deve esquecer a abordagem holística e compreensiva das intervenções para, assim, intervir no nível da capacidade de compreensão emocional e do equilíbrio.

> A Psicomotricidade pode ser assumida como tendo um papel fundamental na intervenção terapêutica destas crianças, visto ser uma terapia mediada pelo corpo, que pensa no indivíduo de forma holística, trabalhando de forma integrada às funções cognitivas, emocionais e motoras. (Santos, 2017, p. 31)

Além dessas orientações, salientamos a importância de se trabalhar o oralismo, a comunicação total e o bilinguismo, este último de suma importância para a construção da identidade das pessoas surdas ou com deficiência auditiva, pois concerne à existência da língua de sinais como a primeira língua da comunidade surda, coexistindo com a língua portuguesa (Senai, 2010). Assumir o bilinguismo implica a adoção de uma postura de respeito ao uso de libras, assegurando a presença de intérpretes em sala de aula sempre que necessário, respeitando a especificidade da escrita do aluno surdo. Para valorizar a comunicação entre surdos e ouvintes, é importante conhecer as preferências de comunicação, pois, mesmo que a Libras (Língua Brasileira de Sinais) seja muito difundida e utilizada pela comunidade surda, existem pessoas surdas que não têm conhecimento dela ou preferem utilizar outras maneiras de comunicação, como leitura labial, fala ampliada, datilologia e outras.

O Programa Senai de Ações Inclusivas (PSAI) lista uma série de procedimentos que podem proporcionar um bom desenvolvimento cognitivo e emocional de estudantes com deficiência auditiva nas escolas, quais sejam (Senai-SP, 2010):

- Orientar o aluno com deficiência auditiva a sentar-se na parte da frente da sala.
- Chamar a atenção do aluno movimentando as mãos dentro do seu campo visual e/ou mesmo piscando as luzes do ambiente.
- Valer-se da comunicação visual. Utilizar os sinais que souber, mesmo que sejam poucos.
- Se não tiver um intérprete, utilizar todos os recursos que puder, sem se envergonhar de apontar, desenhar, escrever ou dramatizar.
- Reconhecer e valorizar as tentativas de comunicação do aluno.
- Utilizar sempre os sinais sonoros existentes no ambiente de trabalho/escolar acompanhados de sinais luminosos.
- Falar diretamente com a pessoa, e não de lado ou atrás dela. Evitar falar enquanto estiver escrevendo na lousa.
- Ao falar, a boca deve sempre estar visível. Gesticular ou segurar algo em frente à boca torna impossível a leitura labial.
- Utilizar sempre expressões faciais, gestos e o movimento do corpo são indicações indispensáveis do que você quer dizer,

pois a comunicação da pessoa com deficiência auditiva é essencialmente visual-espacial.
- Quando estiver conversando com uma pessoa com deficiência auditiva, manter sempre contato visual. Se desviar o olhar, a pessoa poderá achar que a conversa foi finalizada.
- Mesmo que o deficiente auditivo esteja acompanhado de um intérprete, dirija-se ao surdo, não ao intérprete.
- A sala deve ser organizada para que o estudante com deficiência auditiva possa visualizar os movimentos orofaciais dos seus professores e colegas, para que possa realizar a leitura labial.
- Sempre falar de frente para o aluno.
- Utilizar *closed caption* ou legenda oculta quando a aula demandar filmes ou documentários.
- Utilizar a escrita ou recursos visuais para favorecer a apropriação do conteúdo abordado verbalmente.
- Se houver estudantes com prótese auditiva, cuide do volume dos sons e avise os demais sobre a sensibilidade do colega.
- Manter murais atualizados com recados e avisos sobre trabalhos, provas, aulas práticas, laboratoriais, mudanças de horários de atividades programadas, a fim de garantir que o aluno surdo tenha acesso a todas as informações que os outros alunos estão recebendo.

Essas são ações que toda a escola pode implantar e, dessa forma, proporcionar aos deficientes auditivos a possibilidade de integração efetiva na comunidade escolar. Isso, com toda a certeza, contribuirá para um melhor desenvolvimento emocional da criança, bem como de seus pares, que desenvolvem a empatia e a capacidade de colaboração.

Finalizando a pesquisa, Santos (2017) chegou às seguintes conclusões:

- No que diz respeito à empatia entre crianças com deficiência auditiva/surdas e crianças com desenvolvimento típico, não existem diferenças.
- Crianças com deficiência auditiva/surdas apresentam mais dificuldade para identificar emoções.
- Quanto à atribuição da emoção positiva, crianças com deficiência auditiva/surdas apresentam resultados mais baixos.
- No que se refere ao reconhecimento de emoções e à atribuição das emoções negativas, não há diferenças em ambos os grupos de crianças.
- O desenvolvimento no aspecto do equilíbrio é pior em crianças com deficiência auditiva/surdas quando comparadas a crianças com desenvolvimento típico.

5.4 O desenvolvimento socioemocional da criança com deficiência visual

Toda pessoa com visão igual a 0,5 ou menor pode ser caracterizada como *deficiente visual*. O Ministério da Educação (MEC) define **cegueira** como a "perda total ou o resíduo mínimo da visão que leva o indivíduo a necessitar do Sistema Braille como meio de leitura e escrita, além de outros recursos didáticos e equipamentos especiais para a sua educação" (Senai, 2010, p. 13). Já **baixa visão** ou **visão subnormal** é o "resíduo visual que permite ao educando ler impressos à tinta, desde que se empreguem recursos didáticos e equipamentos especiais" (Senai-SP, 2010).

Para que pessoas com deficiência visual tenham um bom desenvolvimento socioemocional, é importante observar alguns procedimentos apresentados pelo Senai-SP (2010), que são bem simples, porém pontuais, para lidar com esses indivíduos (Senai-SP, 2010):

- Não trate a pessoa com deficiência visual (DV) como desigual, ofereça compreensão, oportunidade e respeito.
- Para orientá-la em relação a objetos, móveis, basta posicionar a mão no objeto e dizer do que se trata. Em alguns casos, informar o DV de que o móvel está ali.
- Não tenha receio em utilizar palavras como "cego", "ver", "enxergar" etc. Essas palavras fazem parte do vocabulário de todos.
- Fale com a pessoa para que perceba sua presença e avise-a oralmente quando estiver saindo, para não a deixar falando sozinha.
- Cumprimente apertando a mão, se tiver mais intimidade, primeiro a toque, depois abrace.
- Caso perceba alguma incorreção em seu vestuário, não tenha receio de avisá-la, de modo a evitar constrangimentos.
- Ao orientá-la, evite usar termos como "aqui" ou "lá". Use termos como "a sua direita", "a sua esquerda", "para trás", "para frente" etc.
- Mantenha as portas totalmente abertas ou fechadas, para evitar que o DV se choque.
- Mantenha os objetos pessoais do DV exatamente no lugar onde ele os colocou, para que consiga encontrá-los.
- Ao guiar um DV, ofereça seu braço para ela segurar, pois o movimento de seu corpo irá orientá-la.

- Tome a frente ao passar por um lugar estreito, para que a pessoa possa segui-lo com a mão em seu ombro.
- Fale em tom de voz normal ao conversar.
- Quando houver um cão guia, não o distraia do seu dever. Lembre-se de que ele tem a responsabilidade de guiar seu dono. O DV "tem assegurado o direito de ingressar e permanecer com o seu cão-guia em veículos e estabelecimentos públicos e privados de uso coletivo, Lei n. 11.126, de 27 de junho de 2005, e Decreto n. 5.904, de 21 de setembro de 2006" (Senai-SP, 2010, p. 15).

Diversas pesquisas apontam que, no que se refere às competências socioemocionais, existem evidências de que as crianças com deficiência visual apresentam dificuldades para interagir de uma maneira socialmente competente, com colegas e adultos. França-Freitas e Gil (2012) afirmam que esse comportamento, na maioria das vezes, não está diretamente relacionado com a deficiência, e sim, com a falta de contextos estimulantes que estimulem esses aprendizados.

Para Bruno (1993), as crianças com deficiência visual precisam ser incentivadas a utilizar os movimentos corporais, as expressões fisionômicas e gestuais como forma de comunicação pré-verbal, de imitação e representação que são elementos importantes para a socialização. A criança com deficiência visual aprenderá a imitar, cumprimentar e brincar se encontrar pessoas disponíveis para interagir, com movimentos coativos. Esses movimentos são importantes para a compreensão da ação, permitindo o jogo imitativo de um modo diferente daquele que a criança vidente realiza. (França-Freitas; Gil, 2012, p. 513)

Para França-Freitas e Gil (2012), a criança precisa desenvolver essa competência pelo contato físico (ela pode ser encaixada no corpo de quem a prepara), seja com os pais, seja com educadores ou outros profissionais. É pelo contato físico que ela compreende, de forma tátil e cinestésica, os movimentos e as ações realizados pelo outro. Importante ressaltar que o desenvolvimento do processo de aquisições básicas da criança cega está atrelado ao progresso da criança em várias áreas, como motricidade, afetividade, cognição, linguagem, socialização e muitas outras (França-Freitas; Gil, 2012).

França-Freitas e Gil (2012) ressaltam que é preciso estímulos apropriados para que a criança tenha um desenvolvimento pleno, principalmente nos processos de locomoção com segurança, para que ela tenha independência e agilidade, pois isso potencializará suas possibilidades de exploração de dimensões físicas e sociais do ambiente onde ela convive. Em certos momentos ela poderá necessitar da mediação de outros para estabelecer relações significativas entre objetos e eventos, da mesma forma que para qualquer criança, já que as interações com o outro são condições fundamentais para todo o desenvolvimento, especialmente o afetivo e o social (França-Freitas; Gil, 2012).

Segundo Laplane e Batista (2008), a ausência da visão faz com que as crianças com deficiência visual não tenham o estímulo motivador das percepções visuais para se desenvolver. A ausência da visão implica em não ter acesso visual a objetos, pessoas, formas, cores e movimentos, elementos que estimulam e despertam a curiosidade e o interesse das crianças para a exploração do mundo exterior. Essa limitação decorrente da falta de estímulos provoca a diminuição desse interesse e pode torná-las quietas e apáticas (Laplane; Batista, 2008).

Isso nos faz perceber que é necessário organizar um ambiente que promova ativamente o desenvolvimento, utilizando todos os canais sensoriais da criança, o que possibilitará que a criança com deficiência visual participe das atividades cotidianas e aprenda como qualquer criança.

Com base nessas considerações, "observa-se que crianças com deficiência visual têm certas habilidades e características e encontram uma variedade de circunstâncias ambientais às quais precisam se adaptar" (França-Freitas; Gil, 2012, p. 514).

As circunstâncias ambientais, portanto, são decisivas no desenvolvimento da criança cega. Assim, sabendo-se que a adaptação acontece de acordo com as oportunidades oferecidas para interagir com o ambiente físico e com a vida social, é fundamental a intermediação do outro. Quando o adulto oferece uma riqueza de estímulos, está contribuindo relevantemente para o desenvolvimento da criança cega.

> A estimulação realizada de forma adequada pode contribuir para a criança cega, com deficiências adicionais ou não, adquirir senso de equilíbrio, autoconfiança e independência, tão importantes para seu desempenho geral e para aumentar as possibilidades de interação social no ambiente escolar. Acrescenta-se que se a criança cega não receber estimulação em tempo, a limitação sensorial poderá prejudicar o ganho não apenas das aquisições básicas de cognição, motricidade, linguagem e competência social. (França-Freitas; Gil, 2012, p. 514)

Diante dessas considerações, podemos concluir que, para um desenvolvimento socioemocional satisfatório das crianças cegas ou com baixa visão, é necessário criar ambientes sensoriais estimuladores, bem como incentivar a participação de outras pessoas: alunos videntes, professores, família e demais pessoas do convívio nessa interação e troca. O convívio com equidade pode promover a inclusão e o desenvolvimento socioemocional desses indivíduos cegos ou com baixa visão.

5.5 O desenvolvimento socioemocional da criança com deficiência intelectual

A deficiência intelectual se caracteriza por um funcionamento cognitivo que não se enquadra na média esperada, isto é, que esteja abaixo daquilo que consideram como "normal" (Senai-SP, 2010), com manifestação antes dos dezoito anos e limitações associadas a duas ou mais áreas de habilidades adaptativas, como:
- habilidades acadêmicas;
- comunicação;
- cuidado pessoal;
- habilidades sociais;
- utilização dos recursos da comunidade;
- saúde e segurança;
- lazer e trabalho.

O termo *deficiência intelectual*, que se originou da mudança proposta em 2002 pela *American Association of Mental Retardation* (AAMR), que passa a conter uma perspectiva funcional, bioecológica e multidimensional, e a considerar a interação dinâmica entre o funcionamento do indivíduo e o seu meio social. Essa associação americana a partir de 2007 passou a ser denominada de *American Association on Intellectual and Developmental Disabilities* (AAIDD), mudando *retardo mental* para *deficiência intelectual*. (Rossato; Leonardo, 2011, p. 73, grifo do original)

Uma questão importante para nossos estudos é frisar a diferença entre *doença mental* e *deficiência intelectual*, já que existem várias confusões a respeito.

De acordo com o IFPB (2018), a deficiência intelectual (DI) está ligada a condições genéticas ou a fatores que possam ter ocasionado alterações no desenvolvimento cerebral do indivíduo no período gestacional, no parto ou, ainda, nos primeiros anos de vida. Não se trata de uma doença, e sim de uma alteração no desenvolvimento e que necessariamente deve ser manifestada até os 18 anos de idade.

> Pessoas com essa especificidade apresentam diferenças significativas em áreas como comunicação, comportamento, autocuidado, vida no lar, segurança e saúde, raciocínio, resolução de problemas, aprendizagem, entre outras, sendo as diferenças observadas em pelo menos duas dessas áreas. O desenvolvimento de pessoas com DI nas áreas envolvidas fica abaixo da média esperada para a sua faixa etária, o que não significa que sua condição é estática. (IFPB, 2018)

A doença mental pode ser resultante de fatores genéticos ou ambientais, porém não está relacionada à constituição do indivíduo ou a condições que possibilitaram um "desenho diferente" de desenvolvimento. A doença mental se manifesta frequentemente em adultos e pode ter como gatilho *stress* violento ou outros fatores determinantes.

A pessoa com doença mental apresenta alterações que consistem em anormalidades, sofrimentos ou comprometimentos de ordem psicológica e/ou mental, mudanças significativas na personalidade ou no comportamento, sem uma razão aparente. A doença mental altera o relacionamento da pessoa com o mundo, impacta seu funcionamento nos campos interpessoal, laboral e social. (IFPB, 2018)

A respeito do desenvolvimento das habilidades sociais em crianças com deficiência intelectual, Silva e Elias (2020) relatam que a literatura menciona que indivíduos com DI apresentam um repertório pequeno de habilidades sociais. Segundo as autoras, essas crianças podem apresentar comprometimentos cognitivos, afetivos, motores e perceptivos, essas manifestações dificultam a aprendizagem e o desenvolvimento das competências socioemocionais. Em se tratando de deficiências cognitivas e decorrentes de comorbidades, como distúrbios sensório-motores e da fala, elas afetam a capacidade do indivíduo para discriminar as exigências do contexto, planejar e evidenciar comportamentos adequados a essas exigências, o que resulta em desempenhos pouco competentes.

Para saber mais

Thaissa Alvarenga é uma publicitária que, ao receber um filho com síndrome de Down, engajou-se no processo de inclusão e esclarecimento sobre as deficiências. Neste vídeo, ela discute com seus entrevistados sobre a educação socioemocional e a criança com deficiência intelectual.

> Assista ao vídeo e acompanhe as ações dessa mãe que criou uma rede de apoio inicialmente para seu filho, mas acabou expandindo essa ajuda para famílias, educadores e demais pessoas.
> Educação socioemocional e as dificuldades cognitivas da criança com deficiência intelectual. Disponível em: <https://www.youtube.com/watch?v=DWXHVXcaIKw>. Acesso em: 2 jul. 2021.

Existem alguns elementos importantes para que a criança desenvolva suas habilidades socioemocionais, entre eles, a **inclusão escolar** – visto que socializar em ambiente inclusivo proporciona às crianças com DI que desenvolvam as habilidades sociais, e, como falamos em "ambiente" inclusivo, é importante salientar que o convívio com crianças sem DI possibilita a evolução de todos – e a **interação familiar entre família e escola** – ponto fundamental para a socialização e a inclusão educacional.

> Segundo Gonçalves e Murta (2008), um dos principais fatores que contribui para o desenvolvimento de um repertório de habilidades sociais adequado das crianças é a interação com os agentes educativos, entre os quais estão pais e professores; é essencial, portanto, que estes possuam um repertório de habilidades sociais adequado. (Silva; Elias, 2020, p. 607)

Conforme Silva e Elias (2020), entre as habilidades sociais relevantes, podemos destacar as habilidades sociais educativas parentais, as quais servem como excelentes recursos para lidar com as crianças com DI, pois atuam no enfrentamento aos desafios que surgem diante das situações da deficiência. Pais que desenvolvem um repertório adequado de habilidades sociais educativas parentais têm capacidade para estabelecer um ambiente familiar receptivo e aconchegante para o desenvolvimento de seus filhos, o que contribui para que eles apresentem um desempenho social com autonomia: "pais habilidosos organizam ambientes mais favoráveis aos mecanismos de resiliência, que ajudarão as crianças nas situações a que forem expostas" (Silva; Elias, 2020, p. 608).

O estudo de Silva e Elias (2020) constatou o quanto é importante que, no contexto da inclusão escolar, sejam desenvolvidos programas que promovam um amplo repertório de habilidades sociais entre professores, responsáveis e alunos, prática que proporcionará ganhos nos relacionamentos, auxiliando na inclusão. Trabalhar os três elos do processo de inclusão, **crianças com DI, pais** e **professores**, representa uma poderosa ferramenta para a construção das habilidades socioemocionais das crianças com deficiência intelectual.

5.6 O desenvolvimento socioemocional em crianças com deficiência motora/física

A deficiência motora é uma disfunção física ou motora que pode ter uma causa congênita ou adquirida. Essa disfunção afeta o indivíduo nos aspectos referentes à mobilidade, à coordenação motora ou à fala. Esse tipo de deficiência pode decorrer de lesões neurológicas, neuromusculares ou ortopédicas, bem como de más-formações.

De acordo com o Decreto n. 5.296, de 2 de dezembro de 2004, *deficiência física* é: "alteração completa ou parcial de um ou mais segmentos do corpo humano, acarretando o comprometimento da função física" (Brasil, 2004).

São considerados **deficientes motores** os indivíduos que apresentam alguma deficiência motora de cunho permanente nos membros superiores ou inferiores.

De acordo com o MEC (2004, citado por Brasil, 2006), "a deficiência física é definida como 'diferentes condições motoras que acometem as pessoas comprometendo a mobilidade, a coordenação motora geral e da fala, em consequência de lesões neurológicas, neuromusculares, ortopédicas, ou más formações congênitas ou adquiridas'". (Brasil, 2004)

As deficiências físicas se apresentam, de acordo com *Manual de orientação às escolas SENAI-SP para atendimento a pessoas com deficiência e necessidades educacionais especiais*, da seguinte forma:

Paraplegia – Perda total das funções motoras dos membros inferiores.

Paraparesia – Perda parcial das funções motoras dos membros inferiores.

Monoplegia – Perda total das funções motoras de um só membro (inferior ou superior).

Monoparesia – Perda parcial das funções motoras de um só membro (inferior ou superior).

Tetraplegia – Perda total das funções motoras dos membros inferiores e superiores.

Tetraparesia – Perda parcial das funções motoras dos membros inferiores e superiores.

Triplegia – Perda total das funções motoras em três membros.

Triparesia – Perda parcial das funções motoras em três membros.

Hemiplegia – Perda total das funções motoras de um hemisfério do corpo (direito ou esquerdo).

Hemiparesia – Perda parcial das funções motoras de um hemisfério do corpo (direito ou esquerdo).

Amputação – Perda total ou parcial de um determinado membro ou segmento de membro.

Paralisia Cerebral – Lesão de uma ou mais áreas do sistema nervoso central, tendo como consequência alterações psicomotoras, podendo, ou não, causar deficiência mental/intelectual.

Nanismo – Estado de um indivíduo caracterizado por uma estrutura muito pequena, decorrente de uma deficiência do crescimento provocada por insuficiência endócrina ou má alimentação. A baixa estatura é sua característica principal, com altura abaixo do terceiro percentil.

Ostomia – Situações em que é criada, artificialmente, uma ligação para o exterior, permanente ou transitória. Ex: colostomia, ileostomia, urostomia, traqueostomia. (Senai-SP, 2010, p. 17)

Excetuam-se dessa classificação as deformidades estéticas e as que não produzam dificuldades para o desempenho de funções.

São considerados **deficientes motores** os indivíduos que apresentam alguma deficiência motora de cunho permanente nos membros superiores ou inferiores. De acordo com, o MEC (2004, citado por Brasil, 2006), "a deficiência física é definida como 'diferentes condições motoras que acometem as pessoas comprometendo a mobilidade, a coordenação motora geral e da fala, em consequência de lesões neurológicas, neuromusculares, ortopédicas, ou más formações congênitas ou adquiridas'" (Brasil, 2004).

Em todos os tópicos deste capítulo, enfatizamos a necessidade de se conhecer profundamente a criança com deficiência, seja ela qual for, pois os processos de inclusão e desenvolvimento socioemocional estão atrelados à compreensão e ao respeito. Segundo Freire (2004, p. 38), "ensinar exige compreender que a educação é uma forma de intervenção no mundo". É desta forma que devemos conceber a educação: como um ato político, social, científico e técnico que transforma e produz uma escola para todos.

Assim, desenvolver habilidades socioemocionais em crianças com deficiência motora/física requer a atenção especial de todos os que se envolvem em sua educação e atividades diárias.

Para Brandão e Ferreira (2013), com a promoção da integração social pelos professores, as crianças evoluem sensivelmente no domínio da linguagem e das habilidades sociais. Nesse mesmo trabalho, os autores relatam que crianças entre 2 e 3 anos que frequentaram um jardim de infância inclusivo apresentaram grandes evoluções no domínio socioemocional, cognitivo e da linguagem, além de observarem que não houve nenhum aspecto de desenvolvimento negativo.

Para o desenvolvimento pleno das habilidades socioemocionais das crianças com deficiência física/motora, observemos algumas orientações essenciais:

- As pessoas com essa deficiência não são surdas, nem cegas, nem apresentam problemas mentais. Suas maiores dificuldades estão principalmente nas barreiras arquitetônicas, que podem se encontrar nas construções e equipamentos.
- Com usuário de cadeira de rodas, observe os seguintes cuidados: ao conversar com a pessoa, procure sentar-se para ficar no mesmo nível dela; não se apoie na cadeira, pois ela é como a extensão do corpo daquela pessoa; procure entender como funciona a cadeira para poder auxiliar com eficácia.
- Não subestime a capacidade intelectual das pessoas com paralisia cerebral, elas podem apresentar dificuldades de fala e de locomoção, porém, com atendimento necessário, podem se desenvolver intelectualmente de forma satisfatória.
- Tenha cuidado redobrado com pessoas que usam muletas ou aparelhos.
- Se houver dificuldade na fala, tenha paciência; peça para repetir, ou escrever, ou, ainda, usar o computador ou qualquer recurso que facilite sua compreensão.

Em todas as deficiências, síndromes e transtornos que vimos até aqui é possível perceber o papel fundamental que a escola desempenha no desenvolvimento socioemocional de todos os indivíduos.

A teoria histórico-cultural (THC) reconhece a escola como o espaço que proporciona ao indivíduo o acesso aos modos mais aperfeiçoados de conhecimento. A escola, portanto, desempenha um relevante papel no processo de humanização do sujeito e está constituída como o lugar que proporciona o pleno desenvolvimento intelectual e social do ser humano e a apropriação de todo o conhecimento produzido durante toda a história da humanidade (Costa, 2014, citado por Rodrigues, 2014).

Ao mencionarmos a THC, retomamos a teoria de Vygotsky, que temos estudado ao longo desta obra, pois suas teorias estão completamente alinhadas aos pressupostos que propõem uma educação inclusiva.

> "Vigotski reconhece que o desenvolvimento humano se realiza sob um processo dinâmico, sob um dado movimento de ordem material objetiva, e sempre em relação a uma totalidade".
>
> [...]
>
> "Vigotski foi um dos primeiros psicólogos a fazer uma aproximação comparativa no âmbito do desenvolvimento sob a direção do materialismo", destacando que tal perspectiva tem sua base na realidade prática cotidiana e concebe a "aprendizagem e o desenvolvimento humano numa relação dialética entre o que a humanidade construiu e desenvolveu e o que os indivíduos são ou poderiam vir a ser". (Barroco, 2007, citada por Rodrigues, 2014, p. 15)

Rodrigues (2014) analisa a aprendizagem e o desenvolvimento, sob a ótica de Vygotsky, que diz que esses elementos não se referem ao mesmo processo ou fenômeno, no entanto, interligam-se. Assim, a aprendizagem move o desenvolvimento, que se divide em dois níveis: o desenvolvimento real e o desenvolvimento potencial. O primeiro se configura na capacidade de o indivíduo executar tarefas de maneira independente, já o segundo consiste na capacidade de executar tarefas com o auxílio de outras pessoas com mais capacidade. Trata-se da realização de tarefas que o sujeito não domina e/ou não tem conhecimento preliminar (Rodrigues, 2014).

Falamos da zona de desenvolvimento proximal definida por Vygotsky, a qual já analisamos anteriormente e que se constitui na:

> distância entre o nível de desenvolvimento real, que se costuma determinar através da solução independente de problemas, e o nível de desenvolvimento potencial, determinado através da solução de problemas sob a orientação de um adulto ou em colaboração com companheiros mais capazes. (Vygotsky, 2010, p. 97)

Assim, de acordo com essa teoria, o desenvolvimento dos sujeitos não é linear, também não é um processo evolutivo, e sim um processo reformador que se forma por meio de mudanças qualitativas e significativas. Junto a isso está a relevância da mediação entre os indivíduos por meio de instrumentos que são essenciais para que a linguagem se desenvolva (Rodrigues, 2014).

Com base nisso, segundo Rodrigues (2014), é importante frisar que o processo de mediação dos homens com os demais homens e com o meio deve fazer parte do trabalho pedagógico. Entretanto, sabe-se que, apesar da grande disseminação dessa teoria e da presença dos estudo sobre mediação em cursos de formação continuada promovidos pela institucionalidade e também pela ênfase dada nos cursos destinados à licenciatura, não há uma unanimidade na aplicação do processo de mediação nas escolas. Quando os elementos do processo educativo não têm essa unicidade para aplicar práticas pedagógicas, surgem dificuldades para o tão defendido desenvolvimento humano por meio da aprendizagem significativa dentro de um processo sociointeracionista (Rodrigues, 2014).

O embasamento a partir da abordagem Histórico-Cultural considera os conteúdos ensinados como sendo "mediadores culturais sistematizados por várias ciências", constituindo-se no pilar do binômio 'aprendizagem e desenvolvimento'. Norteada sob esta perspectiva, entende-se que a mediação docente "contribui para a aprendizagem dos conteúdos escolares e, consequentemente, para o desenvolvimento dos alunos". (Rodrigues, 2014, p. 17)

Rodrigues (2014) disserta sobre o caráter promotor da educação, destacando que não basta estar no espaço escolar para que o indivíduo seja participativo e se constitua um sujeito transformador de seu contexto histórico-sócio-cultural. Essa transformação só pode acontecer se houverem intervenções pedagógicas adequadas, capazes de alavancar novos modos de pensar, que levem o indivíduo a superar as impressões que se instalam no âmbito das aparências e lhe forneçam instrumentos para tomar consciência de si, proporcionando sua transformação e a de todos os envolvidos em seu contexto social (Rodrigues, 2014). Concluímos, portanto, que a educação escolar, para ser emancipadora, está pautada no ensino dos saberes científicos, artísticos e filosóficos.

Chegamos, assim, no ponto da educação especial, e vamos buscar entender "como se dá o processo de desenvolvimento da criança com deficiência na perspectiva de Vygotsky" (Rodrigues, 2014, p. 17). Para tal, é preciso dirigir a atenção ao que se considera "ser o alvo da Educação Especial: provocar o desenvolvimento das funções psicológicas superiores, ou a formação do homem cultural tanto quanto possível" (Rodrigues, 2014, p. 17). Sobre o processo de formação cultural, vemos que, na busca pela subsistência, o ser humano travou o que conhecemos como "luta pela vida", o que o conduziu à criação, a desenvolver e aplicar ferramentas que modificam a natureza e que auxiliam nas operações mentais e à construção da linguagem. São essas operações que constituem o homem cultural.

Os pressupostos vygotskyanos são fundamentais para o desenvolvimento humano, da pessoa com ou sem deficiência. Entretanto, no que se refere ao estudo das pessoas com necessidades educacionais especiais, tais pressupostos devem pautar todo o planejamento, para assim, efetivamente, possibilitar o desenvolvimento dessas pessoas. Dessa forma, de acordo com Barroco (2007, citado por Rodrigues, 2014, p. 18):

I. O indivíduo necessita ser situado no tempo e no espaço.
II. O ato pedagógico é político e deve ser comprometido com a nova sociedade.
III. A vida e a atividade social do homem produzem a cultura.
IV. Para superar o capitalismo, é essencial que se faça intervenções teórico-práticas intencionais e coerentes.
V. Para a construção de uma escola crítica e progressista, é essencial considerar a história.

Esses pressupostos devem ser considerados para uma proposta prática voltada à educação contemporânea, buscando a formação de uma sociedade que se constitua para todos, de fato e de direito, sem que suas especificidades sejam obstáculo ou motivo para diferenciá-las em seu meio.

O desafio, não só para a educação, mas para a sociedade como um todo, é construir um projeto de sociedade que respeite e valorize as diferenças, sejam elas de cor, nível social ou econômico, sejam de crença religiosa, gênero, orientação sexual, idade, deficiência, necessidades educacionais especiais e quaisquer outras que se apresentem. Dentro das escolas, o desafio imposto se dá pela realização e preparação de ações que recebam indivíduos diferenciados; e não só os recebam, mas os conduzam ao verdadeiro desenvolvimento humano.

Síntese

Ao final de nossos estudos, chegamos às seguintes conclusões:

- É fundamental apropriar-se de termos técnicos e nomenclaturas a respeito da educação inclusiva e do desenvolvimento de competências.
- Para o desenvolvimento socioemocional, é preciso desenvolver as competências de autoconsciência, autogerenciamento, consciência social, habilidades de relacionamento e tomada de decisão responsável.
- Existe uma diferença pontual e que deve ser levada em conta entre deficiência, transtorno e síndrome.
- O Manual Diagnóstico e Estatístico de Transtornos Mentais (DSM 5) apresenta os transtornos, suas classificações e características com o objetivo de auxiliar profissionais em seus diagnósticos.
- As síndromes são diferentes dos transtornos e se caracterizam por um conjunto de sintomas e sinais que se

manifestam ao mesmo tempo ou em etapas diferentes da vida de um paciente.

- É preciso desconstruir paradigmas de exclusão, e o sistema educacional tem um importante papel nessa ação de mudança.
- Dois termos são utilizados para indivíduos com surdez: deficiente auditivo (DA) e surdo, essas classificações têm características específicas, embora a maioria utilize o termo DA para todos os problemas de audição. As crianças com essa deficiência apresentam dificuldades no domínio emocional e motor.
- Observar determinados procedimentos para tratar um deficiente visual pode contribuir, efetivamente, para seu desenvolvimento socioemocional, cognitivo e afetivo. É preciso, assim, disponibilizar ambientes estimulantes para que a criança se desenvolva.
- A deficiência intelectual é caracterizada pela apresentação de um desenvolvimento cognitivo inferior ao esperado para a idade e se manifesta até os dezoito anos, existe uma diferença conceitual entre doença mental e deficiência intelectual.
- A deficiência física ou motora afeta o indivíduo em sua mobilidade, coordenação motora ou fala, mas não é sinônimo de deficiência intelectual.

Capítulo 6
A escola e o desenvolvimento socioemocional da criança com necessidades educacionais especiais

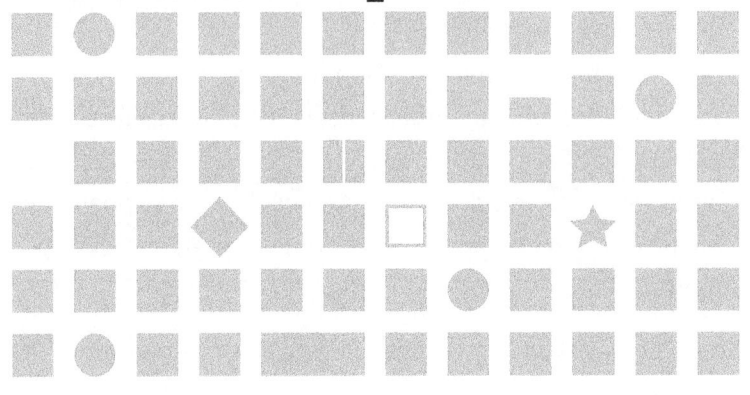

Conteúdos do capítulo:

- O papel da escola no desenvolvimento socioemocional de crianças com necessidades especiais.
- A escola inclusiva.
- O professor como agente de inclusão e promotor de laços afetivos.
- A afetividade no processo de aprendizagem com crianças com necessidades educacionais especiais.
- Estratégias de ensino para a aprendizagem de crianças com necessidades especiais.
- Os processos de *bullying*, características, consequências e estratégias para o enfrentamento.
- O desenvolvimento da afetividade por meio das manifestações artísticas.

Após o estudo desse capítulo, você será capaz de:

1. reconhecer a afetividade envolvida no processo de inclusão;
2. refletir sobre o desenvolvimento emocional do professor;
3. discutir sobre a importância da afetividade nos processos de ensino-aprendizagem;
4. refletir sobre o *bullying* vivido na escola pela criança com necessidades educacionais especiais e pensar em estratégias para evitá-lo;
5. apresentar possibilidades de desenvolvimento socioemocional da criança com necessidades educacionais especiais por meio da arte.

Ao estudarmos as relações afetivas no processo de ensino-aprendizagem, constatamos que a afetividade não se restringe ao contato físico; ela também se revela no respeito, na compreensão e no diálogo.

O professor se torna o mediador da aprendizagem por meio de um processo de confiança e admiração. As demais relações na escola e na vida são igualmente importantes para que a aprendizagem se consolide.

Nesse sentido, questionamos: Que efeitos práticas discriminatórias podem causar aos indivíduos? Como formar cidadãos conscientes, acolhedores, sem preconceitos, cooperativos e colaborativos?

A mídia tem repercutido incessantemente casos de violência escolar, ou seja, casos de *bullying*. Quando nos referimos ao *bullying* e à discriminação praticada com pessoas com deficiência (PcD), podemos creditar também essas atitudes a um total desconhecimento sobre as deficiências, sejam elas físicas, sejam intelectuais, muitas vezes por causa de preconceitos trazidos do seio familiar.

6.1 O desenvolvimento socioemocional da criança com necessidades educacionais especiais

Já vimos que a aprendizagem se inicia a partir do nascimento, de modo que, quando a criança chega na escola, já traz consigo um conjunto de vivências e experiências que mesclam positividade e negatividade. Essa bagagem não pode ser negligenciada pelo professor e pela equipe escolar. Para Barbosa e Salgado (2021), "não se pode simplesmente dizer que 'não sou responsável pelo que aconteceu antes de mim', porque o 'antes' tem influência no 'depois' e o professor terá tudo a ver com isso".

O que é?

Acessibilidade atitudinal?
De acordo com Silva e Gil (2018), trata-se de um direito fundamentado na Convenção sobre os Direitos das Pessoas com Deficiência, no art. 3, item (f), e art. 9, chamado *Direito à Acessibilidade*. Para as autoras:

> Romeu Sassaki identificou seis dimensões contidas no conceito de acessibilidade; dentre eles está o **conceito de acessibilidade atitudinal**:
>
> Ausência de preconceitos, estigmas, estereótipos e discriminações, como resultado de programas e práticas de sensibilização e de conscientização das pessoas em geral e da convivência na diversidade humana.
>
> Alguns autores consideram a acessibilidade atitudinal como sendo a principal, pois é a atitude da pessoa em relação à Inclusão que estimula a remoção dos outros tipos de barreiras. (Silva; Gil, 2018, grifo nosso)

Figura 6.1 – Escola e afetividade

A escola deve ser o lugar onde o conhecimento é construído, onde se aprende com prazer, onde a aprendizagem seja desenvolvida com satisfação e um espaço onde se aglutinam as diversidades.

Pela proximidade, é o professor quem pode despertar no aluno a vontade de aprender. Assim, a afetividade na educação passa a ser um campo de conhecimento de significativa relevância para o sucesso da aprendizagem e que precisa ser aprofundado pelos educadores em todos os níveis e modalidades de ensino, já que, comprovadamente, por meio dela é possível compreender as diversas manifestações do comportamento humano. "A criança seja em casa, na escola, em todo lugar, está se constituindo como ser humano, através de suas experiências com o outro, naquele lugar, naquele momento" (Sarnoski, 2014, p. 1). Sabemos que toda criança traz consigo traços de individualidade, características pessoais que expressam seu jeito de pensar e agir, o que traz a necessidade de uma relação professor-aluno confiante e prazerosa, o que oportunizará uma aprendizagem satisfatória. Quando a afetividade faz parte desse relacionamento, o processo se dá de forma mais intensa. Uma escola acolhedora e afetiva proporciona um ambiente propício ao crescimento cognitivo e emocional. Ao longo desta obra, enfatizamos isso, portanto, não devem restar dúvidas sobre a relevância da afetividade no processo de aprendizagem.

> A afetividade é um estado psicológico do ser humano que pode ou não ser modificado a partir de situações, tal estado é de grande influência no comportamento e no aprendizado das pessoas juntamente com o desenvolvimento cognitivo. Faz-se presente em sentimentos, desejos, interesses, tendências, valores e emoções, ou seja, em todas as esferas de nossa vida. (Sarnoski, 2014, p. 3)

Conforme já verificamos, Wallon menciona a afetividade como um conjunto de funções que respondem pelos estados de bem-estar e mal-estar, de acordo com a maneira como somos atingidos por alguma ação ou evento, o que afeta o mundo que nos rodeia (Gratiot-Alfandéry, 2010).

A afetividade pode também ser conceituada "como todo o domínio das emoções, dos sentimentos, das experiências sensíveis e, principalmente, da capacidade de entrar em contato com sensações, referindo-se às vivências dos indivíduos e às formas de expressão mais complexas e essencialmente humanas" (Dautro; Lima, 2018, p. 4).

Para Wallon, a emoção é a manifestação afetiva mais importante, resultante das manifestações de duas dimensões humanas, psicológicas (sentimentos e desejos) e biológicas (emoções) (Dautro; Lima, 2018).

O que é?

O que é a emoção?
Para Wallon, a emoção é uma manifestação afetiva com aspecto biológico que interfere nos batimentos cardíacos, na respiração e no tônus muscular. A emoção fixa sua resposta na musculatura do indivíduo. Por esse motivo, Wallon relaciona a emoção como complementar ao movimento (Dautro; Lima, 2018).

A afetividade determina a maneira de desenvolvimento dos indivíduos, pois a memória dos acontecimentos na vida de uma pessoa, sua relação com os outros e a medida de afeto recebido durante a infância são fatores que influenciam em seu desenvolvimento. Vygotsky, Piaget e Wallon nos provaram por meio de suas teorias essa influência.

Existem estudos que afirmam que o afeto começa a interferir na formação do indivíduo desde a gestação e continua durante a infância, perpetuando-se ao longo da vida. A construção da autoestima começa na infância, quando o indivíduo se nutre do afeto recebido dos outros para desenvolver-se satisfatoriamente, com segurança e determinação. Para Sarnoski (2014), os estágios da afetividade – emoção, sentimento e paixão – presumem o desenvolvimento de capacidades, em que são revelados os estados de maturação do indivíduo. Assim, o grau de desenvolvimento de afetividade será de acordo com as habilidades adquiridas no campo racional. Isso quer dizer que as aprendizagens acontecem primeiramente na família e, depois, nos ambientes sociais e na escola. Dessa forma, para Sarnoski (2014), a essência da aprendizagem é única e peculiar no indivíduo e os fatores afetivos que a influenciam são inumeráveis. Portanto, a dimensão do afeto pode explicar "a aceleração ou retardamento da formação das estruturas: aceleração no caso de interesse e necessidade do aluno, retardamento quando a situação afetiva é obstáculo para o desenvolvimento intelectual da criança" (Sarnoski, 2014, p. 4).

Sarnoski (2014) afirma ainda que o processo de ensino-aprendizagem precisa ser analisado como uma unidade, em que o ensino é uma face e a aprendizagem a outra. Nessa unidade, a relação professor-aluno é fator originador, e o processo ensino-aprendizagem é recurso essencial do professor, pois compreender o processo e perceber o papel da afetividade nele são fundamentais para um processo eficaz. A afetividade deve ser também elemento norteador para a elaboração de programas de formação para professores (Sarnoski, 2014).

Evidencia-se a presença da afetividade no processo de ensino-aprendizagem quando vemos a disposição do professor em contemplar a diversidade por meio de atividades, espaços e situações em que todos os estudantes tenham oportunidades iguais, mesmo que adaptadas às suas necessidades (o princípio da equidade). Outra evidência está na busca constante de aperfeiçoamento, de conhecimento do mundo exterior, de novas estratégias e da abertura ao novo, por parte do docente, para, assim, trazer para o universo escolar as melhores possibilidades.

Para que a aprendizagem se consolide, é necessário que a escola ofereça atividades e possibilidades de escolha para a criança, de modo que ela consiga demonstrar que atividades mais a atraem e dão satisfação. Olhando pelo ponto de vista afetivo, a escola precisa reconhecer e respeitar as diferenças e demonstrar para a criança o quanto ela é única, chamando-a pelo nome, dando-lhe oportunidade para se expressar, revelando que reconhece suas preferências e suas diferenças.

> A afetividade também é concebida como o reconhecimento construído através da vivência, não se restringindo ao contado físico, mas à interação que se estabelece entre as partes envolvidas, na qual todos os atos comunicativos, por demonstrarem comportamentos, intenções, crenças, valores, sentimentos e desejos, afetam as relações e, consequentemente, o processo de aprendizagem. (Sarnoski, 2014, p. 4)

Reconhecer o indivíduo como ser intelectual e afetivo, que sente e pensa ao mesmo tempo, e admitir a afetividade como elemento que integra o processo de construção do conhecimento determinam um olhar diferenciado sobre a prática pedagógica, que não fica restrito apenas ao aspecto cognitivo. Sob uma ótica construtivista, preocupar-se com a "forma" de ensinar tem tanta importância quanto o "conteúdo" a ser ensinado. Esse é o motivo de valorizarmos as relações, os aspectos emocionais e as práticas das manifestações e comunicações como elementos de referência para a construção do conhecimento (Sarnoski, 2014).

Assim, a afetividade assume a característica inerente à cognição, sendo um elemento essencial para a vida escolar. Sendo assim, o professor deve estar alerta à necessidade de preparar-se para enfrentar e resolver os problemas que surgirem.

Um dos motivos de muitas crianças rejeitarem a escola é o fato de terem vivenciado uma primeira infância conflituosa e carente de afetividade (Sarnoski, 2014).

Para a realização de um bom trabalho na escola, é preciso assumir que são necessários profissionais com diferentes especializações. "A presença de crianças e jovens com necessidades especiais na rede regular de ensino é crescente, por isso, cada vez mais é exigido antes de tudo, mudanças atitudinais não só de professores, mas de toda comunidade escolar" (Lucena, 2020).

Lucena (2020) afirma também que precisamos despertar na sociedade sentimentos e atitudes que reconheçam, questionem e quebrem preconceitos, estimulando a generosidade e o respeito. Estamos diante de uma realidade que não admite recuos, pois o paradigma da inclusão está nas escolas e na vida das pessoas. Como evidenciou Freire (2004, p. 25): "Ensinar não é transferir conhecimento, mas criar possibilidades para a sua produção ou sua construção".

É fundamental que educadores, estudantes de licenciaturas e pedagogia, autoridades e todos os envolvidos nos processos educativos tenham comprometimento com a educação inclusiva e estejam convictos da força do envolvimento emocional para conquistar resultados positivos com pessoas que apresentam deficiência.

6.2 A afetividade do professor

Quando nos referimos ao processo de ensino-aprendizagem, temos de destacar o professor como elemento fundamental do processo de desenvolvimento da afetividade com o aluno, conduzindo desafios e buscas de conhecimentos e experiências enriquecedoras que demonstram aos educandos o quanto aprender pode ser "encantador" e impulsionador para o desenvolvimento pessoal.

> **Para saber mais**
>
> O Instituto Ayrton Senna produz conteúdos extremamente ricos, entre os quais, uma série de artigos, atividades e discussões a respeito do tema da afetividade. Vale a pena conferir e utilizar os materiais oferecidos. Neles você poderá adquirir informações sobre: O que são competências socioemocionais? Como desenvolvê-las? Como elas ajudam em momentos de crise?, além de cursos e materiais, todos gratuitos e atualizados.
> INSTITUTO AYRTON SENNA. **Competências socioemocionais para contextos de crise**. Disponível em: <https://institutoayrtonsenna.org.br/pt-br/socioemocionais-para-crises.html?utm_source=site&utm_medium=hub-botao-2206#como-elas-ajudam-em-momentos-crise>. Acesso em: 2 jul. 2021.

Para a construção e o desenvolvimento do conhecimento, o fator afetivo é elemento fundamental e imprescindível. As relações afetivas contribuem para que os estudantes apresentem um melhor desempenho na aquisição dos conhecimentos e no aprimoramento de suas competências. A concepção de professor neste século XXI foi aperfeiçoada e, diante dos desafios impostos, ele deixou de ser o "transmissor" de conhecimentos e assumiu o papel de "mediador" do conhecimento.

Nesse contexto, a afetividade passa a ter um papel protagonista no processo de ensino-aprendizagem, pois, para orientar os educandos nessa caminhada, respeito, amor ao próximo, autoestima, confiança e segurança são sentimentos necessários entre todos os participantes do processo. O professor promove o desenvolvimento e o despertar de valores em seus alunos – competências socioemocionais essenciais que farão a diferença para futuros profissionais e cidadãos. Dessa forma, o ato de aprender se torna surpreendente e os estudantes se percebem competentes em virtude das atitudes e dos métodos inovadores e motivadores que acontecem na escola.

> Na área da educação, especificamente, a questão afetiva serve de alicerce sobre a qual o sujeito constrói seu conhecimento racional, uma vez que o afeto recebido lhe traz a segurança necessária às suas indagações e curiosidades no processo de ensino-aprendizado. Neste sentido, o educador consciente de sua cidadania e de toda fundamentação teórica que norteia sua prática pedagógica certamente será um colaborador na formação de seus alunos. (Abrão; Duarte, 2017, p. 3)

Freire (2004) já dizia que o educador precisa trazer o estudante para a intimidade do movimento de seus pensamentos enquanto ensina. Nesse sentido, as aulas devem ser desafiadoras e dinâmicas, e nunca monótonas ou calmantes, como uma cantiga de ninar. Os alunos podem cansar, não dormir; e cansam porque precisam acompanhar as idas e vindas do pensamento e são surpreendidos a todo instante por pausas, dúvidas, incertezas e questionamentos (Freire, 2004).

O professor não tem sua função restrita ao "ensinar" conteúdos; ele se tornou o responsável pela condução do aluno ao caminho de aprender. Essa perspectiva altera toda uma visão antiquada de aprendizagem, pois, se não houver aprendizagem, o insucesso não é só do aluno, mas de todos os elementos do processo educacional. E esse insucesso nem sempre será consequência da incompetência do professor, de metodologias deficientes ou carência de recursos, bem como da falta de atenção e de disciplina, ou, ainda, de um aluno problemático. Podemos mencionar um aspecto que merece muito mais atenção e cuja relevância pode não ser destacada: a afetividade.

Figura 6.2 – Construindo o conhecimento

Segundo Barbosa e Salgado (2021), a carência afetiva impacta sobremaneira o indivíduo, em especial o jovem, que é caracteristicamente impulsivo em virtude da idade e arrisca-se de maneira até perigosa, visto que nele há a ausência de boas e construtivas referências afetivas. Como suas referências são negativas, ele as utiliza para se relacionar. O oposto é igualmente influenciador: o jovem que conta com referências positivas e orientação conseguirá filtrar as informações que recebe, observando as ações daqueles indivíduos que demonstram um bom caráter e aplicando-as como modelo (Barbosa; Salgados, 2021).

Antes de emitir um "diagnóstico" sobre um estudante, considerando-o deficiente ou problemático, o professor precisa ir em busca da história pregressa desse jovem, buscando entendê-lo por completo. Dessa forma, conseguirá orientá-lo na busca de uma aprendizagem significativa, ou seja, que faça sentido para esse jovem, que o motive e ofereça perspectivas de crescimento e desenvolvimento tanto cognitivo quanto emocional (Barbosa; Salgado, 2021).

Quando observamos o ser humano como um ser inacabado, em constante evolução, percebemos a relevância da afetividade na constituição de seu desenvolvimento. Referimo-nos a um ser composto por um corpo físico com expressões próprias, inteligência, motricidade e afetividade. Assim, seu desenvolvimento se dá de forma integrada, em consonância com o meio em que vive e as experiências assimiladas.

Exercício resolvido

Assegurar a todos a igualdade de condições para o acesso e a permanência na escola, sem qualquer tipo de discriminação, é um princípio que está em nossa Constituição Federal desde 1988, mas que ainda não se tornou realidade para milhares de crianças e jovens: meninas e adolescentes que apresentam necessidades educacionais especiais, vinculadas ou não a deficiências (Brasil, 2006).

Para desenvolver as habilidades socioemocionais de forma inclusiva, a escola necessita de:

a) equipamentos e recursos tecnológicos para atender os estudantes, bem como de auxiliares de sala para acompanhar os estudantes deficientes, de forma que o professor tenha tempo para atender os demais estudantes.

b) planejamento que contemple todos os estudantes, formação adequada dos professores, adequação física dos espaços escolares, comprometimento de toda a comunidade escolar com a formação das pessoas com deficiência.

c) um setor especializado para lidar com alunos com deficiência, salas separadas com recursos inclusivos e profissionais capacitados para desenvolver as habilidades e os conhecimentos específicos de acordo com a deficiência.

d) recursos financeiros específicos para realizar obras e adquirir materiais especializados para pessoas com deficiência e profissionais igualmente capacitados para atender os alunos com necessidades educacionais especiais de forma individual.

Gabarito: b.

***Feedback* do exercício em geral:** Uma escola verdadeiramente inclusiva precisa ter um planejamento que contemple os estudantes com deficiência e que desenvolva com equidade suas habilidades cognitivas e socioemocionais, bem como os professores necessitam de formação e apoio pedagógico. Tudo isso é feito em conjunto na comunidade escolar e as habilidades socioemocionais são desenvolvidas de forma global com todos os estudantes, profissionais da educação e comunidade em geral. Não existe separação entre os estudantes e todos recebem tratamento igual. É necessário, ainda, que haja o planejamento arquitetônico dos espaços pensando na acessibilidade.

Quando nos referimos ao estudante com necessidades educacionais especiais, sabemos que o educador sempre tem desafios a superar. No entanto, para que isso aconteça, é preciso que haja um envolvimento real, um processo movido pela afetividade. Existem inúmeros casos de sucesso que comprovam que a afetividade influencia o processo de ensino-aprendizagem, e isso vai muito além dos conteúdos didáticos – estamos nos referindo ao desenvolvimento humano.

Pensar, refletir, aprender e desaprender, reformular continuamente o próprio conceito de mudança são essenciais para a educação de todos. Estamos num mundo onde tudo se transforma velozmente, e toda essa transformação afeta a todos.

> Temas como formação humanística, identidade, alteridade, educação pluralista e diversidade, devem estar presentes na formação de profissionais tanto no campo educacional inclusivo como no campo psicopedagógico. Pensar numa

integração conceitual e prática fomentadora das discussões em torno da inclusão, é pensar nas possíveis contribuições da Psicopedagogia à necessária revisão de paradigmas que se figura como apreensões nas buscas de ampliar saberes e práticas na diferença. (Lucena, 2020)

Considerando os temas que estudamos até aqui, percebemos a longa jornada a ser percorrida para efetivar uma real inclusão. Estudos sobre a afetividade, alteridade, identidade, resiliência e desenvolvimento emocional. Vimos que, mais do que de igualdade, precisamos difundir e aplicar o conceito de equidade. Também vimos que as competências socioemocionais se constituem numa poderosa ferramenta para tornar as pessoas capazes de enfrentar os desafios que a sociedade impõe.

O preconceito tem sido um obstáculo para a inclusão, pois dele surgem o *bullying*, a baixa autoestima e até a violência. Em um passado não muito distante, apresentar alguma deficiência era como uma sentença.

Para saber mais

Diz-se que o bom educador é um inconformado, um estudante constante e está sempre a buscar melhores práticas para ensinar e a questionar seu "fazer educação". Para refletir sobre esse tema e trazer ainda mais questionamentos, assista a uma *live* com o Professor José Pacheco, realizada pelo canal Escola da Inteligência, em que a professora Denise Cavalini conversa com o criador da Escola da Ponte.
ESCOLA DA INTELIGÊNCIA. **Aprendizagem significativa, emancipatória e compartilhada**. 2020. Disponível em: <https://www.youtube.com/watch?v=1uFOHI606pU>. Acesso em: 2 jul. 2021.

Muitas iniciativas têm surgido com o intuito de efetivar a inclusão nos mais diversos espaços da sociedade: professores que buscam aperfeiçoamento e realizam atividades diferenciadas para desenvolver as competências socioemocionais, buscando consolidar vínculos de afetividade, cooperação e respeito mútuo; legislações que contemplam igualdade de acesso e atendimento especializado; políticas públicas voltadas para a inclusão; movimentos sociais, associações e organizações que defendem os direitos das PcD; entre outras. Essas são algumas das iniciativas, porém, conforme Lucena (2020), é correto afirmar que políticas públicas de acesso universal à educação não serão eficientes enquanto tiverem o aspecto de "políticas especiais", referindo-se aos estudantes com deficiência, pois dessa forma as "diferenças" continuam. Mesmo com tantos direitos difundidos e garantidos em leis e orientações e advertências internacionais, famílias, professores e até mesmo as PcD denunciam frequentemente abusos e violações desses direitos (Lucena, 2020).

Essa reflexão, deve conduzir os integrantes de todo o processo educativo à busca da compreensão das teorias do desenvolvimento humano para, então, assumirem a postura de investigadores das atitudes e manifestações dos estudantes e da sua prática pedagógica utilizando pesquisas na área.

6.3 A afetividade no processo de ensino-aprendizagem

Temos nos referido constantemente em nossos estudos à aprendizagem significativa, pois, para quem se preocupa com os processos de ensino-aprendizagem, educação e afetividade e educação especial, é fundamental entender os conceitos sobre essa teoria. Então, dedicamos este tópico para mais uma reflexão sobre o tema.

O principal representante da teoria da aprendizagem significativa foi o pesquisador norte-americano David Paul Ausubel (1918-2008). Segundo ele, aprender de forma significativa é ampliar, remodelar ideias que já existem na configuração mental, conseguindo, dessa forma, relacionar e acessar novos saberes. Quanto maiores as relações feitas, mais consolidação haverá conhecimento. Os conceitos de Ausubel se interseccionam com as teorias de aprendizagem do século XX, como a teoria do desenvolvimento cognitivo, de Piaget, a teoria sociointeracionista, de Vygotsky, e a teoria psicogenética, de Wallon.

Concebida para o contexto de aprendizagem escolar, a teoria de Ausubel considera a vida e a história do indivíduo em todas as situações. Essa teoria ressalta que o professor é peça fundamental na aprendizagem, sendo responsável pela proposição de situações que favoreçam o processo. Para Ausubel, existem duas condições primordiais para que ocorra aprendizagem significativa: o conteúdo a ser trabalhado deve ter o caráter revelador e o estudante necessita estar disposto a relacionar o material de forma consistente e não arbitrária.

A problematização central da pesquisa de Ausubel é

> a identificação dos fatores que influenciam a aprendizagem e a retenção, bem como a facilitação da aprendizagem verbal significativa e da retenção pelo uso de estratégias de organização do material de aprendizagem que modificam a estrutura cognitiva do aluno por indução de transferência positiva. (Aragão, 1976, p. 14)

Ausubel estabelece uma clara distinção entre as dimensões de aprendizagem mecânica-significativa e recepção-descoberta. Segundo ele, *significação* não é uma resposta implícita, e sim uma experiência consciente com uma articulação bastante evidente e diferente, que acontece quando conceitos ou proposições, símbolos e sinais que têm significados se relacionam com uma estrutura cognitiva do indivíduo e se incorporam a ela. Adquirir novos significados faz parte da aprendizagem significativa. Esse processo é diferente qualitativamente do processo de aprendizagem mecânica.

> **Aprendizagem significativa** é o processo através do qual uma nova informação (um novo conhecimento) se relaciona de maneira **não arbitrária e substantiva** (não literal) à estrutura cognitiva do aprendiz. É no curso da aprendizagem significativa que o significado lógico do material de aprendizagem se transforma em significado psicológico para o sujeito. Para Ausubel (1963, p. 58), a aprendizagem significativa é o mecanismo humano, por excelência, para adquirir e armazenar a vasta quantidade de ideias e informações representadas em qualquer campo de conhecimento. (Moreira, 1997, p. 19-20, grifo do original)

Moreira (1997) explica não arbitrariedade e substantividade como características básicas da aprendizagem significativa e ambas têm significados dentro do contexto da aprendizagem, os quais serão apresentados na sequência.

Não arbitrariedade
Não arbitrariedade quer dizer que aquilo que se aprende precisa ser significativo e sua relação com os conhecimentos já existentes

se dá de forma não arbitrária, ou seja, o relacionamento não acontece como um aspecto aleatório da estrutura cognitiva, e sim como conhecimentos específicos e relevantes que já existem na estrutura mental (Moreira, 1997).

Para Moreira (2010, p. 2), a aprendizagem significativa ocorre quando "ideias expressas simbolicamente interagem de maneira substantiva e não arbitrária com aquilo que o aprendiz já sabe". O autor esclarece que *substantiva* significa "não literal, não ao pé-da-letra", enquanto *não arbitrária* indica um "conhecimento especificamente relevante já existente na estrutura cognitiva do sujeito que aprende", denominado por Ausubel de *subsunçor* ou *ideia-âncora*.

Simplificando, para Moreira (2010), *subsunçor* é o conhecimento específico que já existe na estrutura mental do sujeito e que permite que o aprendiz confira um significado a um novo conhecimento que lhe é apresentado ou que ele descobre. Seja pela descoberta ou pela apresentação, só haverá novos significados se já houver conhecimentos anteriores que tenham caráter relevante para o aprendiz (Moreira, 2010).

O subsunçor pode ter diversos níveis de significado, sendo mais ou menos elaborado, por exemplo. No entanto, por tratar-se um processo interativo, quando atua como ideia-âncora para um novo conhecimento, ele mesmo se modifica e adquire novos significados, contribuindo para os significados que já existem (Moreira, 2010).

> É importante reiterar que a aprendizagem significativa se caracteriza pela interação entre conhecimentos prévios e conhecimentos novos, e que essa interação é **não literal** e **não arbitrária**. Nesse processo, os, novos conhecimentos

adquirem significado para o sujeito e os conhecimentos prévios adquirem novos significados ou maior estabilidade cognitiva. (Moreira, 2010, p. 2, grifo do original)

Substantividade

Significa que tudo o que se incorpora à estrutura cognitiva é a substância, a essência daquele conhecimento novo, das novas ideias. A mesma concepção ou a mesma proposição podem se manifestar de formas diferentes, utilizando signos específicos ou conjuntos de signos, que se equivalem pelos seus significados. Portanto, uma aprendizagem significativa não depende do uso exclusivo de signos definidos de forma específica (Moreira, 1997).

Dessa forma, entendemos que a aprendizagem significativa só será consolidada quando um conhecimento se relacionar substantivamente e determinadamente com outro conhecimento já existente. Para que isso aconteça, é fundamental a predisposição para aprender e que haja uma situação de ensino muito significativa, fruto do planejamento do professor, que precisa levar em consideração o contexto em que o educando se insere e como socialmente esse objeto de estudo o afeta.

É importante esclarecer que a aprendizagem significativa não consiste naquilo que o indivíduo jamais esquecerá, pois ter a assimilação desvanecida, apagada, é uma continuidade natural da aprendizagem, mas não é o esquecimento total. Trata-se de uma mudança nos significados, e não uma perda. Consiste mais em uma (re)significação. No entanto, se houver um esquecimento total, é bem possível que a aprendizagem tenha acontecido de forma mecânica, e não significativa.

O subsunçor, então, é um conhecimento prévio já estabelecido na estrutura do indivíduo e que, por meio de interações, atribui significados a outros conhecimentos. Moreira (2010) alerta para não transformarmos o subsunçor em um objeto, uma coisa, ou seja, não devemos materializá-lo como um conceito. Para ele, o subsunçor é uma concepção, uma representação ou uma proposição, sendo, portanto, um conhecimento preliminar muito relevante para que se aprenda de forma significativa um novo conhecimento.

A clareza, a estabilidade cognitiva, a abrangência, a diferenciação de um subsunçor variam ao longo do tempo, ou melhor, das aprendizagens significativas do sujeito. Trata-se de um conhecimento dinâmico, não estático, que pode evoluir e, inclusive, involuir. (Moreira, 2010, p. 4)

Exemplificando

De acordo com Moreira (2010), é como se nossa cabeça estivesse impregnada, repleta de subsunçores: uns bastante firmes, consolidados e usados frequentemente; outros, um pouco frágeis, mas em fase de crescimento; uns são empregados esporadicamente, alguns apresentam muitas subdivisões e ligações e outros vão apenas diminuindo. Assim, todos esses conhecimentos interagem entre eles, o que proporciona a organização e a reorganização. Enfim, "nossa cabeça" armazena um conjunto dinâmico de subsunçores. Tecnicamente, "cabeça" corresponde à estrutura cognitiva, então, o complexo de subsunçores organizados e suas inter-relações constituem a estrutura cognitiva de um indivíduo (Moreira, 2010).

De acordo com Moreira (2010), para que a aprendizagem significativa se consolide, são necessárias duas condições, que podem ser assim definidas:
1. o material de aprendizagem deve ser potencialmente significativo;
2. o aprendiz deve apresentar uma predisposição para aprender.

Na primeira condição, Moreira (2010) enfatiza que o material da aprendizagem – livros, aulas, aplicativos etc. – precisam ter significado lógico, ou seja, podem ser relacionados de forma não arbitrária e não literal a uma estrutura cognitiva relevante. É preciso também que o aprendiz tenha em sua estrutura cognitiva subsunçores, ideias-âncora importantes para que o material seja relacionado. "É importante enfatizar aqui que o material só pode ser **potencialmente significativo**, não **significativo**: não existe livro significativo, nem aula significativa, nem problema significativo, ..., pois o significado está nas pessoas, não nos materiais" (Moreira, 2010, p. 8, grifo do original).

Nesse sentido, é o estudante que concede significados aos materiais da aprendizagem.

A segunda condição, de acordo com Moreira (2010), é a de que o estudante **precisa querer** estabelecer relações entre os novos conhecimentos e seus conhecimentos pré-existentes, o que quer dizer **predisposição para aprender**.

Isso não significa gostar da matéria ou estar motivado, refere-se à predisposição para fazer as relações de forma interativa com os novos conhecimentos e a estrutura cognitiva prévia, modificando, enriquecendo e reelaborando essa estrutura.

Os motivos podem ser vários, até obter bons resultados nas avaliações (Moreira, 2010).

Exercício resolvido

"O amor é um conceito repleto de contrastes, antíteses, paradoxos e peculiaridades que o tornam tão singular quanto complexo. (...) amor transcende qualquer ciência. Ele nasce, cresce e se multiplica, ocupando espaços maiores ou menores, mas sempre edificados com o que há de mais nobre no espírito e no coração do ser humano" (Chalita, citado por Lucena, 2020).

O texto de Gabriel Chalita se refere ao amor, mas podemos aplicá-lo ao termo *afetividade*, e mais, transportá-lo ao universo da afetividade no processo de aprendizagem de estudantes com necessidades educacionais especiais.

Nesse sentido, podemos afirmar:

a) O professor é o mediador no processo educativo. Para isso, precisa ter conhecimento do desenvolvimento psicológico do aluno e, consequentemente, das suas necessidades. Ao oportunizar vivências afetivas, gera as possibilidades de interação e o despertar das potencialidades do educando.

b) O professor é o condutor da aprendizagem e deve se preocupar com o desenvolvimento cognitivo, evitando criar vínculos muito estreitos. O "amor" deve ser cultivado, e pode até ser ensinado, porém isso é função da família.

c) O desenvolvimento da afetividade na educação especial é peça fundamental para que a aprendizagem aconteça; no entanto, isso deve ser trabalhado nas escolas especializadas, pois nem todos os professores estão preparados.

d) A afetividade, o amor ao próximo e à humanidade são questões que devem ser trabalhadas pela família, que é a primeira célula em que a criança convive. Se isso não acontecer, a escola não conseguirá trabalhar essas questões.

Gabarito: a.

***Feedback* do exercício em geral:** O estudante que se encontra em um ambiente afetivo e respeitoso desenvolve suas habilidades socioemocionais, o que o conduzirá para uma vida plena com equidade. Desenvolver amor, empatia, acolhimento, é tarefa conjunta das famílias, da escola e da comunidade. O professor desempenha papel fundamental nesse processo e deve, por meio da afetividade, ter presente que é possível construir saberes com ética e amor.

Para que a educação de pessoas com necessidades educacionais especiais aconteça, são necessárias muitas discussões e providências que removam os obstáculos que se apresentam entre as inúmeras etapas do fluxo da escolarização. Incluir o estudante com deficiência na escola vai muito além de promover a sua inclusão em um ambiente com outras crianças; é necessário que se efetuem trocas interativas com ampla aceitação das diferenças que valorizem a sua autoimagem e autoestima.

Concluímos, portanto, que um ambiente de confiança, respeito recíproco, oportunizado pelo afeto e pelo desenvolvimento da autoestima, gera circunstâncias favoráveis para a aprendizagem.

6.3.1 Estratégias de ensino para uma educação inclusiva

Em todos os capítulos deste livro abordamos a educação inclusiva dentro das suas mais diversas perspectivas, pois nosso estudo se refere à afetividade na educação especial. Todas as reflexões que fizemos nos encaminharam para a constatação do quanto é necessário incluir e o quanto o olhar afetivo e empático dos educadores é fundamental para a construção de uma sociedade equitativa, que oferte uma escola para todos – afinal, educação inclusiva é educação para todos.

Assim, para enriquecer sua experiência, sugerimos algumas estratégias de ensino e materiais para trabalhar com estudantes com necessidades educacionais especiais.

"Para acolher a diversidade e as múltiplas formas de aprender, a escola deve assegurar a participação e ao mesmo tempo compreender cada um" (Lopes, 2016).

Para Lopes (2016), alunos apresentam características, interesses e talentos individuais. Alguns têm domínio de diferentes linguagens, amam ouvir e contar histórias; outros têm habilidades lógicas e preferem desafios matemáticos e propostas de ciências, por exemplo. O que temos como certeza é que cada um tem uma história de vida única, com condições sociais, emocionais, físicas e intelectuais distintas. Essa história nem sempre é considerada pelas escolas, que aplicam métodos padronizados de ensino. Os ambientes inclusivos têm uma tradição histórica de serem exclusivos para PcD, o que não deve acontecer, pois eles podem assegurar a participação de todos e contemplar as especificidades e necessidades de cada aluno (Lopes, 2016).

Em maio 2015, durante o Fórum Mundial de Educação, foi assinada a Declaração de Incheon, que

> preconiza que a educação é o principal impulsionador para o desenvolvimento e para que o mundo alcance os demais Objetivos de Desenvolvimento Sustentável (ODS) organizados pela ONU. Também assume o compromisso com a defesa de uma educação de qualidade e com a melhoria dos resultados de aprendizagem. Seu texto servirá de base para a definição das metas internacionais de educação para o período 2016-2030. (Sesc-SP, 2017)

Somos signatários dessa declaração que traça objetivos para a educação inclusiva; mas, mais do que isso, como cidadãos temos de ser comprometidos com esses princípios.

Para saber mais

Em 2019, em conjunto com outros professores, elaboramos um e-book intitulado *Educador no universo das pessoas com deficiência*. Foi uma experiência transformadora e que nos trouxe uma visão realista sobre a educação inclusiva. Trata-se de um material que reúne sugestões e temas sobre inclusão e busca entregar aos educadores orientações para seu fazer pedagógico. Sugerimos a leitura desse material, que consta a seguir: GOMES, E.; NASCIMENTO, M. do; MINSKY, T.; JUNIOR, T. **O educador no universo das pessoas com deficiência**. Florianópolis: Senai-SC, 2019. E-book. Disponível em: <https://read.bookcreator.com/HrrydbLB2vgR3N8zJ1PLOzCOlow2/ithOTsM-RGqA-LcH48cB2A>. Acesso em: 8 ago. 2021.

No quadro a seguir, apresentamos uma seleção de materiais, que poderão auxiliar educadores, famílias e demais envolvidos nesse propósito de executar uma educação inclusiva. Nele, é possível encontrar documentos como a *Declaração de Incheon*, com o qual muitas nações firmaram o compromisso de realizar a educação inclusiva. Também é possível encontrar algumas estratégias de ensino por meio de técnicas para trabalhar com estudantes que apresentam necessidades educacionais especiais; bem como a sugestão para acessar o *site* do Instituto Porvir, que publica constantemente matérias para uma educação inclusiva.

Quadro 6.1 – Estratégias inclusivas

Material	Onde acessar
Declaração de Incheon	Disponível em: <https://media.campanha.org.br/acervo/documentos/233137POR.pdf>. Acesso em: 2 jul. 2021. Um vídeo com o documento comentado pode ser acessado no *link*: <https://www.youtube.com/watch?v=5Wv6aqGjSmI>. Acesso em: 2 jul. 2021.
Fios do Brincar: tecendo o acolhimento de todos os bebês e crianças pequenas. Material pedagógico sobre os primeiros anos de vida. Sugestões de atividades para bebês e crianças com e sem deficiência, principalmente aquelas com idade entre 0 e 3 anos.	Pode ser baixado neste *link*: <https://maisdiferencas.org.br/materiais/fios-do-brincar-tecendo-o-acolhimento-de-todos-os-bebes-e-criancas-pequenas/>. Acesso em: 2 jul. 2021.

(continua)

(Quadro 6.1 - conclusão)

Material	Onde acessar
Pílulas do Brincar Vídeos com Libras, legenda e audiodescrição, nos quais o arte-educador Thiago Franco propõe uma brincadeira inspirada em um artista. Cada vídeo conta com um material complementar em PDF acessível, que reúne mais informações sobre o artista da vez e referências.	Os vídeos e o material impresso estão disponíveis em: <https://maisdiferencas.org.br/materiais/pilulas-do-brincar/>. Acesso em: 2 jul. 2021.
Pintura e transparência: sentidos à flor da pele Sugestões de práticas pedagógicas e brincadeiras com o uso de plástico filme e tinta. A atividade pode ser realizada em diferentes espaços e diversos suportes, envolvendo todas as crianças – com diferentes deficiências e sem deficiência.	Disponível em: <https://maisdiferencas.org.br/materiais/pintura-e-transparencia/>. Acesso em: 2 jul. 2021.
Cardápio para todos Apresenta 60 nomes de alimentos com recursos de acessibilidade para atividades envolvendo todas as crianças – com diferentes deficiências e sem deficiência.	Disponível em: <https://maisdiferencas.org.br/materiais/cardapio-para-todos/>. Acesso em: 2 jul. 2021.
Instituto Porvir Uma série de reportagens sobre educação inclusiva.	Disponível em: <https://porvir.org/educacao-inclusiva-e-educacao-para-todos/>. Acesso em: 2 jul. 2021.

No *site* Mais Diferenças (https://maisdiferencas.org.br/) é possível encontrar muitas outras sugestões de estratégias e materiais para trabalhar com estudantes com necessidades educacionais especiais.

Após tantas ponderações acerca da importância da afetividade na educação e, especificamente, na educação inclusiva, podemos concluir que a escola precisa enfatizar o ajustamento afetivo como condição indispensável ao desenvolvimento pleno dos estudantes.

O professor é ator protagonista nesse processo, atuando como um mediador do conhecimento, e essa mediação só se consuma quando ele adquire conhecimento do desenvolvimento psicológico de seus alunos e, consequentemente, de suas necessidades. Todos precisam vivenciar a afetividade e, para que isso aconteça, suas potencialidades devem ser despertadas e valorizadas. A escola precisa proporcionar relações pedagógicas interativas entre educador e educando, determinando um ambiente de confiança e segurança entre os participantes do processo educativo: "uma relação dialógica de respeito, amizade, valorização, estímulo e participação para facilitar a aprendizagem" (Lucena, 2020).

Estudantes com deficiências, mesmo sendo diferentes, quando desenvolvem uma autoestima boa, são motivados para a aprendizagem, razão por que é importante executar ações planejadas, formação teórica e sensibilidades dos envolvidos. Sempre é tempo de resgatar a autoestima dos estudantes, e o professor precisa estar atento e sensível para agir no momento certo.

6.4 Bullying

Muitos devem ter a sensação de que a violência nas escolas é um tema recente, mas sabemos que não é. O que realmente acontece é que, ultimamente, o termo *bullying* adquiriu uma repercussão e projeção muito grande. Um dos motivos é a comunicação em massa que a *web* (internet) nos trouxe; outro motivo é a intensificação dos estudos que buscam entender os fenômenos escolares que geram evasão e baixo rendimento; aliado a isso, há uma busca pela construção de um ser humano pleno, integral, livre de traumas.

Assim, de acordo com Santos (2016), percebeu-se que o *bullying* se tornou uma prática comum nos ambientes escolares. A escola passou, então, a ser um lugar inseguro, onde a violência faz parte do cotidiano. "O bullying é uma violência mascarada em forma de brincadeira" (Santos, 2016, p. 1).

Para saber mais

O Volume II da série "Produções Didáticas do Governo do Paraná", intitulado *Os desafios da escola pública paranaense na perspectiva do professor PDE: produções didático-pedagógicas*, encontramos diversas indicações de filmes para discussões sobre *bullying* e inclusão. A seguir, listamos alguns desses filmes, aconselhando que você acesse o caderno, leia as sinopses e as sugestões de trabalho.

RODRIGUES, T. da S. Estratégias para o enfrentamento da violência escolar e bullying entre alunos de sala de recursos e sala de ensino comum: considerações para uma escola inclusiva. **Os desafios da escola pública paranaense na perspectiva do Professor PDE**: produções didático-pedagógicas, Maringá, 2014. v. 2. Disponível em: <http://www.diaadiaedu cacao.pr.gov.br/portals/cadernospde/pdebusca/producoes_ pde/2014/2014_uem_edespecial_pdp_telma_da_silva_rodri gues.pdf>. Acesso em: 29 jun. 2021.

FILHOS do paraíso. Direção: Majid Majidi. Irã: Imagem Filmes, 1998. 89 min.

O PRIMEIRO da classe. Direção: Peter Werner. EUA: Hallmark, 2008. 95 min.

PROVA de fogo. Direção: Doug Atchinson. EUA: Lions Gate Films, 2006. 112 min.

VERMELHO como o céu. Direção: Cristiano Bortone. Itália: Califórnia Filmes, 2006. 96 min.

É sabido que muitos traumas e sofrimentos que se manifestam na idade adulta são advindos do *bullying* escolar. O que se percebe é que, em muitas situações, essa prática é ignorada por grande parte das pessoas, que acreditam que tal comportamento abusivo é apenas uma "brincadeira característica da idade", que deixará de ser feita com o amadurecimento, sem levar em conta os danos causados nos envolvidos.

Os estudos sobre o bullying escolar tiveram início na Suécia, na década de 70 e na Noruega, na década de 80. Aos poucos, vem se intensificando nas escolas dos mais diversos países, sendo possível quantificá-lo em índices que variam de 5% a 35% de envolvimento. No Brasil, os estudos são recentes, motivo pelo qual a maioria dos brasileiros desconhece o tema, sua gravidade e abrangência. Pesquisas realizadas na região de São José do Rio Preto, interior paulista, (FANTE, 2000/03) e no município do Rio de Janeiro, (ABRAPIA, 2002), com o intuito de reconhecer a incidência bullying, revelaram que, em média, 45% dos estudantes de escolas públicas e privadas, estão envolvidos no fenômeno. (Fante, 2020)

O termo *bullying* deriva do inglês *bully*, que apresenta duas definições: como substantivo, o **termo *bully*** significa "agressor"; como verbo, significa "intimidar" (Humpel; Bento; Madaba, 2019). Assim, o termo derivado ***bullying*** pode ser defindo como "comportamento agressivo" e não tem um equivalente na nossa língua, por isso a palavra em inglês acabou sendo adotada para expressar a abrangência e as formas de ataques que tanto prejudicam estudantes e demais pessoas por todo o país (Humpel; Bento; Madaba, 2019). O tema tem despertado um grande interesse e preocupação nos mais diversos segmentos sociais, devido aos incontáveis prejuízos emocionais que são causados às pessoas que sofrem *bullying*.

> Também chamado de intimidação sistemática, é considerado bullying "todo ato de violência física ou psicológica, intencional e repetitivo que ocorre sem motivação evidente, praticado por indivíduo ou grupo, contra uma ou mais pessoas, com o objetivo de intimidá-la ou agredi-la, causando dor e angústia à vítima, em uma relação de desequilíbrio de poder entre as partes envolvidas", conforme definido pela Lei nº 13.185/2015, que instituiu o Programa de Combate à Intimidação Sistemática (Bullying). (Brasil, 2018b)

O *bullying* é uma manifestação de violência, mesmo que não haja o contato físico. A violência psicológica é uma agressão emocional, tão ou até mais grave que a agressão física. Trata-se de um comportamento característico daquele que ameaça, rejeita, humilha, discrimina. Existe ainda a violência moral, que se caracteriza por calúnia, difamação, injúria etc.

Figura 6.3 – O *bullying* e suas formas de violência

Microstocker Pro/Shutterstock

Pode-se dizer que o comportamento violento, na atualidade, é um fenômeno social de muita complexidade e de difícil entendimento que afeta toda a sociedade. É resultante de vários fatores que podem se constituir tanto externamente ao ambiente escolar como dentro da escola, sendo caracterizado pelas interações sociais, familiares, socioeducacionais e pelas manifestações comportamentais violentas nas relações interpessoais.

Sobre os fatores externos, segundo Fante (2005), sabe-se que são importantes para a formação da personalidade do estudante, em virtude da influência do contexto familiar, social e dos meios de comunicação (internet, televisão, entre outros). A escola não tem ingerência para impedir tal influência, sendo alvo de episódios de violência. Quanto aos fatores internos, relacionam-se ao clima escolar, às relações interpessoais e aos aspectos individuais dos integrantes da comunidade escolar (Fante, 2005).

Exercício resolvido

Em outubro de 2014, no Piauí, um garoto de dez anos sofreu *bullying* e foi agredido na escola por usar óculos. Ele chegou a ser internado por três dias após sofrer desmaios e convulsões. A mãe do garoto registrou boletim de ocorrência e aguarda audiência. "A violência entre estudantes continua a assustar pais, funcionários de escolas, e especialmente os principais alvos das agressões: as crianças e adolescentes" (Cunha, 2014).

O caso descrito não é uma exceção. Diariamente, acontecem casos semelhantes pelo mundo. Selecione a seguir as melhores providências a serem tomadas para punir tais abusos:

a) Dar o máximo de publicidade ao caso para que todos tomem conhecimento; deixar que a polícia resolva o caso e buscar o conselho tutelar.
b) Buscar ajuda da assistência social com o objetivo de trocar a vítima de escola; conseguir um apoio psicológico para que essa criança supere o acontecido.
c) Realizar uma série de eventos na escola e na comunidade para esclarecer e discutir o assunto; encaminhar as famílias de agressores e agredido para um acompanhamento psicológico.
d) Solicitar policiamento de patrulha escolar, pois, como o evento aconteceu na saída da escola, isso irá inibir os agressores; fazer uma campanha para que os agressores sejam punidos com medidas socioeducativas.

Gabarito: c.

> **Feedback do exercício em geral**: É preciso educar a população, discutir entre a comunidade escolar e não expor mais a vítima e o agressor; a assistência social pode auxiliar em encaminhamentos, porém trocar de escola não é a solução, pois o problema não se extingue; todos os movimentos de esclarecimento são bem-vindos e surtem muito efeito, pois a discussão aberta faz a vítima se sentir valorizada e visível; medidas ostensivas podem até inibir, mas não resolvem o comportamento agressivo, que poderá ocorrer em outro espaço.

Não data de muito tempo o uso do termo *bullying* para caracterizar uma forma de violência psicológica, mas desde que foi "importado" para nosso vocabulário, designa "o desejo consciente de causar danos a outra pessoa e deixá-la sob tensão. Esse termo conceitua comportamentos que são agressivos e antissociais" (Menezes, 2011, p. 31).

O termo *bullying* pode ser definido como a discriminação realizada por um agressor ou por agressores, que acontece constantemente, repetidamente e de forma intencional, sobre um indivíduo ou grupo de indivíduos. Tais comportamentos podem ser assédios e ações de desrespeito (Menezes, 2011).

O termo é empregado para caracterizar comportamentos agressivos (violentos) tanto no campo educacional quanto em outros âmbitos, porém, é no contexto escolar que esse fenômeno tem chamado mais a atenção, pelos danos que pode acarretar para a vida de todos os envolvidos: vítima, agressor, família e outros (Menezes, 2011).

Bullying: Palavra de origem inglesa, adotada em muitos países para definir o desejo consciente e deliberado de maltratar uma outra pessoa e colocá-la sob tensão; termo que conceitua os comportamentos agressivos e antissociais, utilizado pela literatura psicológica anglo-saxônica nos estudos sobre o problema da violência escolar. (Fante, 2005, p. 27)

Existe uma diversidade de termos em outros países que identificam o fenômeno, porém nenhum deles tem a conotação inglesa. Por essa razão, o Brasil adotou o termo inglês, já que se trata de uma definição abrangente e, ao mesmo tempo, específica sobre o fenômeno praticado. Isso facilita a caracterização, para a tomada de medidas e para os estudos sobre o tema. O *bullying* é, portanto, o conjunto de comportamentos agressivos, intencionais e repetitivos, praticados sem motivação evidenciada e de disputa desequilibrada pelo poder. Esse conjunto de atitudes pode ser adotado por um ou mais indivíduos e causa nas vítimas dor, angústia, sofrimento extremo (Fante, 2005).

> Insultos, intimidações, apelidos cruéis, gozações que magoam profundamente, acusações injustas, atuação de grupos que hostilizam, ridicularizam e infernizam a vida de outros alunos levando-os à exclusão, além de danos físicos, morais e materiais, são algumas das manifestações do comportamento bullying. (Fante, 2005, p. 29)

Também, os atos praticados pelos agressores contra um ou alguns estudantes quase sempre não têm nenhuma motivação que os justifique. Ou seja, "os agressores agem como se fosse natural os mais fortes fazerem os mais fracos de objetos de prazer e poder, com a finalidade de humilhar, maltratar, amedrontar e intimidar suas vítimas" (Silva, 2010, citado por Menezes, 2011, p. 32). Assim o sujeito brigão, arrogante, valentão, intolerante e cruel é o *bully*. Esses indivíduos adotam posturas intimidadoras e prepotentes e abusivas. A vítima é mantida por esses indivíduos sob total domínio e é exposta a toda série de barbaridades e ameaças, que são feitas publicamente, transformando os colegas em espectadores; nesses casos, ninguém denuncia por medo de se tornar a próxima vítima, o que faz com que as agressões permaneçam em segredo, sendo ocultadas dos profissionais da escola e familiares do agredido e do agressor (Silva, 2010, citado por Menezes, 2011).

Exercício resolvido

De acordo com Carvalho (2013), o conceito de *bullying* não pode ser equiparado ao de violência ou de agressividade, pois supõe a existência de um abuso de poder por parte de outra pessoa. O conceito de violência nos remete à ideia da criminalidade, a qual é marcada por episódios de transgressão às normas vigentes.

Assim, podemos afirmar:
a) No Brasil, palavra *bullying* caracteriza um comportamento cruel que está intrínseco nas relações interpessoais em que os mais fortes transformam os mais fracos em objetos de diversão e prazer.
b) *Bullying* significa assédio, e é um termo utilizado em todos os países de língua inglesa para significar a prática de atitudes que ridicularizam e expõem o outro, causando danos muitas vezes irreparáveis.

c) O termo *mobbing* também é empregado no Brasil para designar práticas abusivas e constrangedoras que atormentam e ridicularizam o outro.

d) Quem pratica *bullying* está infringindo leis e pode sofrer penalidades, pois essa prática é considerada crime de acordo com a lei, independentemente da idade do agressor.

Gabarito: a.

Feedback do exercício em geral: O *bullying* se caracteriza pela prática de atos que intimidam e ridicularizam o outro, em que um indivíduo submete o outro a diversas situações constrangedoras; o *bullying* tem significados diferentes em outros países; *mobbing* é empregado na Noruega e na Dinamarca e tem conotação semelhante ao *bullying*; o *bullying* é crime, porém, para agressores menores de idade, é uma infração penal.

Na maioria das vezes, a vítima não sofre apenas um tipo de agressão, os agressores vão maximizando e sofisticando os métodos, agredindo de diversas formas, e isso contribui para a exclusão e o isolamento social, que podem culminar na evasão escolar (Menezes, 2011). Outra constatação é de que, na maioria das vezes, são atitudes reproduzidas, em que o agressor no presente quase sempre foi a vítima no passado (Santos, 2010, citado por Menezes, 2011).

Menezes (2011) relata que os agressores, normalmente, escolhem uma vítima que está em condição de desigualdade e com autoestima baixa; ao ser alvo de *bullying*, o problema que já existe se agrava e pode gerar quadros com consequências irreversíveis. Segundo Santos (2010, citado por Menezes, 2011), quando as vítimas são crianças ou adolescentes com algum tipo de deficiência, o quadro pode piorar consideravelmente, pois essas vítimas podem não ter habilidades físicas e/ou emocionais para superar a agressão.

Em geral, os agressores apresentam as seguintes características: são populares, agem por impulso, apresentam diversos comportamentos antissociais, frequentemente são mais fortes que as vítimas e, muitas vezes, demonstram sentir prazer em dominar, causar danos e controlar os outros.

Um grande problema que pode gerar agressores é a falta de afeto, de atenção, de carinho por parte da família (pais e responsáveis), bem como um ambiente familiar agressivo. A própria criança pode ser vítima no lar e reproduzir os comportamentos que presencia na família em outros ambientes.

Santos (2016) reitera que não há idade, nem classe social, nem gênero ou ser bem ou mal relacionado para praticar *bullying*. Esses indivíduos, no entanto, apresentam algumas características em comum: importam-se apenas consigo, necessitam chamar a atenção, não demonstram empatia, sentem prazer em dominar, são arrogantes e julgam-se superiores aos outros. Para eles, as vítimas sempre são as culpadas e desprezam seus pares (Santos, 2016).

Como já mencionamos anteriormente, esses comportamentos podem ser ocasionados pela ausência de informações sobre deficiências (físicas ou intelectuais) e pelo preconceito adquirido em casa e trazido para a escola.

> O comportamento de um *bully* pode ser percebido em qualquer faixa etária e nível de escolaridade. Entre as crianças de três e quatro anos é perceptível o comportamento abusivo, manipulador, dominador e também o oposto passivo,

submisso e indefeso. O *bullying* se propaga cada dia mais na educação infantil e no ensino fundamental, a maioria dos casos acontece nos primeiros anos de escolarização, porém com menos intensidade e agravamento que com pessoas (crianças) maiores. (Menezes, 2011, p. 33)

As atitudes agressivas que caracterizam o *bullying* se manifestam como agressões físicas (empurrar, bater, beliscar, dar pontapés, entre outros), agressões verbais (caçoar, colocar apelidos ofensivos, entre outros), agressões por meio de manipulação social (excluir, ignorar, difundir rumores entre outros), agressões expressas por maus tratos psicológicos (ameaças, gestos e expressões provocadoras e ameaçadoras etc.) e, ainda, ataques à propriedade, como furto, extorsão, destruição intencional de bens e objetos (Oliveira; Barbosa, 2012).

Sobre os envolvidos no processo de *bullying*, é possível observar diversos papéis. Oliveira e Barbosa (2012) mencionam vítimas passivas, vítimas agressivas, observadores e agressores, definindo-os da seguinte maneira:

- **Vítimas passivas**: São indivíduos com características de insegurança, ansiosas e com incapacidade para se defenderem.
- **Vítimas agressivas**: Na maioria das vezes têm um temperamento exaltado e violento, usam da defesa pela retaliação ou agressão aos outros.
- **Observadores**: Não participam da violência, porém convivem com ela, sem nenhuma manifestação diante dela.
- **Agressores *(bullys)***: Seja em grupo, seja individualmente, são os líderes ou seguidores nesse processo de agressão.

A respeito das vítimas, Oliveira e Barbosa (2012) as definem como indivíduos frágeis, que nutrem uma autoimagem de desiguais ou prejudicados e que raramente pedem auxílio. Outra característica das vítimas, para os autores, é a total ou parcial ausência de competências sociais, sendo pouco assertivos ou revidando de maneira provocativa.

A vergonha, o medo e a insegurança fazem com que as vítimas não busquem ajuda, o que só contribui para o aumento da violência, deixando o agressor impune. O silêncio torna-se um aliado do agressor.

Algumas características predominam nas vítimas, que, igualmente aos agressores, não se distinguem por idade, gênero ou outra particularidade pessoal. No entanto, para Santos (2016, p. 6),

> algumas características são mais comuns: ser novo(a) na escola; ser o mais jovem ou menor da classe; muito sensível; tímido ou ter ansiedade em agradar a todos; ser fisicamente diferente (ou ter algum tipo de deficiência física ou de aprendizado); ser de nível social diferente (mais rico ou mais pobre que a maioria); ser de raça ou origem diferente ou mesmo estar no lugar e na hora errada.

A vítima é a pessoa mais prejudicada pelos efeitos do sofrimento, que quase nunca são compartilhados, o que faz com que desenvolva atitudes de isolamento social e insegurança. Além disso, demonstram-se indefesas e não conseguem reagir aos ataques e muito menos denunciar o que está acontecendo (Santos, 2016).

Uma observação bastante importante: conforme apontam Oliveira e Barbosa (2012), o *bullying* tem grandes chances de acontecer entre crianças e adolescentes com necessidades educacionais especiais, em virtude de que esses sujeitos apresentam um desenvolvimento bem reduzido de competências sociais e quase sempre têm um círculo de amizades igualmente reduzido. Dessa forma, tornam-se alvos fáceis para os agressores e têm mais chances de serem rejeitados por seus pares.

Perguntas & respostas

Qual é o conceito de necessidades educacionais especiais?
Dentro das concepções educacionais brasileiras, o termo se refere à condição de deficiência ou de dotação de talentos. Entretanto, conceitualmente, a expressão não está relacionada à deficiência, e sim às "**medidas específicas de que qualquer um pode necessitar em um momento ou outro de seu desenvolvimento**" (Menezes, 2011, p. 29, grifo do original).

Assim, deve-se admitir que, de acordo com as circunstâncias, toda criança apresenta necessidades educacionais especiais.

Por outro lado, é preciso ter presente que existem crianças deficientes, que necessitarão de atendimentos específicos durante todo ou quase todo o período de escolarização, já que apresentam necessidades educacionais especiais de modo permanente (Menezes, 2011).

O Ministério da Educação (MEC), por meio da Secretaria de Educação Especial, denomina *altas habilidades/superdotação* a condição de estudantes com necessidades educacionais especiais, que demonstram potencial elevado nos seguintes domínios: liderança, psicomotricidade, criativo/produtivo, intelectual, acadêmico e artes, manifestados de forma isolada ou combinadamente (Brasil, 2008). Apresentam, ainda, aspectos de elevada criatividade e envolvimento na aprendizagem, bem como na realização de tarefas nos campos de seu interesse.

Os estudantes com necessidades educacionais especiais, frequentemente são vistos como "diferentes" dos outros, percepção que pode ocasionar implicações negativas no tocante ao convívio escolar.

Esses indivíduos integram um grupo bastante heterogêneo, que abrange pessoas com diversas deficiências (deficiência física, mental etc.), com problemas mais leves, menos severos como dificuldades de aprendizagens específicas e com altas capacidades, dotação e talento (Brasil, 2008).

O fenômeno *bullying*, historicamente, é muito antigo, tendo se desenvolvido paralelamente à própria escola, porém, o estudo científico sobre o tema começou apenas na década de 1970. Iniciou-se na Suécia, onde havia uma incidência relevante de agressões, passando para outros países escandinavos e espalhando-se pelo mundo (Menezes, 2011). Não iremos aqui discorrer sobre os casos conhecidos pelo mundo e suas repercussões, visto que nosso interesse é sobre os efeitos do *bullying* e possíveis soluções ou medidas para inibir ou minimizar seus impactos.

6.4.1 *Cyberbullying*

A revolução tecnológica, a facilidade de acesso à internet, o *smartphone* como acessório indispensável para todos os estudantes, jovens, crianças e adultos, a vida publicada nas redes sociais e a necessidade de exposição que elas produzem trouxeram consigo uma nova modalidade de *bullying*: o *cyberbullying*.

Figura 6.4 – *Cyberbullying*

eyes on him/Shutterstock

O *cyberbullying* é o *bullying* virtual. Trata-se de um tipo de agressão que se perpetua por meio da internet, de maneira *on-line* (Santos, 2016). Os agressores no *cyberbullying*, conforme Silva (2010, citado por Santos, 2016), utilizam para sua prática instrumentos sofisticados e sempre atualizados da internet, entre outras ferramentas digitais no campo da informação e tecnologia (física e móvel). O objetivo é o mesmo: constranger, humilhar e maltratar suas vítimas. Os recursos são variados e, quanto mais o agressor se qualifica, mais canais utiliza – redes sociais, aplicativos de mensagens, *e-mails* etc. (Santos, 2016).

Para Santos (2016), os *bullies* virtuais se escondem no anonimato e publicam mentiras (*fake news*), espalham fofocas, boatos, insultos e opiniões depreciativas. Também agridem e fazem ameaças, muitas vezes obrigando a vítima a submeter-se a atos de autoflagelo. Criam a atmosfera de perseguição, em que a vítima julga estar constantemente vigiada. Existem ainda casos de extorsão, quando a vítima é subjugada por ter enviado imagens íntimas ou porque o agressor conseguiu *hackear* seus arquivos (Santos, 2016).

O *cyberbullying* é uma forma de violência: a violência virtual, em que os usuários "aproveitam-se do anonimato para praticar agressões através dos meios digitais e expõem suas vítimas em sites de bate-papo, publicam fotos, muitas delas montagens, fazem comentários humilhantes, desagradáveis e ofensivos" (Santos, 2016, p. 5).

Nesse mundo virtual, as ofensas, os xingamentos, as provocações e as ameaças vêm atormentando as vítimas, que se sentem encurraladas, mesmo fora do espaço escolar. Em virtude disso, podemos concluir que o *cyberbullying*, embora tenha as mesmas características e efeitos do *bullying*, tem dois agravantes poderosos – o anonimato e a abrangência –, pois um boato, uma ofensa ou uma calúnia publicados na *web* não têm fronteiras.

Exercício resolvido

Um ou mais alunos xingam, agridem fisicamente ou isolam um colega, além de colocar apelidos grosseiros. Esse tipo de perseguição intencional definitivamente não pode ser encarado só como uma brincadeira natural da faixa etária ou como algo banal, a ser ignorado pelo professor. É muito mais sério do que parece. Trata-se de *bullying*. A situação se torna ainda mais grave quando o alvo é uma criança ou um jovem com algum tipo de deficiência – que nem sempre tem habilidade física ou emocional para lidar com as agressões. (Martins, 2009)

Considerando o texto anterior, muitas medidas podem ser tomadas para coibir e não permitir que tais atitudes se instaurem na sociedade. Entre elas, podemos citar:

a) Buscar escolas especializadas em educação para deficientes, pois assim a criança estará em um ambiente com seus semelhantes e pessoas preparadas para atendê-las.
b) Ensinar a criança a revidar toda e qualquer agressão, pois a violência acontece porque a vítima não sabe como se defender, e se o outro sentir medo, não vai agredir.
c) Conversar sobre a deficiência do aluno com todos, falar de *bullying* e inclusão com a comunidade, elaborar com a escola um projeto de ação e prevenção contra o *bullying*.
d) Fazer a sua parte, não discriminando e deixando que os outros aprendam por si próprios, já será um grande avanço; confrontar os agressores é perigoso, melhor ficar neutro.

Gabarito: c.

***Feedback* do exercício em geral**: É preciso aprender a conviver com a deficiência e não excluir, pois, em um ambiente plural, todos aprendem. Violência gera violência, e a escola e a família precisam informar as pessoas com ou sem deficiência para que saibam como agir. Conversar, elaborar projetos, desmistificar a deficiência são algumas boas atitudes. Sempre é preciso denunciar o abuso e a violência, pois a neutralidade só contribui para aumento do *bullying*.

Sobre o enfrentamento do *bullying* nas escolas, Menezes diz que a reação a esse fenômeno, infelizmente, encontra-se em um estágio inicial, pois as escolas e os profissionais não estão preparados para reconhecer e combater essa prática tão abominável. Credita-se isso à falta de conhecimento, ao comodismo, à omissão e também à negação do problema como uma

realidade presente. Menezes (2011) aponta três passos para o início de um enfrentamento desse fenômeno:
1. É preciso reconhecer a existência do *bullying* em todas as suas manifestações e admitir os prejuízos que ele acarreta para todos os envolvidos.
2. As instituições precisam capacitar seus profissionais para que consigam identificar e intervir e se necessário, encaminhando adequadamente os casos ocorridos.
3. Todas as instituições devem conduzir amplos debates sobre o tema, para uma mobilização incisiva em toda a comunidade, buscando estratégias conjuntas que previnam as práticas de *bullying*, e para o enfrentamento eficaz da situação.

Esses são apenas passos iniciais para um combate efetivo à prática do *bullying*.

6.5 A afetividade e a arte

Utilizar a expressão em suas diversas possiblidades de linguagens traduz o ensino da arte. A arte proporciona ao indivíduo acessar formas de linguagens de expressão e conhecimento.

As artes visuais, por exemplo, favorecem o desenvolvimento do conhecimento sensível e a aprendizagem significativa, que se manifestam nos processos de criação.

> O universo da arte e sua capacidade de mobilização dos valores sensíveis, impulsiona ao exercício de perceber, imaginar e criar, utilizando-se de recursos, muitas vezes, não verbais, como o desenho ou a pintura, favorecendo o diálogo interno do aluno com

sua própria produção, ou então do aluno com a referência visual utilizada. Para Martins (1998, p. 141): "O educador é um mediador entre a arte e o aprendiz, promovendo entre eles um encontro rico, instigante e sensível". (Teixeira; Freitas, 2009, p. 3793)

O ensino da arte na educação especial é um processo eficiente e democrático, além de desenvolver múltiplas inteligências, trabalhando com elementos intuitivos, sensoriais e a percepção espacial. Assim, as crianças com necessidades educacionais especiais têm a oportunidade de aumentar sua autoestima, desenvolver-se cognitivamente e reforçar seu ego cultural.

A arte-educação proporciona ainda ao estudante um canal para extravasar seus sentimentos e até frustrações. Nesse sentido, o ensino da arte é uma terapia.

O ensino da arte é transformador, na medida em que permite que o estudante execute uma atividade que abrange a mente, o coração, os olhos, os ouvidos, as mãos, o corpo como um todo. Pela arte, o indivíduo pensa, recorda, escuta, observa, fala e experencia (Bosi, 2001).

A sociedade se modifica por meio das linguagens artísticas, pois a arte abre espaços para a criatividade e oferece oportunidades para os indivíduos desenvolverem o pensamento crítico, proporcionando novas formas de aprendizagem.

Diante disso, podemos entender que por meio da arte são criadas formas de conexões e expressões afetivas que se tornam significativas na produção do conhecimento. Desde os anos iniciais, o aprendizado da arte é fundamental para o desenvolvimento humano, aperfeiçoando a linguagem, a coordenação motora fina, a imaginação e a livre criação.

A Arte é uma linguagem que dialoga com a mente emocional. Alegria, angústia, abandono, tristeza, revolta, poder, entusiasmo são mensagens emocionais que recolhemos e transportamos através das expressões artísticas nas suas mais diversas modalidades: música, literatura, poesia, dança, teatro, pintura, escultura etc. (Branco, 2021)

A arte desempenha um papel de grande relevância na vida de uma criança, papel que vai muito além dos momentos de lazer e diversão. Por meio da arte, a criança se desenvolve física, social, cognitiva e afetivamente, criando canais de expressão próprios e compreendendo o mundo que a cerca.

As crianças, por meio da arte, aprendem a ordenar suas experiências humanas desde a mais tenra idade. Por ser uma atividade lúdica, essas vivências assumem um caráter de brincadeira, assim, a evolução acontece de forma gradativa e natural.

Quando falamos de desenvolvimento físico, a dança e o teatro proporcionam a evolução da consciência corporal, noção espacial e aperfeiçoamento motor. Já pintura desenvolve a motricidade fina e a capacidade de distinguir materiais, cores, formas e texturas.

Um dos maiores ganhos da arte na vida das crianças se refere ao desenvolvimento social e afetivo, pois prepara esses indivíduos para uma leitura da realidade e de si mesmos, aperfeiçoando o senso crítico, a sensibilidade e a criatividade.

Comprovadamente, as crianças com necessidades educacionais especiais conseguem manifestar-se de forma muito efetiva por meio da arte, e esta, em alguns casos, faz parte de sessões de psicoterapia, psicopedagogia entre outros procedimentos.

As manifestações artísticas são uma importante ferramenta para a inclusão, o aumento da autoestima, a afirmação como ser social e produtivo; em alguns casos se torna, inclusive, ferramenta de trabalho.

Por meio dessas manifestações, é possível externar e compreender emoções, frustrações e dificuldades. Sendo assim, a experiência artística só traz benefícios tanto para crianças quanto para educadores, pais e todos os demais envolvidos no processo de desenvolvimento de uma pessoa com necessidades educacionais especiais.

Estudo de caso

Texto introdutório

Desde os primórdios da humanidade, sempre ocorreram atitudes de agressão física e/ou psicológica contra pessoas diferentes, nos mais diversos segmentos da sociedade. Atualmente, chamamos esse comportamento de *bullying*.

O *bullying* pode se expressar das mais variadas formas: verbalmente; física e materialmente; psicológica e moralmente; sexualmente e virtualmente, forma esta conhecida como *ciberbullying*.

Independentemente da forma com que se manifesta, a prática do *bullying* é um comportamento deplorável, pois exclui a participação do seres humanos na sociedade. As vítimas podem ser de qualquer grupo social, porém as PcD são alvos muito fáceis.

Texto do caso

Este estudo de caso diz respeito às práticas de *bullying* contra PcD na escola, caracterizando atitudes abusivas, constrangedoras ou violentas e sobre as providências que podem ser adotadas para solucionar as situações.

Exemplo 1: Um exemplo do *bullying* praticado por meninas foi relatado pela médica e pós-graduada em psiquiatria, Ana Beatriz Barbosa Silva, sobre um fato ocorrido com uma de suas pacientes, uma menina de 11 anos com transtorno do déficit de atenção e hiperatividade (TDAH). Na escola em que estava matriculada, a criança sofreu discriminação por parte de três colegas que a ignoravam e a desrespeitavam, impondo apelidos pejorativos, como "germe" e "ameba", e também a isolando do convívio de todos que dela se aproximavam.

Exemplo 2: Um garoto de 12 anos com necessidades educacionais especiais que, ao chegar na escola, foi rejeitado pelos colegas. A vítima era chamada de *doido*, empurrada e machucada pelos colegas. Como ele era apegado à rotina, mentiam para ele, dizendo que a aula acabaria mais cedo. Isso o desestabilizava e o fazia chorar.

Exemplo 3: Quando um menino de 9 anos chegou na escola, a reação dos colegas da 1ª série foi excluir o menino do convívio com a turma. Sua fisionomia assustava as crianças por causa de uma má-formação na face.

Em todos os casos relatados as vítimas apresentaram vários sintomas, como tristeza, isolamento, rebeldia, ausência de autoestima ou baixo rendimento escolar. Alguns deles somatizam as agressões, e isso resulta em dores de cabeça, falta de apetite, vômitos, diarreia, problemas de pele etc.

Os ataques de pânico e fúria também se manifestaram. Um dos meninos começou a usar roupas extremamente fechadas, mesmo com o calor intenso. Descobriu-se que ele estava se automutilando.

Esses relatos representam um sem-número de jovens, pelo mundo inteiro, que a todo instante dão sinais, pedindo socorro e uma providência da sociedade.

Resolução

Tanto profissionais de saúde (médicos, psiquiatras, psicólogos etc.) quanto profissionais da educação sabem que é preciso estar em alerta para a ocorrência de *bullying*, que tanto prejudica jovens e as relações sociais como um todo.

Diversas medidas podem ser adotadas para eliminar e também prevenir a instauração dessa violência nas escolas.

Vejamos, a seguir, algumas soluções possíveis.

No caso da menina com TDAH, a escola procurou conversar com os pais das meninas que praticavam o *bullying* e também com a líder do grupo agressor. Ao reconhecerem o mau comportamento, os pais aceitaram a ajuda da equipe pedagógica escolar para a adoção de medidas reeducativas, fazendo com que as jovens percebessem o mal que estavam causando. Não foi um processo de solução imediato: foram rodas de conversa com as famílias, em seguida, com os jovens agressores e, depois, com todo o grupo, até que a harmonia se instaurasse. Como se tratava de adolescentes, a escola promoveu sessões de cinema, *shows* musicais e criou um *blog*, no qual os adolescentes poderiam publicar textos e histórias de *bullying*. A escola trabalhou, assim, o engajamento de todos na luta pela melhoria dessas relações.

No segundo caso, do menino de 12 anos, a professora passou a conviver com as dificuldades do garoto e observar suas reações. Ele precisava que sua rotina fosse mantida, e como os colegas mentiam sobre a hora da aula, a professora começou a atendê-lo individualmente. Percebendo que era importante para o garoto saber como o dia seria encaminhado, a professora resolveu mudar e relatou: "Passei a adiantar para esse aluno, em cada aula, o conteúdo que seria ensinado na aula seguinte. Assim, ele descobria antes o que iria aprender". A mudança foi evidente, e quando os colegas notaram sua capacidade de aprender, passaram a respeitá-lo. Chamavam-no para trabalhos em grupo e descobriam que ele tinha uma grande habilidade para cálculos. Ele acabou virando o "monitor" de matemática para os colegas.

No caso do menino de 9 anos, a professora da classe preparou aulas para explicar a má-formação. Os estudantes, então, falaram sobre o assunto numa roda de conversa. As crianças ficaram curiosas e indagaram o colega sobre seu cotidiano. Ao se sentirem esclarecidos, as crianças não mais sentiram medo ou repulsa.

Vimos que em cada um desses três casos foi tomada uma providência diferente, as quais, com adaptações, podem ser aplicadas em qualquer escola. O importante é a percepção atenta da equipe docente e a predisposição para cultivar a afetividade por meio do respeito mútuo. Deve-se adotar medidas constantes de prevenção e esclarecimento, pois a negligência pode ter consequências desastrosas, que podem, inclusive, levar a vítima ao suicídio.

Martins (2009) sugere seis soluções práticas:

- Conversar sobre a deficiência do aluno com todos na presença dele.
- Adaptar a rotina para facilitar a aprendizagem sempre que necessário.
- Chamar os pais e a comunidade para falar de bullying e inclusão.

- Exibir filmes e adotar livros em que personagens com deficiência vivenciam contextos positivos.
- Focar as habilidades e capacidades de aprendizagem do estudante para integrá-lo à turma.
- Elaborar com a escola um projeto de ação e prevenção contra o bullying.

Dica 1

O Ministério Público de Santa Catarina (MPSC) desenvolve um projeto de esclarecimento sobre *bullying*. Por meio dele, é possível contatar pessoas para ministrar palestras em escolas, como também obter proteção em casos de necessidade de denúncias. O MPSC mantém uma página em seu *site* com diversas orientações que podem ser trabalhadas em sala de aula ou servir como inspiração para formulação de atividades. Acesse:

MPSC – Ministério Público de Santa Catarina. **Campanhas**: Bullying – isso não é brincadeira! Disponível em: <https://www.mpsc.mp.br/campanhas/bullying>. Acesso em: 2 jul. 2021.

Dica 2

Na obra *Bullying: mentes perigosas nas escolas*, Ana Beatriz Barbosa Silva faz uma análise sobre um tipo de violência que precisa ser combatido. O livro faz uma investigação do problema, apresentando informações aos pais, professores, alunos e profissionais de diversas áreas, auxiliando-os a identificar casos de *bullying* e suas consequências, bem como propondo soluções para combatê-lo.

SILVA, A. B. B. **Bullying**: mentes perigosas nas escolas. 2. ed. Rio de Janeiro: Globo, 2015.

Dica 3

Nem sempre o *bullying* para quando termina a infância. Aqueles que fazem *bullying* nos pátios das escolas, em geral, tornam-se adultos que fazem *bullying*. Entretanto, há uma maneira de detectar esse comportamento em adultos. Kevin Ward é uma vítima de *bullying*, que ainda se considera um rapaz tímido, mas que se tornou um escritor e palestrante. Ele costuma dizer que "o mais importante de tudo é que ajudo pessoas a encontrarem coragem para defender e lutar por seus sonhos". Assista à palestra *Bullying em adultos: a epidemia sobre a qual ninguém fala*, interessante para inspirar e afirmar que autoestima e afetividade são fundamentais no desenvolvimento humano. TEDX TALKS. **Adult bullying**: The epidemic no one talks about – Kevin Ward. Disponível em: <https://www.youtube.com/watch?v=O_4uB-j-zgQ>. Acesso em: 2 jul. 2021.

Síntese

Ao final de nossos estudos, chegamos às seguintes conclusões:

- A afetividade é um processo vivenciado pelo ser humano e é condição fundamental para a promoção de uma aprendizagem adequada.
- A afetividade na educação inclusiva é premissa indispensável para o processo de desenvolvimento da aprendizagem. Ela deve estrar presente em todas as instâncias, proporcionando um ambiente de respeito, harmonia e equidade. Para que realmente haja inclusão, são necessárias muitas ações integradas e organizadas da sociedade em geral, da escola, da família, de órgãos públicos, das organizações, entre outros.

- Proporcionar aos estudantes experiências enriquecedoras e inovadoras é uma demonstração de cuidado, de empatia e de afetividade por parte dos educadores; essas estratégias de ensino diferenciadas são fundamentais.
- Para entender os processos de ensino-aprendizagem, é preciso conhecer e revisar as teorias da aprendizagem, pois processos bem desenvolvidos não levam em conta apenas uma teoria; na maioria das vezes, é preciso mesclar e extrair os pontos relevantes de várias.
- A teoria da aprendizagem significativa está plenamente alinhada ao pressuposto da afetividade na aprendizagem, pois ela valoriza os saberes prévios dos estudantes e os impele a remodelar e criar significados acerca dos conhecimentos desenvolvidos.
- David Ausubel é o principal representante da teoria da aprendizagem significativa.
- O professor é essencial para uma aprendizagem efetiva. Ele atua como mediador do conhecimento e o critério da afetividade deve permear seu fazer pedagógico, desde o planejamento até a execução das atividades escolares.
- O *bullying* é uma das muitas manifestações de violência praticadas na escola e em outros espaços sociais. O termo *bullying* é recente, porém, a prática é bastante antiga. Ele é usado para caracterizar comportamentos agressivos em diversas formas de manifestação.
- A arte é uma ferramenta fundamental para o desenvolvimento da afetividade e para a inclusão.

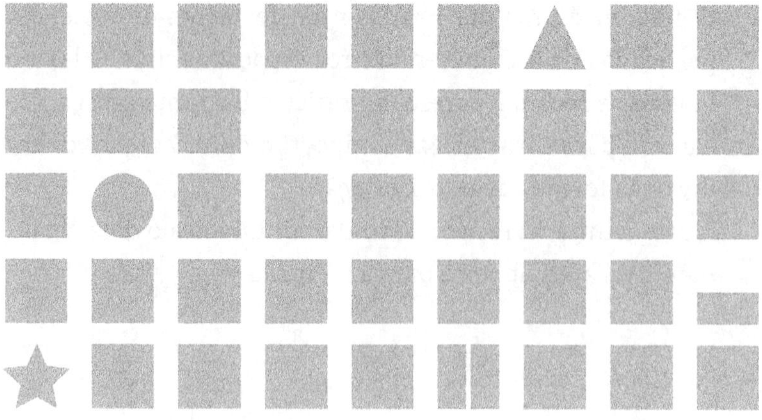

Considerações finais

As relações humanas são de fundamental importância para a vida dos indivíduos e, nessa perspectiva, é possível considerar que ela é essencial para o desenvolvimento da alfabetização.

As considerações introdutórias, na seção inaugural deste livro, expuseram alguns dos conceitos relacionados à afetividade, visando a uma melhor compreensão dos conteúdos apresentados.

Buscando superar os desafios para a transmissão desse conhecimento, optamos por referenciar uma parcela significativa da literatura especializada e dos estudos científicos a respeito dos temas abordados. Além disso, apresentamos uma diversidade de indicações culturais, a fim de enriquecer o processo de construção de conhecimentos aqui almejado, e procuramos oferecer aportes práticos com relação às informações discutidas.

Em cada novo olhar, novas associações e interações e diferentes interpretações se descortinaram, bem como outras ramificações, intra e interdisciplinares, se estabeleceram. Embora desafiadora, a natureza dialética da construção do conhecimento é o que sustenta o dinamismo do aprender, movendo-nos em direção à ampliação e à revisão dos saberes.

Nesse sentido, a primeira decisão foi a de apresentar, de forma introdutória, em que consistem as questões da afetividade e do desenvolvimento humano, seguidas de seis capítulos que reúnem contribuições da cognição e da educação da informação, bem como regras, apontamentos sobre a estética e outros fatos referentes a jogos, imagens e projetos, além de aportes de outros campos do conhecimento.

Por meio dos assuntos tratados, foi possível perceber de que forma a afetividade é importante no processo de aprendizagem e, mais ainda, no caso do ensino inclusivo.

Assim, esperamos que a leitura desta obra tenha movido você na direção de buscar mais informações sobre o tema *afetividade*, bem como para torná-la mais presente em todos os recursos utilizados no processo de ensino-aprendizagem e, principalmente, na relação com o outro – no caso específico desta obra, os alunos com necessidades educativas especiais.

Referências

ABBAGNANO, N. **Dicionário de filosofia**. Tradução de Alfredo Bosi e Ivone Castilho Benedetti. 5. ed. São Paulo: Martins Fontes, 2007.

ABED, A. L. Z. **O desenvolvimento das habilidades socioemocionais como caminho para a aprendizagem e o sucesso escolar de alunos da educação básica**. 2014. Disponível em: <http://portal.mec.gov.br/index.php?option=com_docman&view=download&alias=15891-habilidades-socioemocionais-produto-1-pdf&Itemid=30192>. Acesso 1º jul. 2021.

ABRÃO, R. K.; DUARTE, M. M. O papel da afetividade no processo ensino e aprendizagem da criança com deficiência. **Revista Uniabeu**, Nova Iguaçu, v. 10, n. 24, p. 1-18, jan./abr. 2017. Disponível em: <https://revista.uniabeu.edu.br/index.php/RU/article/view/2407/pdf>. Acesso em: 23 jun. 2021.

AFETO. **Dicionário Online de Português**. Disponível em: <https://www.dicio.com.br/afeto/>. Acesso em: 23 jun. 2021.

AIX SISTEMAS. Entenda tudo sobre a teoria de aprendizagem de Vygotsky. **Educação Infantil**, 2 maio 2018. Disponível em: <https://educacaoinfantil.aix.com.br/teoria-de-vygotsky/>. Acesso em: 24 jun. 2021.

ALTERIDADE. **Dicionário Online de Português**. Disponível em: <https://www.dicio.com.br/alteridade/>. Acesso em: 24 jun. 2021.

ALVES, E. M. A. de F.; RODRIGUES, L. A. R.; VIEIRA, M. B. A influência no desenvolvimento socioafetivo na aprendizagem de escolares na educação física infantil. **EFDeportes.com**, Buenos Aires, ano 18, n. 182, jul. 2013. Disponível em: <https://www.efde portes.com/efd182/desenvolvimento-socio-afetivo-na-educa cao-fisica.htm>. Acesso em: 24 jun. 2021.

A MENTE É MARAVILHOSA. **A teoria dos construtos pessoais de George Kelly**. 2019. Disponível em: <https://amenteemaravi lhosa.com.br/teoria-dos-construtos-pessoais-george-kelly/>. Acesso em: 24 jun. 2021.

AMERICAN PSYCHIATRIC ASSOCIATION. **Manual diagnóstico e estatístico de transtornos mentais**. Tradução de Maria Inês Corrêa Nascimento et al. 5. ed. Porto Alegre: Artmed, 2014. Disponível em: <http://www.niip.com.br/ wp-content/uploads/2018/06/Manual-Diagnosico-e-Estatist ico-de-Transtornos-Mentais-DSM-5-1-pdf.pdf>. Acesso em: 29 jun. 2021.

ANDRADE, J. A. M. de. **Família e habilidades socioemocionais**: um estudo sobre a pessoa com deficiência em um curso de licenciatura em biologia. 167 f. Dissertação (Mestrado em Ensino de Ciências e Matemática) – Universidade Federal de Sergipe, São Cristóvão, 2018. Disponível em: <https://ri.ufs.br/bitstream/ riufs/8007/2/JOANNA_ANGELICA_MELO_ANDRADE.pdf>. Acesso em: 23 jun. 2021.

ARAGÃO, R. M. R. de. **A teoria da aprendizagem significativa de David P. Ausubel**: sistematização dos aspectos teóricos fundamentais. 109 f. Tese (Doutorado em Educação) – Universidade Estadual de Campinas, Campinas, 1976. Disponível em: <http:// repositorio.unicamp.br/bitstream/REPOSIP/253230/1/Aragao_ RosaliaMariaRibeirode_D.pdf>. Acesso em: 28 jun. 2021.

BALDUINO, J.; TEIXEIRA, R. A importância da afetividade com estudantes adolescentes. **Nova Escola**, 22 ago. 2019. Disponível em: <https://novaescola.org.br/conteudo/18215/por-que-usar-a-afetividade-para-mobilizar-adolescentes>. Acesso em: 6 ago. 2021.

BARBOSA, I. P.; SALGADO, R. de C. F. **A importância da afetividade para uma aprendizagem significativa**. Disponível em: <https://meuartigo.brasilescola.uol.com.br/educacao/a-importancia-afetividade-para-uma-aprendizagem-significativa.htm>. Acesso em: 24 jun. 2021.

BARROCO, S. M. S. **A educação especial do novo homem soviético e a psicologia de L. S. Vigotski**: implicações e contribuições para a psicologia e a educação atuais. 415 f. Tese (Doutorado em Educação Escolar) – Universidade Federal Paulista Júlio de Mesquita Filho, Araraquara, 2007. Disponível em: <https://repositorio.unesp.br/bitstream/handle/11449/101588/barroco_sms_dr_arafcl_prot.pdf?sequence=1&isAllowed=y>. Acesso em: 30 jun. 2021.

BAUMAN, Z. **A arte da vida**. Tradução de Carlos Alberto Medeiros. São Paulo: Zahar, 2008. E-book.

BEM ESTAR LIFESTYLE. **3 histórias comoventes sobre a resiliência humana**. 2018. Disponível em: <https://revistabemestar.com/2018/02/06/3-historias-comoventes-sobre-a-resiliencia-humana/>. Acesso em: 24 jun. 2021.

BORGES, M. P. de A. **Professores**: imagens e autoimagens. 670 f. Tese (Doutorado em Educação) – Universidade de Lisboa, Lisboa, 2007. Disponível em: <https://repositorio.ul.pt/handle/10451/1700>. Acesso em: 2 ago. 2021.

BOSI, A. **Reflexões sobre a arte**. 7. ed. São Paulo: Ática, 2001.

BRANCO, S. **Arteterapia na educação inclusiva**. 2021. Disponível em: <http://www.soniabranco.no.comunidades.net/artetera pia-na-educacao-inclusiva>. Acesso em: 29 jun. 2021.

BRANDÃO, M. T.; FERREIRA, M. Inclusão de crianças com necessidades educativas especiais na educação infantil. **Revista Brasileira de Educação Especial**, Marília, v. 19, n. 4, p. 487-502, out./dez. 2013. Disponível em: <https://www.scielo.br/pdf/rbee/v19n4/v19n4a02.pdf>. Acesso em: 30 jun. 2021.

BRANDÃO, R. **TDAH**: conheça os sintomas, causas e tratamento. 2021. Disponível em: <https://zenklub.com.br/blog/saude-bem-estar/tdah/>. Acesso em: 28 jun. 2021.

BRASIL ESCOLA. **Psicologia do desenvolvimento**. Disponível em: <https://brasilescola.uol.com.br/psicologia/psicologia-do-desen volvimento.htm>. Acesso em: 21 jun. 2021.

BRASIL. Decreto n. 5.296, de 2 de dezembro de 2004. **Diário Oficial da União**, Brasília, DF, 3 dez. 2004. Disponível em: <http://www.planalto.gov.br/ccivil_03/_ato2004-2006/2004/decreto/d5296.htm>. Acesso em: 30 jun. 2021.

BRASIL. Lei n. 9.394, de 20 de dezembro de 1996. **Diário Oficial da União**, Poder Legislativo, Brasília, 23 dez. 1996. Disponível em: <http://www.planalto.gov.br/ccivil_03/leis/l9394.htm>. Acesso em: 8 ago. 2021.

BRASIL. Lei n. 12.764, de 27 de dezembro de 2012. **Diário Oficial da União**, Poder Legislativo, Brasília, 28 dez. 2012. Disponível em: <http://www.planalto.gov.br/ccivil_03/_ato2011-2014/2012/lei/l12764.htm>. Acesso em: 22 jun. 2021.

BRASIL. Lei n. 13.146, de 6 de julho de 2015. **Diário Oficial da União**, Poder Legislativo, Brasília, 7 jul. 2015. Disponível em: <http://www.planalto.gov.br/ccivil_03/_ato2015-2018/2015/lei/l13146.htm>. Acesso em: 22 jun. 2021.

BRASIL. Ministério da Educação. **Base Nacional Comum Curricular**. 2018a. Disponível em: <http://basenacionalcomum.mec.gov.br/images/BNCC_EI_EF_110518_versaofinal_site.pdf>. Acesso em: 28 jun. 2021.

BRASIL. Ministério da Educação. **MEC apoia enfrentamento ao bullying e violência nas escolas**. 2018b. Disponível em: <http://portal.mec.gov.br/ultimas-noticias/222-537011943/62581-mec-apoia-enfrentamento-ao-bullying-e-violencia-nas-escolas#:~:text=Tamb%C3%A9m%20chamado%20de%20intimida%C3%A7%C3%A3o%20sistem%C3%A1tica, ang%C3%BAstia%20%C3%A0o%20v%C3%ADtima,%20em%20uma>. Acesso em: 25 jun. 2021.

BRASIL. Ministério da Educação. **Política Nacional de Educação Especial na Perspectiva da Educação Inclusiva**. Brasília, 2008. Disponível em: <http://portal.mec.gov.br/arquivos/pdf/politicaeducespecial.pdf>. Acesso em: 23 jun. 2021.

BRASIL. Ministério da Educação. Secretaria de Educação Especial. **A inclusão escolar de alunos com necessidades educacionais especiais**: deficiência física. Brasília, 2006. Disponível em: <http://portal.mec.gov.br/seesp/arquivos/pdf/deffisica.pdf>. Acesso em: 30 jun. 2021.

BRASIL. Ministério da Educação. Secretaria de Modalidades Especializadas de Educação. **PNEE**: Política Nacional de Educação Especial: equitativa, inclusiva e com aprendizado ao longo da vida. Brasília, 2020. Disponível em: <https://www.gov.br/mec/pt-br/assuntos/noticias/mec-lanca-documento-sobre-implementacao-da-pnee-1/pnee-2020.pdf>. Acesso em: 30 jun. 2021.

BRASIL. Ministério da Mulher, da Família e dos Direitos Humanos. Portaria SEDH n. 2.344, de 3 de novembro de 2010. **Diário Oficial da União**, Brasília, DF, 5 nov. 2010. Disponível em: <https://www.udop.com.br/legislacao-arquivos/81/port_2344_pcd.pdf>. Acesso em: 21 jun. 2021.

BUENO, A. M. F. et al. Emoção. **Lite Unicamp**, São Paulo, 13 mar. 2021. Disponível em: <http://www.lite.fe.unicamp.br/papet/2004/ep127/Emocao_e_afetividade_a.htm>. Acesso em: 29 jun. 2021.

CABRAL, G. Afetividade. **Mundo Educação**. Disponível em: <https://mundoeducacao.uol.com.br/psicologia/afetividade.htm>. Acesso em: 29 jun. 2021.

CAMARGO, E. P. de. Inclusão social, educação inclusiva e educação especial: enlaces e desenlaces. **Ciência e Educação**, Bauru, v. 23, n. 1, p. 1-6, 2017. Disponível em: <https://www.scielo.br/j/ciedu/a/HN3hD6w466F9LdcZqHhMmVq/?format=pdf&lang=pt>. Acesso em: 21 jun. 2021.

CARVALHO, J. E. Estudo sobre as ocorrências de bullying entre alunos de 3ª e 4ª séries em escolas públicas. In: CONGRESSO NACIONAL DE EDUCAÇÃO, 11., Curitiba, 2013. **Anais...** Curitiba: PUCPR, 2013. p. 28788-28801. Disponível em: <https://educere.bruc.com.br/CD2013/pdf/15363_7166.pdf>. Acesso em: 29 jun. 2021.

CITOPLASMA. **Infopédia Dicionários Porto Editora**. Disponível em: <https://www.infopedia.pt/$citoplasma>. Acesso em: 24 fev. 2021.

CONSTRUCTO. **Dicionário Online de Português**. Disponível em: <https://www.dicio.com.br/constructo/>. Acesso em: 24 jun. 2021.

COSTA, A. P. da. **A importância da afetividade no processo da inclusão escolar**. 58 f. Monografia (Especialização em Desenvolvimento Humano, Educação e Inclusão Escolar) – Universidade de Brasília, Brasília, 2011. Disponível em: <https://bdm.unb.br/bitstream/10483/2504/1/2011_AndreiaPiresdaCosta.pdf>. Acesso em: 24 jun. 2021.

COSTA, G. F. da. **O afeto que educa**: afetividade na aprendizagem. 2017. Disponível em: <https://www.ufjf.br/pedagogia/files/2017/12/O-AFETO-QUE-EDUCA.pdf>. Acesso em: 24 jun. 2021.

COSTAS, F. A. T.; FERREIRA, L. S. Sentido, significado e mediação em Vygotsky: implicações para a constituição do processo de leitura. **Revista Ibero Americana**, n. 55, jan./abr. 2011. Disponível em: <https://rieoei.org/historico/documentos/rie55a09.htm>. Acesso em: 24 jun. 2021.

CRUZ, N. **Identidade, alteridade e diversidade**. 2019. Disponível em: <https://querobolsa.com.br/enem/sociologia/identidade-alteridade-e-diversidade>. Acesso em: 24 jun. 2021.

CUNHA, D. Garoto de 10 anos sofre bullying e é agredido na escola por usar óculos. **G1**, 29 out. 2014. Disponível em: <http://g1.globo.com/pi/piaui/noticia/2014/10/garoto-de-10-anos-sofre-bullying-e-e-agredido-na-escola-por-usar-oculos.html>. Acesso em: 8 ago. 2021.

CUNHA, S. **Os 10 transtornos mentais mais comuns, seus sinais e como tratá-los**. 2020. Disponível em: <https://www.uol.com.br/vivabem/noticias/redacao/2020/09/15/os-10-transtornos-mentais-mais-comuns-saiba-identificar-os-seus-sinais.htm>. Acesso em: 29 jun. 2021.

DAUTRO, G. M.; LIMA, W. G. M. de. A teoria psicogenética de Wallon e sua aplicação na educação. In: CONGRESSO NACIONAL DE EDUCAÇÃO, 5., 2018, Campina Grande-PB, 2018. **Anais...** Campina Grande: UEPB, 2018. p. 1-12. Disponível em: <https://editorarealize.com.br/editora/anais/conedu/2018/TRABALHO_EV117_MD1_SA4_ID392_10092018225535.pdf>. Acesso em: 29 jun. 2021.

DEL PRETTE, Z. A. P.; DEL PRETTE, A. **Psicologia das habilidades sociais na infância**: teoria e prática. 6. ed. Petrópolis: Vozes, 2013.

DEVIR. **Dicionário Online de Português**. Disponível em: <https://www.dicio.com.br/devir/>. Acesso em: 24 jun. 2021.

DIVERSA. **O que é educação inclusiva?** Disponível em: <https://diversa.org.br/educacao-inclusiva/o-que-e-educacao-inclusiva/>. Acesso em: 23 jun. 2021.

DUALIDADE. **Dicionário Online de Português**. Disponível em: <https://www.dicio.com.br/dualidade/>. Acesso em: 24 jun. 2021.

DUALISMO. **Dicionário Online de Português**. Disponível em: <https://www.dicio.com.br/dualismo/>. Acesso em: 24 jun. 2021.

EMILIANO, J. M.; TOMÁS, D. N. Vigotski: a relação entre afetividade, desenvolvimento e aprendizagem e suas implicações na prática docente. **Cadernos de Educação – Ensino e Sociedade**, São Paulo, v. 2, n. 1, p. 59-72, 2015. Disponível em: <https://www.unifafibe.com.br/revistasonline/arquivos/cadernodeeducacao/sumario/35/06042015200306.pdf>. Acesso em: 24 jun. 2021.

EQUIDADE. **Significados**. Disponível em: <https://www.significa dos.com.br/equidade/>. Acesso em: 23 jun. 2021.

ERIKSON, E. H. **Identidade, juventude e crise**. Tradução de Álvaro Cabral. 2. ed. Rio de Janeiro: Zahar, 1976.

ERIKSON, E. H. **Infância e sociedade**. Tradução de Gildásio Amado. 2. ed. Rio de Janeiro: Zahar, 1987.

ERIKSON, E. H.; ERIKSON, J. M. **O ciclo da vida completo**. Tradução de Maria Adriana Veríssimo Veronese. Porto Alegre: Artmed, 1998.

FANTE, C. **Fenômeno bullying**: como prevenir a violência nas escolas e educar para a paz. 8. ed. São Paulo: Verus, 2005.

FANTE, C. Orientação aos gestores das unidades escolares: bullying escolar – o outro lado da escola. **Udemo – Sindicato de Especialistas de Educação do Magistério Oficial do Estado de São Paulo**, 2020. Disponível em: <http://www.udemo.org.br/revistapp_04_06bullyng.htm>. Acesso em: 30 jun. 2021.

FARIA, S. M. de M. **Desenvolvimento emocional em crianças com deficiência mental**: uma perspectiva comparativa com crianças ditas "normais". 125 f. Dissertação (Mestrado em Educação Especial) – Escola Superior de Educação do Instituto Politécnico de Castelo Branco, Castelo Branco, Portugal, 2011. Disponível em: <https://core.ac.uk/download/pdf/302938135.pdf>. Acesso em: 24 jun. 2021.

FERRARI, M. Jean Piaget, o biólogo que colocou a aprendizagem no microscópio. **Nova Escola**, out. 2008. Disponível em: <https://novaescola.org.br/conteudo/1709/jean-piaget-o-biologo-que-colocou-a-aprendizagem-no-microscopio>. Acesso em: 24 jun. 2021.

FETAC. **Fundamentos da psicomotricidade**. Disponível em: <http://www.fetac.com.br/apostilas/psicopedagogia/Fundamentos%20da%20Psicomotricidade%20(1).pdf>. Acesso em: 24 jun. 2021.

FRANÇA-FREITAS, M. L. P. de; GIL, M. S. C. de A. O desenvolvimento de crianças cegas e de crianças videntes. **Revista Brasileira de Educação Especial**, Marília, v. 18, n. 3, p. 507-526, jul./set. 2012. Disponível em: <https://www.scielo.br/pdf/rbee/v18n3/a10.pdf>. Acesso em: 28 jun. 2021.

FRANCISCO, P. R. C. O desafiador contexto da educação especial inclusiva e a afetividade: processos socioafetivos estruturando a inclusão. **Educação Pública**, v. 20, n. 13, abr. 2020. Disponível em: <https://educacaopublica.cecierj.edu.br/artigos/20/13/o-desafiador-contexto-da-educacao-especial-inclusiva-e-a-afetividade-processos-socioafetivos-estruturando-a-inclusao>. Acesso em: 30 jun. 2021.

FRASÃO, L. **Desvendando as soft skills**: destaque-se no mercado de trabalho com as habilidades comportamentais. 2020. Disponível em: <https://hsmuniversity.com.br/blog/desvendando-as-soft-skills-destaque-se-no-mercado-de-trabalho-com-as-habilidades-comportamentais/>. Acesso em: 1º jul. 2021.

FREIRE, P. **Pedagogia da autonomia**: saberes necessários a prática educativa. 30. ed. São Paulo: Paz e Terra, 2004.

FREUD, S. **Obras completas de Sigmund Freud**. Espanha: NTMC, 2019. E-Book.

GABURRI, F. **Política nacional de educação especial**: equitativa, inclusiva e com aprendizado ao longo da vida. Disponível em: <https://ampid.org.br/site2020/politica-nacional-de-educacao-especial-equitativa-inclusiva-e-com-aprendizado-ao-longo-da-vida/>. Acesso em: 28 jun. 2021.

GALVÃO, I. **Henri Wallon**: uma concepção dialética do desenvolvimento infantil. 2. ed. Petrópolis: Vozes, 1995.

GLAT, R. **A integração social dos portadores de deficiências**: uma reflexão. Rio de Janeiro: 7 Letras, 1998.

GOMES, R. C. et al. Teorias de aprendizagem: pré-concepções de alunos da área de exatas do ensino superior privado da cidade de São Paulo. **Ciência & Educação**, São Paulo, v. 16, n. 3, p. 695-708, 2010. Disponível em: <https://www.scielo.br/j/ciedu/a/NRc6pyrCmBJMWcg5TJZZ6Gm/?lang=pt&format=pdf>. Acesso em: 29 jun. 2021.

GRATIOT-ALFANDÉRY, H. **Henri Wallon**. Tradução de Patrícia Junqueira. Recife: Fundação Joaquim Nabuco; Massangana, 2010. Disponível em: <http://www.dominiopublico.gov.br/download/texto/me4686.pdf>. Acesso em: 23 jun. 2021.

HALL, S. **Identidade cultural na pós-modernidade**. Tradução de Tomaz Tadeu da Silva e Guacira Lopes Louro. 12. ed. Rio de Janeiro: Lamparina, 2019.

HARVARD (Boston). **Robert L. Selman**. Disponível em: <https://www.gse.harvard.edu/faculty/robert-selman>. Acesso em: 29 jun. 2021.

HOMEOSTÁTICO. **Dicionário Online de Português**. Disponível em: <https://www.dicio.com.br/homeostatico/>. Acesso em: 24 jun. 2021.

HUMPEL, P. R. A.; BENTO, K. C. M.; MADABA, C. M. Bullying vs. educação escolar inclusiva. **Revista Psicopedagogia**, v. 36, n. 111, p. 378-390, 2019. Disponível em: <http://pepsic.bvsalud.org/pdf/psicoped/v36n111/12.pdf>. Acesso em: 29 jun. 2021.

IDENTIDADE. **Dicionário Online de Português**. Disponível em: <https://www.dicio.com.br/identidade/>. Acesso em: 24 jun. 2021.

I FIGHT Depression. **O que é a adolescência**. Disponível em: <https://ifightdepression.com/pt/para-os-jovens/o-que-e-a-adolescencia>. Acesso em: 30 jun. 2021.

IFPB – Instituto Federal da Paraíba. **Deficiência intelectual × doença mental**. 2018. Disponível em: <https://www.ifpb.edu.br/assuntos/fique-por-dentro/deficiencia-intelectual-x-doenca-mental>. Acesso em: 29 jun. 2021.

INSTITUTO AYRTON SENNA. **Resiliência emocional**: ideias para o desenvolvimento de competências socioemocionais. 2020. Disponível em: <https://institutoayrtonsenna.org.br/content/dam/institutoayrtonsenna/documentos/instituto-ayrton-senna-macrocompetencia-resiliencia-emocional.pdf?utm_source=site&utm_medium=hub-1507>. Acesso em: 1º jul. 2021.

KELLNER, E. Inovação: a importância das competências socioemocionais na BNCC. **Revista Educação**, ago. 2018. Disponível em: <https://revistaeducacao.com.br/2018/08/08/inovacao-importancia-das-competencias-socioemocionais-na-bncc/>. Acesso em: 1º jul. 2021.

KLIEMANN, M. P. et al. Desenvolvimento do juízo moral em crianças de 3 a 10 anos através da interação com o grupo escolar. In: CONGRESSO NACIONAL DE EDUCAÇÃO, 15., 2008, Curitiba. **Anais...** Curitiba: PUCPR, 2008. p. 2766-2777. Disponível em: <https://educere.bruc.com.br/arquivo/pdf2008/877_737.pdf>. Acesso em: 29 jun. 2021.

LAKOMY, A. M. **Teorias cognitivas da aprendizagem**. Curitiba: Facinter, 2003.

LAPLANE, A. L. F. de; BATISTA, C. G. Ver, não ver e aprender: a participação de crianças com baixa visão e cegueira na escola. **Cadernos CEDES**, Campinas, v. 28, n. 75, p. 209-227, maio/ago. 2008. Disponível em: <https://www.scielo.br/j/ccedes/a/tJCCFDTSTyjtnQdRfCfwpvs/?format=pdf&lang=pt>. Acesso em: 29 jun. 2021.

LA TAILLE, Y. de; OLIVEIRA, M. K. de; DANTAS, H. **Piaget, Vigotski, Wallon**: teorias psicogenéticas em discussão. São Paulo: Summus, 2019. E-book.

LEITE, S. A. da S. Afetividade nas práticas pedagógicas. **Temas em Psicologia**, Ribeirão Preto, v. 20, n. 2, p. 355-368, 2012. Disponível em: <http://pepsic.bvsalud.org/pdf/tp/v20n2/v20n2a06.pdf>. Acesso em: 23 jun. 2021.

LFG. **Quais as leis sobre bullying e as penalidades?** 2018. Disponível em: <https://www.lfg.com.br/conteudos/artigos/geral/quais-as-leis-sobre-bullying-e-as-penalidades>. Acesso em: 30 jun. 2021.

LOPES, G. B.; KATO, L. S.; CORRÊA, P. R. C. Os pais das crianças com deficiência: reflexões acerca da orientação em reabilitação motora. **Psicologia – Teoria e Prática**, v. 4, n. 2, p. 67-72, 2002. Disponível em: <http://pepsic.bvsalud.org/pdf/ptp/v4n2/v4n2a08.pdf>. Acesso em: 25 jun. 2021.

LOPES, M. **Educação inclusiva é educação para todos**. 2016. Disponível em: <https://porvir.org/educacao-inclusiva-e-educacao-para-todos/>. Acesso em: 30 jun. 2021.

LUCENA, M. da C. A importância da afetividade na educação inclusiva. **Portal Educação**. 2020. Disponível em: <https://siteantigo.portaleducacao.com.br/conteudo/artigos/conteudo/a/33608#.>. Acesso em: 30 jun. 2021.

LÜCK, H.; CARNEIRO, D. G. **Desenvolvimento afetivo na escola**: promoção, medida e avaliação. Rio de Janeiro: Vozes, 1983.

MACEDO, L. S. R. de; SILVEIRA, A. da C. da. Self: um conceito em desenvolvimento. **Paideia**, Ribeirão Preto, v. 22, n. 52, p. 281-289, maio/ago. 2012. Disponível em: <https://www.scielo.br/j/paideia/a/Bcb4hf9B9TmfwqZJtQRPTRs/?lang=pt&format=pdf>. Acesso em: 24 jun. 2021.

MAGALHÃES, R. de C. B. P.; CARDOSO, A. P. L. B. A pessoa com deficiência e a crise das identidades na contemporaneidade. **Cadernos de Pesquisa**, v. 40, n. 139, p. 45-61, jan./abr. 2010. Disponível em: <https://www.scielo.br/j/cp/a/ffFYWJh6bDCH3JnPHm7tScP/?lang=pt&format=pdf>. Acesso em: 24 jun. 2021.

MAHONEY, A. A.; ALMEIDA, L. R. de. Afetividade e processo ensino-aprendizagem: contribuições de Henri Wallon. **Psicologia da Educação**, São Paulo, n .20, p. 11-30, jan./jun. 2005. Disponível em: <http://pepsic.bvsalud.org/pdf/psie/n20/v20a02.pdf>. Acesso em: 29 jun. 2021.

MARCOS, C. **Dilemas implicativos em pacientes deprimidos**. 2010. Disponível em: <http://www.arsnorte.min-saude.pt/wp-content/uploads/sites/3/2018/01/Parecer_03_2010_Dissertacao.pdf>. Acesso em: 24 jun. 2021.

MARQUES, J. R. Você sabe o que é psique? **IBC – Instituto Brasileiro de Coaching**, 2018. Disponível em: <https://www.ibccoaching.com.br/portal/voce-sabe-o-que-e-psique/>. Acesso em: 24 jun. 2021.

MARTINS, A. R. Bullying contra alunos com deficiência. **Nova Escola**, dez. 2009. Disponível em: <https://novaescola.org.br/conteudo/1458/bullying-contra-alunos-com-deficiencia>. Acesso em: 29 jun. 2021.

MATTOS, S. M. N. de. A afetividade como fator de inclusão escolar. **Teias**, Rio de Janeiro, v. 9, n. 18, p. 50-59, jul./dez. 2008. Disponível em: <https://www.e-publicacoes.uerj.br/index.php/revistateias/article/view/24043/17012>. Acesso em: 24 jun. 2021.

MEMBRANA. **Infopédia Dicionários Porto Editora**. Disponível em: <https://www.infopedia.pt/dicionarios/lingua-portuguesa/membrana>. Acesso em: 24 jun. 2021.

MENEZES, L. P. de. **A sociogênese do bullying em pessoas com necessidades educacionais especiais**. 92 f. Monografia (Graduação em Pedagogia) – Universidade de Brasília, Brasília, 2011. Disponível em: <https://bdm.unb.br/bitstream/10483/2298/1/2011_LaisPinheirodeMenezes.pdf>. Acesso em: 24 jun. 2021.

MIRA, W. Síndromes. **Quero Bolsa**, 23 abr. 2019. Disponível em: <https://querobolsa.com.br/enem/biologia/sindromes>. Acesso em: 8 ago. 2021.

MITTLER, P. **Educação inclusiva**: contextos sociais. Tradução de Windyz Brazão Ferreira. Porto Alegre: Artmed, 2003.

MOI, R. S.; MATTOS, M. S. Um breve histórico, conceitos e fundamentos da psicomotricidade e sua relação com a educação. **Anais do 2º Encontro Internacional Histórias & Parceiros**, Rio de Janeiro, p. 1-18, 2019. Disponível em: <https://www.historiaeparcerias2019.rj.anpuh.org/resources/anais/11/hep2019/1569516955_ARQUIVO_84ce39886d1b511e9c1ba9efecb6d6c5.pdf>. Acesso em: 24 jun. 2021.

MOREIRA, M. A. Aprendizagem significativa: um conceito subjacente. In: MOREIRA, M. A.; SAHELICES, M. C. C.; PALMERO, M. L. R. (Coord.). **Actas del Encuentro Internacional sobre el Aprendizaje Significativo**. Burgos: Universidade de Burgos, 1997. p. 19-44. Disponível em: <http://moreira.if.ufrgs.br/apsigsubport.pdf>. Acesso em: 12 jan. 2021.

MOREIRA, M. A. **O que é afinal aprendizagem significativa?** Aula Inaugural do Programa de Pós-Graduação em Ensino de Ciências Naturais, Instituto de Física, Universidade Federal do Mato Grosso, Cuiabá, 23 abr. 2010. Disponível em: <http://moreira.if.ufrgs.br/oqueeafinal.pdf>. Acesso em: 12 jan. 2021

MOREIRA, M. A. **Teorias de aprendizagem**. 2. ed. São Paulo: EPU, 2011.

MOREIRA, P. P. **Como a lei determina quem é deficiente auditivo**. 2021. Disponível em: <https://cronicasdasurdez.com/como-a-lei-deter mina-quem-e-deficiente-auditivo/>. Acesso em: 8 ago. 2021.

MORTON, J. B. Funções executivas. **Enciclopédia sobre o Desenvolvimento na Primeira Infância**, jan. 2013. Disponível em: <https://www.enciclopedia-crianca.com/funcoes-executi vas>. Acesso em: 24 jun. 2021.

MOURA, E. A. et al. Os planos genéticos do desenvolvimento humano: a contribuição de Vigotski. **Revista Ciências Humanas**, Taubaté, v. 9, n. 1, p. 106-114, jun. 2016. Disponível em: <https://www.rchu nitau.com.br/index.php/rch/article/view/298/189>. Acesso em: 25 jun. 2021.

NCE-UFRJ. **Introdução às Teorias de Aprendizagem**. 2002. Disponível em: <http://www.nce.ufrj.br/ginape/publicacoes/trabalhos/t_2002/t_2002_renato_aposo_e_francine_vaz/teorias.htm>. Acesso em: 29 jun. 2021.

NOVAES, E. C. **Vygotsky e a teoria sociointeracionista do desenvolvimento**. 18 ago. 2011. Disponível em: <http://edmarciuscarva lho.blogspot.com/2011/08/vygotsky-e-teoria-sociointeracionista.html>. Acesso em: 25 jun. 2021.

OEI BRASIL – Organização de Estados Ibero-americanos para a Educação, a Ciência e a Cultura. Disponível em: <https://oei.int/pt/escritorios/brasil>. Acesso em: 21 jun. 2021.

OLIVEIRA, B. N. G. **Afetividade na educação infantil**: descubra qual é a importância da relação afetiva entre aluno/professor na aprendizagem. Disponível em: <https://meuartigo.brasilescola.uol.com.br/educacao/afetividade-na-educacao-infantil.htm>. Acesso em: 20 mar. 2021.

OLIVEIRA, C. de. **Professores em exercício**: é possível educar na afetividade (ampliada) em tempos de desencanto? 328 f. Tese (Doutorado em Educação) – Universidade Federal do Paraná, Curitiba, 2020. Disponível em: <https://www.prppg.ufpr.br/siga/visitante/trabalhoConclusaoWS?idpessoal=42567&idprograma=40001016001P0&anobase=2020&idtc=1557>. Acesso em: 24 jun. 2021.

OLIVEIRA, E. **Desenvolvimento afetivo na criança**. Disponível em: <https://www.infoescola.com/psicologia/desenvolvimento-afetivo-na-crianca>. Acesso em: 24 jun. 2021.

OLIVEIRA, É. A. de; PASIAN, S. R.; JACQUEMIN, A. A vivência afetiva em idosos. **Psicologia – Ciência e Profissão**, v. 21, n. 1, p. 68-83, mar. 2001. Disponível em: <https://www.scielo.br/j/pcp/a/JmmNcShvWDK4tzsvfzwrcQQ/?lang=pt#>. Acesso em: 29 jun. 2021.

OLIVEIRA, J. C.; BARBOSA, A. J. G. *Bullying* entre estudantes com e sem características de dotação e talento. **Psicologia – Reflexão e Crítica**, Juiz de Fora, v. 25, n. 4, p. 747-755, 2012. Disponível em: <https://www.scielo.br/j/prc/a/63WT3v8BhpcP97QvpFs6try/?lang=pt&format=pdf>. Acesso em: 29 jun. 2021.

PALUDO, K. I. **Altas Habilidades/superdotação sob a ótica do sistema teórico da afetividade ampliada**: relações entre identidade e resiliência. 242 f. Dissertação (Mestrado em Educação) – Universidade Federal do Paraná, Curitiba, 2013. Disponível em: <https://acervodi gital.ufpr.br/bitstream/handle/1884/32046/R%20-%20D%20-%20 KARINA%20INES%20PALUDO.pdf?sequence=1&isAllowed=y>. Acesso em: 24 jun. 2021.

PASCAL, B. **O homem perante a natureza**. Disponível em: <http://www.dominiopublico.gov.br/download/texto/cv000039.pdf>. Acesso em: 24 jun. 2021.

PESSOA, V. S. A afetividade sob a ótica psicanalítica e piagetiana. **Ciências Humanas**, Ponta Grossa, v. 8, n. 1, p. 97-107, 2000. Disponível em: <https://revistas2.uepg.br/index.php/humanas/article/view/12/9>. Acesso em: 24 jun. 2021.

PIAGET, J. **A formação do símbolo na criança**: imitação, jogo e sonho imagem e representação. Tradução de Álvaro Cabral e Christiano Monteiro. 3. ed. Rio de Janeiro: LTC, 1964.

PIAGET, J. **A psicologia da inteligência**. Tradução de Guilherme João de Freitas Teixeira. Petrópolis: Vozes, 2013.

PIAGET, J. **Seis estudos de psicologia**. Tradução de Maria Alice Magalhães D' Amorim e Paulo Sergio Lima Silva. 24. ed. Rio de Janeiro: Forense Universitária, 1999.

PINTO, F. E. M. O que é a dimensão afetiva? **Psicologia.pt**, 9 fev. 2015. Disponível em: <https://www.psicologia.pt/artigos/ver_opiniao.php?codigo=AOP0367>. Acesso em: 24 jun. 2021.

POMBO, M. M. da S. **Ampliando e transmutando dimensões existenciais**: uma experiência teatral em escola Waldorf. 184 f. Dissertação (Mestrado em Educação) – Universidade Federal do Paraná, Curitiba, 2014. Disponível em: <https://www.acervo digital.ufpr.br/bitstream/handle/1884/43748/R%20-%20D%20 -%20MANUELLA%20MOEMA%20DA%20SILVA%20POMBO. pdf?sequence=3;universidade>. Acesso em: 24 jun. 2021.

PORFÍRIO, F. Alteridade. **Brasil Escola**. Disponível em: <https:// brasilescola.uol.com.br/sociologia/conceito-alteridade.htm>. Acesso em: 24 jun. 2021.

PSICOGENÉTICA. **Conceito.de**. 2012. Disponível em: <https://con ceito.de/psicogenetica#:~:text=Nesse%20sentido,%20a%20 psicogen%C3%A9tica%20contempla,resolvam%20os%20proble mas%20psicol%C3%B3gicos%20gerais.&text=Como%20 a%20psicogen%C3%A9tica%20trata-se,se%20no%20campo%20 da%20psicologia>. Acesso em: 28 jun. 2021.

RABELLO, E.; PASSOS, J. S. **Erikson e a teoria psicossocial do desenvolvimento**. 2007. Disponível em: <https://josesilveira.com/ wp-content/uploads/2018/07/Erikson-e-a-teoria-psicossocial-do-desenvolvimento.pdf>. Acesso em: 29 jun. 2021.

RAPPAPORT, C. R.; FIORI, W. da R.; DAVIS, C. **Psicologia do desenvolvimento**. São Paulo: EPU, 1981. v. 1.

REGO, T. C. **Vygotsky**: uma perspectiva histórico-cultural da educação. 25. ed. Petrópolis: Vozes, 2014. E-book.

RESILIENCE. **Collins Dicionário Inglês**. Disponível em: <https:// www.collinsdictionary.com/pt/dictionary/english/resilience>. Acesso em: 24 jun. 2021.

RESILIR. **Priberam Dicionário**. Disponível em: <https://dicionario.priberam.org/resilis>. Acesso em: 24 jun. 2021.

REVISTA EDUCAÇÃO. **John Bowlby e a importância do apego no processo de desenvolvimento da criança**. 2017. Disponível em: <https://revistaeducacao.com.br/2017/12/15/john-bowlby-e-importancia-do-apego-no-processo-de-desenvolvimento-da-crianca/>. Acesso em: 29 jun. 2021.

RIBEIRO, A. Qual o termo correto para falar de deficiência? **Revista Reação**, 15 abr. 2021. Disponível em: <https://revistareacao.com.br/qual-o-termo-correto-para-falar-de-deficiencia/>. Acesso em: 23 jun. 2021.

RODRIGUES, C. Comportamento afetivo social de crianças de 6 a 12 anos na educação física escolar. **Pedagogia ao Pé da Letra**, 2013. Disponível em: <https://pedagogiaaopedaletra.com/comportamento-afetivo-social-de-criancas-de-6-a-12-anos-na-educacao-fisica-escolar/>. Acesso em: 29 jun. 2021.

RODRIGUES, D. Dez ideias (mal)feitas sobre a educação inclusiva. In: RODRIGUES, D. (Org.). **Inclusão e educação**: doze olhares sobre a educação inclusiva. São Paulo: Summus, 2006.

RODRIGUES, M. **Manual teórico e prático de educação física infantil**. 8. ed. São Paulo: Ícone, 2003.

RODRIGUES, R. T. S. **Resiliência e características de personalidade de médicos residentes como proteção para o *burnout* e qualidade de vida**.125 f. Tese (Doutorado em Ciências da Saúde) – Faculdade de Ciências Médicas da Santa Casa de São Paulo, São Paulo, 2012. Disponível em: <http://sobrare.com.br/Uploads/20120723_tese_completa_rosana_rodrigues.pdf>. Acesso em: 24 jun. 2021.

RODRIGUES, T. da S. Estratégias para o enfrentamento da violência escolar e bullying entre alunos de sala de recursos e sala de ensino comum: considerações para uma escola inclusiva. **Os desafios da escola pública paranaense na perspectiva do Professor PDE**: produções didático-pedagógicas, Maringá, 2014. v. 2. Disponível em: <http://www.diaadiaeducacao.pr.gov.br/portals/cadernospde/pdebusca/producoes_pde/2014/2014_uem_edespecial_pdp_telma_da_silva_rodrigues.pdf>. Acesso em: 29 jun. 2021.

ROSSATO, S. P. M.; LEONARDO, N. S. T. A deficiência intelectual na concepção de educadores da educação especial: contribuições da psicologia histórico cultural. **Revista Brasileira de Educação Especial**, Marília, v. 17, n. 1, p. 71-86, jan./abr. 2011. Disponível em: <https://www.scielo.br/pdf/rbee/v17n1/v17n1a06.pdf>. Acesso em: 29 jun. 2021.

RUEDA, M. R.; PAZ-ALONSO, P. M. Função executiva e desenvolvimento emocional. **Enciclopédia sobre o Desenvolvimento na Primeira Infância**, p. 1-6, jan. 2013. Disponível em: <https://www.enciclopedia-crianca.com/sites/default/files/textes-experts/pt-pt/2474/funcao-executiva-e-desenvolvimento-emocional.pdf>. Acesso em: 24 jun. 2021.

SALLA, F. Henri Wallon e o conceito de sincretismo. **Nova Escola**, 1º set. 2011a. Disponível em: <https://novaescola.org.br/conteudo/58/henri-wallon-e-o-conceito-de-sincretismo>. Acesso em: 24 jun. 2021.

SALLA, F. O conceito de afetividade de Henri Wallon. **Nova Escola**, 1º out. 2011b. Disponível em: <https://novaescola.org.br/conteudo/264/o-conceito-de-afetividade-de-henri-wallon>. Acesso em: 29 jun. 2021.

SANDRI, R. M. C. S. **Síndromes genéticas**: uma introdução para professores. Bauru: Secretaria de Educação Municipal, 2017. Disponível em: <http://ead.bauru.sp.gov.br/efront/www/con tent/lessons/75/ETAPA%204_Texto_4_%20Sindromes%20 cromossomicas.pdf>. Acesso em: 30 jun. 2021.

SANTANA, A. M. **Inovação inclusiva e singularidades: um estudo com licenciandos de Ciências Biológicas da UFS**. 162 f. Dissertação (Mestrado em Ensino de Ciências e Matemática) – Universidade Federal de Sergipe, São Cristóvão, 2017. Disponível em: <https://ri.ufs.br/bitstream/riufs/5124/1/ALINE_ MENDONCA_SANTANA.pdf>. Acesso em: 1º jul. 2021.

SANT'ANA-LOOS, R. S. **Do método e da filodoxia na compreensão da realidade: o caso da leitura do projeto científico de L.S. Vygotsky para a psicologia**. 266 f. Tese (Doutorado em Educação) – Universidade Federal do Paraná, Curitiba, 2013. Disponível em: <https://acervodigital.ufpr.br/bitstream/ handle/1884/33781/R%20-%20T%20-%20RENE%20SIMONATO% 20SANTANA-LOOS.pdf?sequence=1&isAllowed=y>. Acesso em: 24 jun. 2021.

SANT'ANA-LOOS, R. S.; LOOS-SANT'ANA, H. A afetividade ampliada enquanto meta-teoria: breve ensaio acerca do que nos faz humanos e repercussões para a psicologia. **PsicoDom**. Curitiba, n. 12, p. 9-25, 2013a.

SANT'ANA-LOOS, R. S.; LOOS-SANT'ANA, H. Célula psíquica: a face estrutural da unidade básica da psique conforme a afetividade ampliada. **PsicoDom**, Curitiba, n. 12, p. 60-78, 2013b.

SANT'ANA-LOOS, R. S.; LOOS-SANT'ANA, H. Sistema teórico da afetividade ampliada: apresentação. **Silo.Tips**. 2017. Disponível em: <https://silo.tips/download/sistema-teorico-da-afetivi dade-ampliada-apresentaao>. Acesso em: 24 jun. 2021.

SANT'ANA-LOOS, R. S.; LOOS-SANT'ANA, H. Sistema teórico da afetividade ampliada e a noção de interação: breve síntese epistemológica – parte I (acerca da unificação da realidade e do método científico). **PsicoDom**, Curitiba, n. 12, p. 26-41, 2013c.

SANTOS, L. S. de J. **Consequências do bullying no processo de aprendizagem**. 2016. Disponível em: <https://portal.fslf.edu.br/wp-con tent/uploads/2016/12/tcc6-6.pdf>. Acesso em: 30 jun. 2021.

SANTOS, M. B. G. **As competências emocional e motora das crianças surdas ou com deficiência auditiva (SDA)**. 59 f. Dissertação (Mestrado em Psicomotricidade Relacional) – Universidade de Évora, Évora, 2017. Disponível em: <https://dspace.uevora.pt/rdpc/bitstream/10174/22820/1/Mestrado%20-%20 Psicomoticidade%20Relacional%20-%20Mariana%20Braz%20 Grilo%20Santos%20-%20%20As%20compet%C3%AAncias%20 emocional%20e%20motora%20das%20crian%C3%A7as%20 surdas%20ou%20com%20defici%C3%AAncia%20auditiva%20 SDA%29.pdf>. Acesso em: 29 jun. 2021.

SARNOSKI, E. A. Afetividade no processo ensino-aprendizagem. **Revista de Educação do Ideau**, Getúlio Vargas, v. 9, n. 20, p. 1-13, jul./dez. 2014. Disponível em: <https://www.bage.ideau.com.br/wp-content/files_mf/059cdd781d7db95c3b6a1a849829e 47a223_1.pdf>. Acesso em: 30 jun. 2021.

SCHIRMANN, J. K. et al. Fases de desenvolvimento humano segundo Jean Piaget. In: CONGRESSO NACIONAL DE EDUCAÇÃO, 6., 2019, Fortaleza. **Anais**... Fortaleza: Conedu, 2019. p. 1-10. Disponível em: <https://editorarealize.com.br/editora/anais/conedu/2019/TRABALHO_EV127_MD1_SA9_ ID4743_27092019225225.pdf>. Acesso em: 29 jun. 2021.

SCHUSTER, S. C. **Desenvolvimento infantil em Vygotsky**: contribuições para a mediação pedagógica na educação infantil. 18 f. Monografia (Licenciatura em Pedagogia) – Universidade Federal da Fronteira Sul, Chapecó, 2016. Disponível em: <https://rd.uffs.edu.br/bitstream/prefix/1297/1/SCHUSTER.pdf>. Acesso em: 29 jun. 2021.

SEBER, M. da G. **Piaget**: o diálogo com a criança e o desenvolvimento do raciocínio. São Paulo: Scipione, 1997.

SENAI – Serviço Nacional de Aprendizagem Industrial. **PSAI**: Programa Senai de Ações Inclusivas. Disponível em: <http://www.fieb.org.br/senai/pagina/2729/programa-senai-de-acoes-inclusivas psai.aspx>. Acesso em 30 jun. 2021.

SENAI-SP – Serviço Nacional de Aprendizagem Industrial – São Paulo. **Manual de orientação às escolas SENAI-SP para atendimento a pessoas com deficiência e necessidades educacionais especiais**. São Paulo, 2010. Disponível em: <https://jacarei.sp.senai.br/GaleriaImagens/ImageViewer.ashx?Url=6538>. Acesso em: 8 ago. 2021.

SESC-SP. **Declaração de Incheon**. 2017. Disponível em: <https://centrodepesquisaeformacao.sescsp.org.br/atividade/declaracao-de-incheon>. Acesso em: 1º jul. 2021.

SILVA, E. R. da. As relações entre cognição e afetividade em LA: a influência de Vygotsky nessa abordagem temática. **Soletras**, São Gonçalo. n. 15. p. 133-141, 2008. Disponível em: <https://www.e-publicacoes.uerj.br/index.php/soletras/article/view/4841/3571>. Acesso em: 24 jun. 2021.

SILVA, E. F. e; ELIAS, L. C. dos S. Habilidades sociais de pais, professores e alunos com deficiência intelectual em inclusão escolar. **Revista Brasileira de Educação Especial**, Bauru, v. 26, n. 4, p. 605-622, out./dez. 2020. Disponível em: <https://www.scielo. br/pdf/rbee/v26n4/1413-6538-rbee-26-04-0605.pdf>. Acesso em: 29 jun. 2021.

SILVA, R.; GIL, M. **Capítulo 5**: escola, lugar de aprender a con-viver. 2018. Disponível em: <https://www.guiadoeducadorinclusivo. org.br/capitulos/capitulo-5>. Acesso em: 30 jun. 2021.

SINCRETISMO. In: **Dicionário Online de Português**. Disponível em: <https://www.dicio.com.br/sincretismo/>. Acesso em: 24 jun. 2021.

SKINNER, B. F. **O comportamento verbal**. Tradução de Maria da Penha Villalobos. Tradução de São Paulo: Cultrix, 1957.

SKINNER, B. F. **Sobre o behaviorismo**. Tradução de Maria da Penha Villalobos. São Paulo: Cultrix, 1982.

SOAR, E. J. Representações de *self* entre os psicoterapeutas: ciência ou senso comum? **Revista de Ciências Humanas**, Florianópolis, v. 16, n. 23, p. 47-61, 1998. Disponível em: <https://periodicos.ufsc. br/index.php/revistacfh/article/view/23551/21206>. Acesso em: 24 jun. 2021.

SORDI, A. O.; MANFRO, G. G.; HAUCK, S. O conceito de resiliência: diferentes olhares. **Revista Brasileira de Psicoterapia**, v. 13, n. 2, p. 115-132, 2011. Disponível em: <https://cdn.publisher.gn1.link/ rbp.celg.org.br/pdf/v13n2a04.pdf>. Acesso em: 24 jun. 2021.

SOUZA, M. T. C. C. de. As relações entre afetividade e inteligência no desenvolvimento psicológico. **Psicologia: Teoria e Pesquisa**, [S.l.], v. 27, n. 2, p. 249-254, abr./jun. 2011. Disponível em: <https://www.scielo.br/j/ptp/a/byCS7FDbNwLSZZNRmBSvdJD/?format=pdf&lang=pt>. Acesso em: 24 jun. 2021.

STAURT, A. **Violência psicológica**. 2009. Disponível em: <https://www.acessa.com/saude/arquivo/psicologia/2009/11/25-artigo/#:~:text=Viol%C3%AAncia%20psicol%C3%B3gica%20que%20%C3%A9%20a,pela%20cal%C3%BAnia,%20difama%C3%A7%C3%A3o,%20inj%C3%BAria>. Acesso em: 30 jun. 2021.

TASSONI, E. C. M. Afetividade e aprendizagem: a relação professor-aluno. In: REUNIÃO ANUAL DA ANPEd, 23., 2000, Caxambu. **Anais...** Caxambu: ANPEd, 2000. Disponível em: <http://www.cursosavante.com.br/cursos/curso40/conteudo8232.PDF>. Acesso em: 25 jun. 2021.

TEIXEIRA, R. M. de M.; FREITAS, N. K. A importância da afetividade na interação pedagógica da arte em educação especial e educação inclusiva: área de condutas típicas. In: ENCONTRO DA ASSOCIAÇÃO NACIONAL DE PESQUISADORES EM ARTES PLÁSTICAS, 18., 2009, Salvador. **Anais...** Salvador: Anpad, 2009. p. 3787-3801. Disponível em: <http://anpap.org.br/anais/2009/pdf/ceav/rosanny_moraes_de_morais_teixeira.pdf>. Acesso em: 30 jun. 2021.

TOGNETTA, L. R. P.; ASSIS, O. Z. M. de. A construção da solidariedade na escola: as virtudes, a razão e a afetividade. **Educação e Pesquisa**, v. 32, n. 1, p. 49-66, jan./abr. 2006. Disponível em: <https://www.scielo.br/j/ep/a/8dnsH5F6w43DDrLv5RvtPNC/?format=pdf&lang=pt>. Acesso em: 8 ago. 2021.

VASCONCELLOS, K. de M. **Convivendo com a alteridade**: representações sociais sobre o aluno com deficiência no contexto da educação inclusiva. 189 f. Dissertação (Mestrado em Psicologia) – Universidade Federal de Pernambuco, Recife, 2008. Disponível em: <https://repositorio.ufpe.br/bitstream/123456789/8246/1/arquivo3596_1.pdf>. Acesso em: 24 jun. 2021.

VIEIRA, M. B. **Uma expressão de corporeidade na educação infantil**. Rio de Janeiro: Shape, 2009.

VYGOTSKY, L. S. **A formação social da mente**. Tradução de José Cipolla Neto, Luis Silveira Menna Barreto e Solange Castro Afeche. 4. ed. São Paulo: Martins Fontes, 1991.

VYGOTSKY, L. S. **A formação social da mente**. Tradução de José Cipolla Neto, Luis Silveira Menna Barreto e Solange Castro Afeche. 6. ed. São Paulo: Martins Fontes, 1998.

VYGOTSKY, L. S. **A formação social da mente**: o desenvolvimento dos processos psicológicos superiores. Tradução de José Cipolla Neto, Luis Silveira Menna Barreto e Solange Castro Afeche. 7. ed. São Paulo: Martins Fontes, 2010.

VYGOTSKY, L. S. **Psicologia pedagógica**. Tradução de Paulo Bezerra. São Paulo: Martins Fontes, 2001.

WALLON, H. **As origens do caráter na criança**. São Paulo: Nova Alexandria, 1995.

WEBER, M. L. T. A importância da arte na educação especial. **Revista Científica Multidisciplinar Núcleo do Conhecimento**, ano 2, v. 13. p. 261-267, jan. 2017. Disponível em: <https://www.nucleodoconhecimento.com.br/educacao/arte-na-educacao-especial>. Acesso em: 30 jun. 2021.

ZACHARIAS, V. L. C. F. A abordagem de Henri Wallon. **Construir Notícias**. Disponível em: <https://www.construirnoticias.com.br/a-abordagem-de-henri-wallon/>. Acesso em: 29 jun. 2021.

Bibliografia comentada

FREIRE, P. **Pedagogia da autonomia**: saberes necessários à prática educativa. São Paulo: Paz e Terra, 1996. Disponível em: <http://www.apeoesp.org.br/sistema/ck/files/4-%20Freire_P_%20 Pedagogia%20da%20autonomia.pdf>. Acesso em: 2 jul. 2021.
Esse livro é um clássico da educação e deve fazer parte do acervo de quem se preocupa com esse tema, seja educador, seja estudante, seja pai ou mãe. A obra, segundo Edina Castro de Oliveira, que escreve o prefácio, é atualizada, criativa, provocativa, além de resgatar questões do dia a dia do professor que instigam o conflito e o debate entre educadores e educadoras. Freire discorre sobre a convivência amorosa do professor com seus alunos, sobre os limites, as descobertas, sobre desenvolver a postura de curiosidade e de busca constante do saber. É um livro atemporal, para ler e reler e sempre (re)significar suas concepções.

GRATIOT-ALFANDÉRY, H. **Henri Wallon**. Tradução de Patrícia Junqueira. Recife: Fundação Joaquim Nabuco; Massangana, 2010. Disponível em: <http://www.dominiopublico.gov.br/download/texto/me4686.pdf>. Acesso em: 2 jul. 2021.
O livro, de domínio público, é uma tradução da obra de Wallon. Retomando seu percurso intelectual, reata o projeto de reforma educacional concebido por ele na França, que, mesmo não implementado, foi o mais completo e o mais original deste século. A obra de Wallon é consagrada ao estudo do desenvolvimento infantil e ao estudo da afetividade como

fator primordial para a aprendizagem. Nesse livro, é possível conhecer na íntegra a teoria do autor, bem como conhecer aspectos de sua vida e de sua contribuição para a história da educação. O livro apresenta ainda outros textos de educadores e também da tradutora, Patrícia Junqueira Grandino.

IVIC, I. **Lev Semionovich Vygotsky**. Tradução de José Eustáquio Romão. Recife: Fundação Joaquim Nabuco; Massangana, 2010. Disponível em: <http://www.dominiopublico.gov.br/pesquisa/DetalheObraForm.do?select_action=&co_obra=205241>. Acesso em: 2 jul. 2021.

Mais um livro integrante da Coleção Educadores, publicada pelo MEC em 2010. Escrita por Ivan Ivic, a obra apresenta as ideias de Vygotsky, um dos maiores psicólogos do século XX, apesar de nunca ter tido educação formal em psicologia. O livro inicia com a biografia desse bielorusso que viveu apenas 38 anos e, em tão pouco tempo, produziu uma obra que é norteadora de muitas outras obras sobre desenvolvimento humano. O autor apresenta a teoria do desenvolvimento mental e os problemas de educação e textos selecionados que analisam e comentam a obra de Vygotsky. Alguns textos também analisam outras teorias e as comparam com a obra vygotskyana.

LINS, M. J. S. da C.; MIRANDA, B. R. C. (Org.). **Ausubel e Bruner**: questões sobre aprendizagem. Curitiba: CRV, 2018.

Ausubel é um autor fundamental para a pedagogia do século XXI, em se tratando de aprendizagem significativa, valorização de conhecimentos prévios, (re)significação e predisposição de aprender.

MATTOS, S. M. N. de. A afetividade como fator de inclusão escolar. **Teias**, Rio de Janeiro, v. 9, n. 18, p. 50-59, jul./dez. 2008. Disponível em: <https://www.e-publicacoes.uerj.br/index.php/revistateias/article/view/24043/17012>. Acesso em: 2 jul. 2021.

Nesse artigo, a autora discute o processo de inclusão/exclusão escolar partindo da perspectiva afetiva. Ela destaca que a inclusão não se restringe à visão multifacetada da deficiência, enfatizando a necessidade de se discutir a deficiência sob o aspecto da diferença, que define a singularidade de cada um. O artigo apresenta ainda a importância da necessidade da afetividade na aprendizagem.

MUNARI, A. **Jean Piaget**. Tradução de Daniele Saheb. Recife: Fundação Joaquim Nabuco; Massangana, 2010. Disponível em: <http://www.dominiopublico.gov.br/pesquisa/DetalheObraForm.do?select_action=&co_obra=205232>. Acesso em: 2 jul. 2021.

Uma das obras da Coleção Educadores, lançada pelo MEC em 2010, apresenta as teorias de Piaget e sua produção científica. O autor analisa a obra de Piaget e relata seus experimentos científicos. O livro faz um relato biográfico de Jean Piaget, destaca e comenta a teoria da epistemologia genética, os princípios educacionais, o construtivismo genético e outros estudos do pesquisador. Nessa obra, pode-se ainda ler artigos selecionados sobre Piaget, como "O desenvolvimento intelectual: inteligência", "As invariantes funcionais da inteligência e a organização biológica", entre outros.

PALUDO, K. I.; LOOS-SANT'ANA, H.; SANT'ANA-LOOS, R. S. **Altas habilidades/superdotação**: identidade e resiliência. Curitiba: Juruá, 2014.

Os autores desenvolveram estudos significativos a respeito da afetividade na educação. Nesse livro, são abordadas questões fundamentais para a educação inclusiva, visto que trata da identidade da pessoa com altas habilidades e superdotação. Vale aqui salientar que essas pessoas estão incluídas na educação inclusiva por apresentarem necessidades educacionais especiais. Tal identidade depende intimamente da resiliência, interpretação que pode se mostrar inovadora dentro desse campo científico. A pesquisa realizada tem como suporte teórico-metodológico principal o sistema teórico da afetividade ampliada (concebido por Loos-Sant'Ana e Sant'Ana-Loos), o qual subsidia a análise inter-relacional de quatro importantes dimensões psicológicas: a identidade (base da dimensão configurativa), o self (base da dimensão recursiva, com ênfase nas crenças autorreferenciadas), a resiliência (que, entendida de modo ampliado, torna-se a base da dimensão criativa) e a alteridade (base da dimensão moduladora).

Sobre as autoras

Sílvia Cristina da Silva é mestre interdisciplinar em Educação, Ambiente e Sociedade pelo Centro Universitário das Faculdades Associadas de Ensino (Unifae); especialista em Docência do Ensino Superior e Direito e Educação pela Faculdade Campos Elíseos (FCE); especialista em Investigação de Antecedentes em instituições públicas e privadas; pós-graduanda em EAD pela FCE; graduada em Ciências Jurídicas e Sociais pelo Centro Universitário da Fundação de Ensino Octávio Bastos (Unifeob). Participou como docente e como discente no mestrado em Análise do Discurso da Universidade Federal de Buenos Aires; foi vice-diretora acadêmica na Agência Nacional de Estudos em Direito ao Desenvolvimento (Anedd); atuou como docente e conteudista em diversas instituições educacionais para cursos de graduação e pós-graduação. Elaborou questões para concursos públicos em várias organizadoras e desenvolveu atividades de gravadora, redatora, tradutora e intérprete da língua espanhola.

Tania Maria Sanches Minsky é pós-graduada, com MBI em Educação para o Profissional do Futuro pela Faculdade Senai-SC (2019) e graduada em Letras pela Universidade da Região da Campanha (Urcamp, 1982). Atuou até 2020 como especialista da Faculdade de Tecnologia Senai-Florianópolis e como docente-especialista-interlocutora de TCC da Faculdade Senai-Florianópolis. Atualmente produz conteúdo para livros didáticos na Editora Telesapiens e ministra aulas de Metodologia e Técnicas de Pesquisa no Instituto Brasileiro de Ensino Multidisciplinar (IBem – Instituto de Pós-Graduação). Tem experiência na área de educação, com ênfase em coordenação pedagógica e em educação para inovação, atuando principalmente com os seguintes temas: educação inclusiva, prática docente, tecnologia da educação e metodologias ativas de aprendizagem.

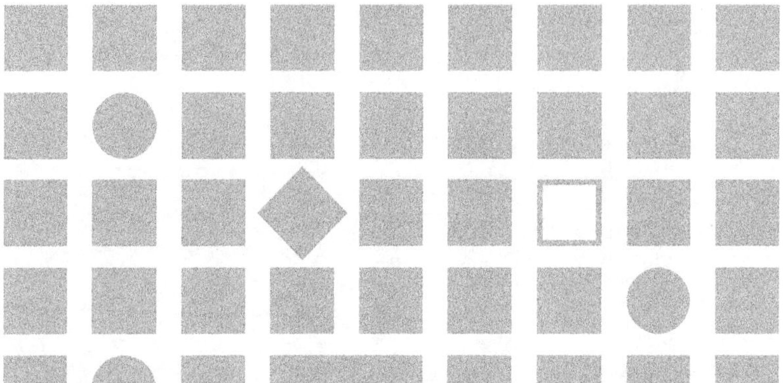

Os papéis utilizados neste livro, certificados por instituições ambientais competentes, são recicláveis, provenientes de fontes renováveis e, portanto, um meio **respons**ável e natural de informação e conhecimento.

FSC
www.fsc.org
MISTO
Papel produzido a partir de fontes responsáveis
FSC® C103535

Impressão: Reproset
Setembro/2021